绿色使命

从石油世纪迈向零碳时代

FROM BIG OIL TO BIG GREEN

Holding the Oil Industry to Account for the Climate Crisis

［意］马尔科·格拉索 著
（Marco Grasso）
李蕾 译

中国科学技术出版社
·北京·

© 2022 Massachusetts Institute of Technology
From Big Oil to Big Green: Holding the Oil Industry to Account for the Climate Crisis by Marco Grasso.
Simplified Chinese translation copyright by China Science and Technology Press Co., Ltd.
北京市版权局著作权合同登记图字：01-2023-1897。

图书在版编目（CIP）数据

绿色使命：从石油世纪迈向零碳时代 /（意）马尔科·格拉索（Marco Grasso）著；李蕾译. —北京：中国科学技术出版社，2024.5

书名原文：From Big Oil to Big Green: Holding the Oil Industry to Account for the Climate Crisis

ISBN 978-7-5236-0564-6

Ⅰ.①绿… Ⅱ.①马… ②李… Ⅲ.①石油企业—节能—研究—世界②天然气工业—工业企业—节能—研究—世界 Ⅳ.① F416.22

中国国家版本馆 CIP 数据核字（2024）第 053079 号

策划编辑	褚福祎	责任编辑	孙倩倩
封面设计	马筱琨	版式设计	蚂蚁设计
责任校对	邓雪梅	责任印制	李晓霖

出　　版	中国科学技术出版社
发　　行	中国科学技术出版社有限公司发行部
地　　址	北京市海淀区中关村南大街 16 号
邮　　编	100081
发行电话	010-62173865
传　　真	010-62173081
网　　址	http://www.cspbooks.com.cn

开　　本	880mm×1230mm　1/32
字　　数	210 千字
印　　张	9.75
版　　次	2024 年 5 月第 1 版
印　　次	2024 年 5 月第 1 次印刷
印　　刷	北京盛通印刷股份有限公司
书　　号	ISBN 978-7-5236-0564-6 / F・1225
定　　价	79.00 元

（凡购买本社图书，如有缺页、倒页、脱页者，本社发行部负责调换）

让我来给伦理下一个定义：它既能保护生命，亦能毁灭生命。

——阿尔贝特·施韦泽（Albert Schweitzer，德国哲学家）

权力不会无条件让步。过去不会，将来也不会。

——弗雷德里克·道格拉斯

（Frederick Douglass，美国废奴运动领袖）

蜘蛛网只能捕捉弱小的猎物。法律亦是如此，它只会用于惩罚弱者和穷人，却任由富人和权势之人肆意践踏。

——阿纳卡西斯（Anacharsis，古希腊哲学家）

前　言

危机这个词语源于古希腊语 krisis 一词，意指濒临困境的临界点，即当前方道路出现分岔，仅有一条路能将我们成功带至彼岸。新冠疫情让我们愈发熟悉这个词。同样，我们在全球的碳排放问题上也陷入了两难境地：到底是该在全球范围内控制碳排放，还是放任自流，听之任之？这不也正是一条道路上的两条岔路口吗？在科学、媒体、政治领域，尤其是在社交网络中，无一不充斥着人们对于未来世界种种末日般景象的描述。

新冠疫情的暴发，让整个世界陷入危机。而碳排放危机也如猛兽般在地球上肆虐横行，任何国家都无法幸免。新冠疫情和碳排放危机一样，不仅会让更多无辜的人丧命，还会带来巨大的经济损耗。

本书没有详述新冠疫情，只在结尾章节对新冠疫情进行了反思以揭示新冠疫情对石油行业的现在和未来产生的影响。不过，通过对社会中长期存在的不平等模式的思考，我们能够更好地理解本书的价值观。我们必须拥有正确的价值观，才能确保和主要污染国在制定长期合作战略、政策以及准则等方面达成广泛共识，实现高效治理，还要准备好打持久战，这犹如马拉松比赛与短跑的区别：不能急于求成，坚持到底才能取得最终的胜利。

石油以各种方式出现在我们的生活中。它的身影随处可见，存在于衣服、家具、电脑、智能手机里，存在于给我们带来清新之感的牙膏颗粒中，存在于涂抹唇部用品后嘴唇上泛着的光泽中，还存在于治疗疾病的药品里，等等。石油不仅是全球经济发展的主要能源和燃料源，还能促进全球供应链的发展，它把来自地球的馈赠交到我们手上。哪怕是一件最普通的消费品：一件朴素的、不含石油提取物的白色棉质T恤，也是全球相关行业通力打造的一件杰作。而这全部得益于大石油产业。在密西西比州，棉花的种植、栽培和丰收都依赖于油基化学品和机器，之后又通过燃油船舶运往印度尼西亚的纺织工厂，然后再用同样的方式将纺纱送至东南亚及拉丁美洲的服装厂。最终，全球航运业成为全球消费经济的基础：区区15艘燃烧高硫重油的大型船舶的排硫量竟高达全世界汽车排硫量的总和，其排出的温室气体也相当于7.6亿辆汽车所排出的温室气体的总量。经过如此流程，那些毫不起眼的棉质T恤便出现在了你周边的商店里。

温室气体主要由二氧化碳组成，从18世纪60年代的工业革命开始，这种气体的排放量便与日俱增。每年人们因为使用化石燃料而排放出来的二氧化碳高达数亿吨，致使大气二氧化碳浓度比过去80万年都要高。同时，人们砍伐能够吸收二氧化碳的树木、过度放牧以及收割庄稼，进而导致气候发生巨大变化，对地球环境造成严重破坏。在过去的200多年里，地球温度一直保持稳步上升的状态。第二次世界大战以后，由于日常消耗量及人口数量飙升，地球温度急速上升，温室气体含量越来越高，使得极端天气频频发生，而且愈演愈烈。上万亿吨的冰雪消融，全世界的山脉冰雪范围正在缩小，导致海平面不断上升，继而引起干旱、洪涝、热浪等自然灾害，让数百万人陷入水深火热之中。这还只是一些对地球的影响，我们还没有考虑到其对野生动物的危害。2015年，据生物学家马克·乌尔班（Mark Urban）估计，到2100年大约会有六分之一的物种因受气候变化影响而濒临灭绝。

为减少极端气候变化带来的灾难性影响，2015年《巴黎协定》确立了一个伟大的目标：将全球平均气温较工业化前水平升高控制在2摄氏度之内，并努力把升温控制在1.5摄氏度之内。我们能有多大把握让地球远离这些貌似无法避免的灾难？这在很大程度上取决于我们是否能建立新的能源系统以取代目前的化石燃料能源。我们需要逐步淘汰化石燃料，达到净零碳排放。这是因为如果继续保持现有的能源体系，地球升温极有可能超过1.5摄氏度的阈值。

从物理层面上看，要实现这个目标并非绝无可能。这是全球社会的共同选择，各国政府和工业领域不断传递出石油威胁着我们的气候和健康的观念。之前，人们更加关心生存需求以及消费型碳排放等问题，而现在人们则越来越关注如何处理化石燃料供应链的问题。事实上，目光长远的政治家不再只说空话，而是宣称将采取具体措施以限制有害化石燃料的使用，还有人首次公开建议未来不要开采化石燃料。

谈及气候，石油行业的高管们也渐渐不那么有底气，他们虽然承认石油产品危害环境，但依然坚持将化石燃料作为未来的主要能源。他们一方面宣称要解决这一难题，另一方面却始终无所作为。除了进行无数次的声明和做出保证外，这些公司似乎并没有真正打算尽心尽力地解决这个问题。国际能源机构（IEA）报道称，2019 年，石油工业在化石燃料上的投资占能源投资总额的 99.2%。相比之下，对于可再生能源和碳捕获与封存技术领域的投资则少得可怜——仅占能源投资总额的 0.8%（IEA，2020b）。数据表明：未来 10 年，全球 50 家最大的石油公司的原油日产量将高达 700 万桶，足以淹没整个地球。全球天然气和石油网络联盟（GGON）在其报告中提到：2020 年至 2024 年，石油行业仅在石油开采这一领域的投资就会高达 14000 亿美元。

毫无疑问，大污染给我们的生活带来了极端恶劣的影响，媒体关于石油领域的（负面）报道铺天盖地，就足以说明这一点。从这些报道中，人们得以一窥石油企业在其赢利规划方面闪烁其词，遮遮掩掩。

尤其是那些明目张胆地向大气中排放二氧化碳的公司，他们竟然对此不以为意。正如本书所言，这种不以为意的态度是石油巨头不愿承担气候危机道德责任的一个主要原因。目前，大多数的石油公司意识到燃烧化石燃料会导致气候恶化，但仍有很多公司我行我素，加大投资以继续牟利，这源于他们对自己所承担的责任、人为的影响因素以及其行为对人类健康的危害等方面的错误认识。工业巨头们对深度力量（Energy In Depth）公司项目投入上百万资金，该项目自称集"研究、教育和公益宣传"等服务于一身，试图削弱科学的影响力、降低科学家针对石油行业批判之词的可信度，全方位挑战新的环境法规；他们声称要"纠正一些人们关于我们公司项目的错误观点,比如我们的工作是什么?我们的工作方法是什么?美国的页岩革命如何继续影响全球的能源市场(当然,是往好的方向发展)?(Energy In Depth,2021)"

石油公司善用这类友好、诚挚满满的语言表达其公司的道德理念以及其对环境保护的积极态度。同时,这通常也是他们在漂绿游行活动中的惯用手段。在漂绿游行活动中,社会大众经常会听到许多关于某种产品、服务或者行业所产生的"环境效益"的不实之词,受其蒙骗。他们承诺降低碳排放、接受公众的谴责及声誉讨伐(这些行为实际上会让应对危机的良策得以有效实施)、对公众假意表示友好态度以掩盖问题,达到欺瞒公众的目的。因此,当石油巨头们承诺将在持续了一个半世纪的大肆掠夺中稍稍收手时,他们仍然——打个比方——欠下了巨额债务。尽管他们承诺要减少采购,但他们的欠款仍无法还清,这令他们感到困惑不已。这笔债务终将无法抹去,更不会凭空消失。无论是过去、现在还是未来,这些债务所产生的利息(即因碳排放而付出的代价)将与日俱增,永无尽头。

石油行业最巧妙的策略是说服公众,让他们相信是消费者的个人选择导致了气候变化,相信能源指的就是化石燃料,相信要不是石油行业开发出可使用的能源,人类早就倒退到了石器时代。正如他们宣称的那样,化石燃料能够基本满足人们的需求。人们对消费者选择观的错误理解源自战后繁荣时期的一场精心策划的骗局。石油行业的推销活动设计得十分巧妙:他们聘用了广告界最优秀的专业人士,与由记者组成的新闻媒体沆瀣一气。这些记者的强项不在于探询事实,而在于巧舌如簧、能言善辩。这意味着基于其行业自身形象而建立的系统已经深入社会、政治和经济基础设施的方方面面，使得环保目标的实现几乎为零。这种说法模糊了过去几十年来人们因气候变化争执不断的事实，他们把责任直接推到那些因忘记带环保手提袋去超市、没有及时更换卤素灯泡、没让孩子步行而是开车送孩子上学而耿耿于怀的普通大众身上。这不是否认消费者的消费实力和财力，也不是忽略各国政府和工业界在满足消费者需求方面的所作所为，只是一旦人们的习惯根深蒂固，或者在寻找新的替代品方面毫无头绪时，他们的思想很难有巨大的转变。

新冠疫情让我们深刻认识到社会政策和创新全球化的发展趋势和速度，我们要时时刻刻做好应对全球性危机的准备。现在，我们亲眼见识了政治风向的快速转变，以及公众对新政策的高度支持。其实人们起初也并不支持这些政策，那是因为他们对政策不够了解。一旦他们明白这些政策实为顾全大局、舍小为公之举，便会转变态度，大力支持。

但是这与利他主义无关，相反，这实际上是在维护个人利益。全世界都逐渐意识到我们的所作所为终将惹祸上身，俨然如同遭受重量级拳击手的全力暴击。我们应充分利用这一道德理念，推动环保目标的实现：为纠正大石油公司种种导致气候危机的错误行径提供充足的资金支持（即赔偿），实现公司绿色运营（即低碳化），旨在防患于未然，避免（因环境污染而导致的）灾难的发生。

面对气候危机，全球各地需要统筹合作，共同努力。领导者们必须明白：若想成功解决气候危机，绝不能急功近利，而是应当放眼未来，进行长远而系统的规划。这绝非模棱两可之事，它需要我们拥有坚定的信念和决心。从现在开始，全世界每个国家和地区、每个人的命运每时每刻都与之息息相关。在全球化背景下，各国政府及其支持的产业再也不能近水楼台先得月，采取手段为自己谋利益了。

1961年，近90岁高龄的哲学家伯特兰·罗素（Bertrand Russell）在伦敦带头发起了一场关于裁减核武器军备的示威游行。他身形消瘦，满头白发，坐在英国国防部白厅的台阶上稍作休息。英国广播公司的一名记者问他，为何在如此高龄还要这般努力地参与抗议行动。他大声说道："要是放任政府继续实行这一政策，必然会让整个人类灭绝。我们对此深表遗憾和担忧。"

罗素的想法可能会得到一些环保组织的积极响应。在国际峰会期间每天都会发生抗议活动，抗议者从会场内部转战到大街小巷或者社交媒体上，他们的目的就是将石油行业从内部瓦解。本书把这些反抗运动、政治当局、经济和财政实体、极具影响力的知名人士称为不安定群体。实际上，这一切正是因为他们深受先辈们的影响，坚持不懈，一心想让破坏环境者付出代价；他们时刻充满紧迫感，心怀期盼和渴求，希望能看到人们幡然醒悟，停止破坏环境的种种劣行，使精神得以升华。因此，他们总是斗志昂扬，而且动力十足。

不安定群体指控该行业应对气候变化负责，这不仅增强了公众意识，也引起了金融投资者的关注。常规商业模式的缺陷已经暴露出来，守旧落伍，几近崩溃。而石油公司一度吹捧的那种如蜗牛般缓慢又微小的进步，根本不值一提。摒弃化石燃料的运动在全球范围内展开，许多大投资者也对此趋之若鹜，其中包括主权财富基金（SWFs）、养老基金、银行、大学、媒体平台和宗教机构，等等。同样，主张化石燃料公司将其储备埋于地下的提议越来越多；"把石油埋在地下"运动似乎还获得了教皇弗朗西斯（Francis）的认可；调查性新闻报道公开了石油界的无良行径；油气公司越来越成为关于气候决议案和案件诉讼的众矢之的。

不安定群体正在推行一种新型的、吸引眼球的、非暴力的线路图，以此迫使石油行业转变对气候变化的看法，即不再将气候变化视为其运营所带来的负面影响，而是将其视为对人类生存的巨大威胁。大型石油公司不管不顾地引领全球经济沿着过度依赖化石燃料的道路发展，这是形成当今碳密集型社会经济体系的巨大驱动力。

尽管石油行业背负着众多骂名，外界也一直强烈要求其实现去碳化，但是石油大亨们还是极其巧妙地逃避了为既往行为买单的责任。要求石油行业去碳减排的呼声越来越高，本书也非常赞同石油行业需要为其过去危害环境的行为做出赔偿。无论是在奴隶制、种族隔离、气候变化还是任何其他问题上，一旦提起赔偿，就不可避免地会涉及一连串的问题：谁来支付赔偿金？谁需要接受财务整顿？如何使用赔偿金？如果赔偿是一个棘手的问题，那么解决这个问题的关键在于确定其公平正义的判断标准，这也是本书所要解决的一个关键问题。

在此说明一下，本书并不是要弱化比如国家、消费者、公民社会、企业和利益群体的责任，他们都在制定应对气候变化的倡议和决策方面发挥着重要作用。然而,为了应对气候危机带来的灾难性后果,我们可以采取一种更加新颖和(尤其在资金方面)更为有效的方法,即呼吁社会意识到石油天然气公司在造成气候问题方面负有不可推卸的责任,并强烈要求它们尽快采取相关补救措施。本书作者并非指责大石油公司是气候危机罪魁祸首的第一人,而且要求石油公司为其破坏环境的行为付出代价的呼声也并不是第一次出现。但是,这本书最独特的价值在于它也许是第一次从一个新的角度探讨石油公司的道德责任,它们为弥补其错误所应承担的经济责任以及(这一点非常重要)它们需要补偿的资金数额。

本书深入剖析了解决问题时常见的五个要素——人物、时间、事件、地点和原因,同时又增加了一个要素——"措施"。比如我们可以在书中详细了解在处理赔偿问题时如何公平地划分责任,同时还要满足义务人的需求;本书建议我们应基于具有约束力的国际协议和倡议建立一个基金,完全由石油工业提供资本支持。这些富得流油的石油大亨们注入的资金将被用于三个方面:补偿全世界范围内最容易受到气候变化影响的社会群体的损失;促进低碳转型进程;确保目前石油产业公司和员工不会被社会遗弃。

当然,石油产业巨头所处的社会环境(对石油产业的发展产生不同程度的影响)也是应该考虑在内的因素。正如本书第七章所提到的,我们根据公司各自的经济、政治和运营环境,同时结合用于公司资产、历史温室气体排放量以及第一部分中有关道德责任的算法,将20家龙头企业分成三类,并在对其赔偿和去碳化的责任方面制定了不同的标准。例如，对那些将化石燃料产品的收入用于造福社会的公司（比如非发达国家的国有石油公司或合资石油公司）来说，这些公司的责任标准比较宽松；而对那些大大助长了否认主义思潮的国际石油公司（比如美国的石油公司）来说，其责任标准则更加严苛。

总之，本书通过研究赔偿和去碳化责任内蕴含的政策内涵，进一步阐明我们应从社会、经济和政治背景的角度来研究这些责任和义务，国家应采取积极的措施以促使企业摆脱高碳增长的发展模式，同时对那些在本国发展中举足轻重的公司采取较为宽松的政策。这些客观因素尚需细化和考证，以便为全球主要石油公司制定个性化赔偿方案、脱碳目标和时间表提供依据，同时充分证明本书论点的正确性，即只要我们尽全力改变社会或道德规范和提高思想认识，就能有效控制大型石油公司化石燃料生产和分销业务的投入。也许，只有当大石油公司愿意主动采取补救措施，改变运营思路时，它们才能真正转变为开发绿色能源的产业巨头。

弗雷德里克·道格拉斯在庆祝西印度群岛奴隶解放 20 周年纪念日的演讲中，谈到了这种颠覆性行为的力量，这段话至今听起来依然掷地有声："纵观人类追求自由的整个历史，我们获得自由的每一步都是通过不懈的斗争实现的。它可能是一种道德抗争，也可能是一种肢体斗争，还可能两者兼而有之，但它必须是一种斗争。权力不会无条件投降，过去不会，将来也不会。"

目 录

第一部分　气候危机：石油巨头难辞其咎

第一章　碳排放泛滥 …………………………… 003

第二章　石油产业的道德相关事实 …………… 035

第二部分　石油巨头的责任和义务

第三章　问题在哪里？…………………………… 065

第四章　对人类世界的危害 …………………… 082

第五章　与危机共存 …………………………… 103

第六章　赔偿和脱碳责任 ……………………… 124

第三部分　石油巨头必须承担的责任

第七章　政治家如何才能说服石油巨头做出
　　　　改变？ ………………… 153

第八章　动摇石油产业的根基 ………………… 181

第九章　通过气候赔偿进行补偿 ……………… 217

第十章　绿色未来 ……………………………… 251

结　论 ……………………………………………… 281

第一部分

气候危机：石油巨头难辞其咎

第一部分　气候危机：石油巨头难辞其咎

第一章　碳排放泛滥

政府、社交媒体以及广大民众已经开始意识到这样一个事实："气候变化"一词已经不能完全表达出其自身的严重性了，"气候危机"这一充满危机感的词语正悄然成为我们日常谈论的话题。

2017年1月24日，美国总统唐纳德·特朗普签署总统令，宣布重启"拱心石XL"（Keystone XL）输油管道项目和达科他（Dakota Access）管道项目。达科他输油管道项目造价约合37亿美元，全长1172英里[①]，横亘美国中西部，日石油运输量为47万桶：从北达科他州西北部的巴肯页岩油田出发，穿过南达科他州和艾奥瓦州，最后到达南伊利诺伊的一个油库。目前已被叫停的"拱心石XL"（Keystone XL）输油管道是"拱心石"输油管道项目的第四期，造价约合80亿美元，全长约1200英里，建成后将从原产地加拿大阿尔伯塔省油砂矿开始，

[①] 1英里约为1.61千米。——编者注

穿越美加边境，途经蒙大拿州、南达科他州、内布拉斯加州、堪萨斯州、俄克拉何马州和得克萨斯州，最终抵达美国墨西哥湾沿岸的炼油厂，日重碳石油运输量可达 80 万桶。

此前，这两条输油管道一直遭到国际社会的强烈反对（达科他输油管道至今仍饱受争议）。主要是因为这两条输油管道的运营会对环境和文化遗产造成严重破坏，加深社会对化石燃料在生产和经济上的依赖。

挪威经济繁荣，社会安定。2021 年 7 月 21 日，当地的环境保护人士驾驶皮划艇包围了挪威国家石油公司（Equinor）位于巴伦支海偏远北极海域的一个海上钻井平台，当时石油公司正在该海域进行油气藏钻井作业。2021 年 9 月 27 日，巴西的气候活动人士在里约热内卢的一家酒店门前聚众抗议，因为巴西国家石油、天然气和生物燃料局（National Agency of Petroleum, Natural Gas and Biofuels）此时正在该酒店内进行新的石油和天然气投资特许权的拍卖活动。近年来，新西兰、菲律宾、尼日利亚、英国和意大利等地接连发生针对石油行业的聚众抗议活动。

人们的思想观念是不是正在发生转变？石油行业一直是经济的核心支柱，为我们创造了舒适的生活环境，但是为什么现在却被塑造成了一副"全球公敌"的反派形象？当然，长久以来，在环境恶化、经济剥削、社会混乱、政治动荡和文化隔阂等更广泛的问题上，人们一直犹豫不定，是否该将责任归咎到石油产业巨头身上？然而，当前气候问题愈发紧迫，人们对此也愈发关注，所以上述问题的答案也在意料之中——气候危

第一部分　气候危机：石油巨头难辞其咎

机与石油巨头脱不了干系。

全球碳排放量在连续三年保持稳定状态后，2017 年的碳排放增长率达到 2%（Le Quéré et al., 2018），2018 年与 2017 年相比又上涨了 1.9%（Crippa et al., 2019）。自 2016 年《巴黎协定》签订以来到 2019 年，全球累计碳排放量反而比 2016 年增加了 4%（Jackson et al., 2019）。此外，国际能源机构在《世界能源展望 2019》中指出，如果各国政府不采取有力措施，那么从现在开始到 2040 年，全球碳排放量将会持续增长（IEA, 2019c）；同时其 2020 年年度报告也指出，如果政府不进行系统的政策调整，石油需求可能不降反升；预计 2021 年全球日均石油需求将达到 9670 万桶，比 2020 年将上涨 570 万桶。受新冠疫情影响，2020 年化石燃料二氧化碳排放量比 2019 年下降 7%（Le Quéré et al., 2021），但这对完成长期气候目标影响不大。如果各国不迅速采取措施限制化石燃料的燃烧，那么未来有可能会迅速反弹（Le Quéré et al., 2020a）。

化石燃料仍然是全球社会经济体系的内在驱动力，没有人会质疑这一点，但是，越来越多的人开始意识到，大型石油公司或许是引发气候危机的主要元凶。

石油巨头们在权力、参与度、财富以及发展空间方面都占得先机，遥遥领先，而且化石燃料公司还能享受经济部门的财政补贴和政策支持，使得它们成为经济体系中的领头羊。面对全球气候危机，它们展现出了多副面孔，时而高举环保旗帜，俨然是彻头彻尾的环保主义者，但是在涉及钱的问题时又恢复了其贪婪商人的丑态。或许是考虑到石油巨头为社会创造了巨大的物质财富，各国政府似乎并没有准备好对石油巨头采取限制措施或者本就不愿意"恩将仇报"。

我们很难追踪并确定某一特定公司的碳排放量，这可能也是造成上述情况的一大原因。然而，缺乏实证数据支撑的情况也在逐渐得到改善。理查德·希德（Richard Heede）是美国气候责任研究所《碳巨头报告》项目的负责人，他与多位科学家合作发表的研究成果充分证明了大型石油公司是导致气候变化的主要元凶，也为后续进行责任的划分和相关义务的分配铺平了道路。

值得一提的是，本书从一开始就对责任和义务的概念进行了区分。首先，我们基于正义原则和采取行动的义务，对承担责任的条件进行分析。义务是责任强加于道德行为之上的标准，包括采取或不采取某种特定行动的实践承诺。

我们在此需要特别澄清一点：本书中提到的石油巨头、石油和天然气行业（有的时候仅指石油行业），或者化石燃料行业——很多术语在石油界也存在争议——通常指的是从事碳氢化合物（例如，常规石油、非常规石油以及非常规液体燃料）的勘探、生产、精炼以及分销的大型跨国公司。常规石油是最容易开采的碳氢化合物，在全球液体燃料中占比最大，直至2030年的占比仍将维持在90%左右。常规石油主要包括原油、冷凝油以及天然气凝析液。非常规石油，顾名思义，是指开采难度较大，需要借助非常规技术才能获取的石油资源，包括超重原油、油页岩、油砂以及致密油。最后，非常规液体燃料指的是煤制油、天然气制油以及生物燃料等人工合成的液态

第一部分　气候危机：石油巨头难辞其咎

碳氢化合物。需要指出的是，谈及"石油巨头"时，媒体批评者的语气中往往带着一丝贬低，目的是强调这些公司拥有强大的经济实力和政治影响力，游说影响力更是非同一般，它们的产品也牢牢扼住了工业社会命运的咽喉。在绝大多数情况下，本书所提到的"石油巨头"指的是广泛意义上的石油巨头，但在第三部分中，仅指 1988 年至 2015 年温室气体排放量前 20 位的国有和民营石油巨头。

石油和天然气开发催生了一条庞大的产业链：众多石油产业巨头在全球范围内进行石油和天然气的勘探、生产、精炼和分销，这个过程中会产生大量的温室气体，从而使大气中温室气体的浓度大幅增加，而这些温室气体主要是二氧化碳和甲烷。相关科技文献中对温室气体的排放、大气中温室气体的浓度以及气候变化三者之间的关系进行了明确的界定，科学界一致认为，气候变化对地球和人类造成了直接且巨大的危害（IPCC，2021a）。因此，我们或许可以推断出：石油和天然气工业是当前地球上人为气候变化以及多米诺效应的幕后推手。

这一问题逐渐成为全球关注的焦点，随之而来的是广泛的社会压力和政治压力，这使得整个行业都暴露在聚光灯之下，最起码从表面上来看，其影响力受到了一定程度的削弱。化石燃料行业撤资潮席卷全球：2021 年 9 月，1333 家机构从化石燃料行业撤资，总金额高达 145800 亿美元；还有 58000 名投资者也决定撤资，撤资总额共计 52 亿美元。同样，强制化石燃料公司停止开采的倡议也从四面八方涌来；2018 年 9 月 19 日，教皇方济各（Pope Francis）在梵蒂冈会见石油巨头，敦促这些石油大亨们停下开采的脚步。调查性新闻报道揭露了石油行业最不为人知的秘密，石油天然气公司逐渐成为股东在气候决议和诉讼时的活靶子。无论是普通民众还是能够左右舆论的大人物，都对石油产业持反对的态度，而且呈愈演愈烈之势。

在探究石油公司是如何直接影响温室气体排放之前，本章将先总体介绍石油和天然气行业，并分析该行业对气候变化的态度及其成因。

石油和天然气产业的结构

20 世纪 80 年代后期，石油行业的结构逐渐转变为现有模式——主要由民营的国际石油公司（IOC）以及国家石油公司（NOC，见表 1-1）构成。多年来，各国石油公司之间的联系日益紧密，影响力也逐日攀升（表 1-2 至表 1-5）。各国的国家石油公司控制了全球约 90% 的已探明石油和天然气储量（其中 2019 年储量排名前 20 的公司超过 95%，见表 1-4）；1970 年，这些国家石油公司掌控了全球 75% 的石油资源（其中 2019 年产量排名前 20 的公司约占 78%，见表 1-3）——还拥有大量的基础设施（Victor et al., 2012a; Bridge and Le Billon, 2017）。然而，对这些数字进行分析似乎有些棘手，这是因为国家石油公司对国际石油公司开采出的石油资源拥有控制权。相较而言，国际石油公司的技术水平更先进，开采效率也更高。

表 1-1 大型国家石油公司的所有权归属

国家石油公司	所有权	总资产/亿美元
中国石油天然气集团有限公司	中国（100%）	6081
沙特阿拉伯国家石油公司	沙特阿拉伯（100%）	3983
俄罗斯天然气工业股份公司	俄罗斯（50.23%）	3527
中国石油化工集团有限公司	中国（100%）	3176
巴西国家石油公司	巴西（64%）	2297
委内瑞拉国家石油公司	委内瑞拉（100%）	2268
伊朗国家石油公司	伊朗（100%）	2000
阿布扎比国家石油公司*	阿联酋（100%）	1537
科威特国家石油公司	科威特（60%）	1365
墨西哥国家石油公司	墨西哥（100%）	1018

*理查德·希德提供的估计值，美国气候责任研究所，电子邮件通信，2020 年 4 月 15 日。
资料来源：各公司网站；《油气杂志》（*Oil and Gas Journal*）（2020a，2020b）；《财富》（*Fortune*）（2020）。

表 1-2 2019 年石油天然气公司收益排名

石油天然气公司	营收/亿美元	类型
壳牌集团（英国/荷兰）	4043	IOC
中国石油天然气集团有限公司（中国）	3642	NOC
沙特阿拉伯国家石油公司（沙特阿拉伯）	3298	NOC
英国石油公司（英国）	2826	IOC
埃克森美孚石油公司（美国）	2649	IOC

续表

石油天然气公司	营收/亿美元	类型
道达尔能源公司(法国)	1762	IOC
雪佛龙股份有限公司(美国)	1465	IOC
俄罗斯天然气工业股份公司(俄罗斯)	1184	NOC
国家碳化氢公司(意大利)	785	IOC
巴西国家石油公司(巴西)	766	NOC

资料来源:《油气杂志》(2020a,2020b)。

表1-3　2019年石油天然气公司年产量排名

石油天然气公司	石油/万桶	天然气/亿立方英尺[①]	天然气/万桶油当量	石油和天然气/万桶油当量	类型
沙特阿拉伯国家石油公司(沙特阿拉伯)	409600	32770	54600	464200	NOC
俄罗斯天然气工业股份公司(俄罗斯)	49100	178670	297800	346900	NOC
伊朗国家石油公司(伊朗)	86000	89620	149400	235400	NOC
俄罗斯石油公司(俄罗斯)	167400	23660	39400	206800	NOC
阿布扎比国家石油公司(阿联酋)*	127800	25100	41800	169600	NOC
中国石油天然气集团有限公司(中国)	90900	39080	65100	156000	NOC
壳牌集团(英国/荷兰)	65800	42300	70500	136300	IOC
英国石油公司(英国)	80700	33220	55400	136100	IOC

① 1立方英尺约为28.3升。——编者注

第一部分　气候危机：石油巨头难辞其咎

续表

石油天然气公司	产量 石油/万桶	天然气/亿立方英尺	天然气/万桶油当量	石油和天然气/万桶油当量	类型
埃克森美孚石油公司（美国）	74000	24340	40600	114600	IOC
科威特国家石油公司（科威特）	97700	4930	8200	105900	NOC
道达尔能源（法国）	61000	26880	44800	105800	IOC
尼日利亚国家石油公司（尼日利亚）	73500	16890	28200	101700	NOC
雪佛龙股份有限公司（美国）	55000	23570	39300	94300	IOC
阿尔及利亚国家石油公司（阿尔及利亚）	37300	31640	52700	90000	NOC
巴西国家石油公司（巴西）	75500	8340	13900	89400	NOC
卢克石油公司（俄罗斯）	66200	11960	19900	86100	NOC
墨西哥国家石油公司（墨西哥）	68800	8700	14500	83300	NOC
挪威国家石油公司（挪威）	36300	20370	34000	70300	NOC
国家碳化氢公司（意大利）	32600	19300	32200	64800	IOC
委内瑞拉国家石油公司（委内瑞拉）	37000	7260	12100	49100	NOC
总计	1792200	668600	1114400	2906600	

* 理查德·希德提供的估计值，美国气候责任研究所，电子邮件通信，2020年4月15日。

资料来源：《油气杂志》（2020a，2020b）。

表 1-4 2019年石油天然气公司储量排名

石油天然气公司	储量 石油/万桶	储量 天然气/亿立方英尺	储量 天然气/万桶油当量	储量 石油和天然气/万桶油当量	类型
伊朗国家石油公司（伊朗）	20860000	12002520	20004200	40864200	NOC
委内瑞拉国家石油公司（委内瑞拉）	30380600	2003720	3339500	33720100	NOC
沙特阿拉伯国家石油公司（沙特阿拉伯）	22763000	1905750	3176300	25939300	NOC
阿布扎比国家石油公司（阿联酋）	9220000	2000000	3333300	12553300	NOC
俄罗斯天然气工业股份公司（俄罗斯）	1045200	6255910	10426500	11471700	NOC
科威特国家石油公司（科威特）	10150000	630000	1050000	11200000	NOC
尼日利亚国家石油公司（尼日利亚）	3689000	2034490	3390800	7079800	NOC
阿尔及利亚国家油气公司（阿尔及利亚）	1220000	1590540	2650900	3870900	NOC
中国石油天然气集团有限公司（中国）	725300	762360	1270600	1995900	NOC
英国石油公司（英国）	1147800	456010	760000	1907800	IOC
埃克森美孚石油公司（美国）	1310800	329240	548700	1859500	IOC

第一部分　气候危机：石油巨头难辞其咎

续表

石油天然气公司	储量				类型
	石油/万桶	天然气/亿立方英尺	天然气/万桶油当量	石油和天然气/万桶油当量	
俄罗斯石油公司（俄罗斯）	393500	743800	1239700	1633200	NOC
卢克石油公司（俄罗斯）	1201500	217730	362900	1564400	NOC
道达尔能源公司（法国）	600600	360150	600300	1200900	IOC
壳牌集团（英国/荷兰）	526400	338210	563700	1090100	IOC
巴西国家石油公司（巴西）	809200	85490	142500	951700	NOC
雪佛龙股份有限公司（美国）	477100	265870	443100	920200	IOC
墨西哥国家石油公司（墨西哥）	596100	63520	105900	702000	NOC
意大利国家碳化氢公司（意大利）	360100	198320	330500	690600	IOC
挪威国家石油公司（挪威）	257500	173550	289300	546800	NOC
总计	107733700	32417180	54028700	161762400	

资料来源：《油气杂志》（2020a，2020b）。

表 1-5 2019 年石油天然气公司储产比排名

石油天然气公司	石油/年	天然气/年	石油和天然气/年	类型
委内瑞拉国家石油公司（委内瑞拉）	821.1	276.0	686.8	NOC
伊朗国家石油公司（伊朗）	242.6	133.9	173.6	NOC
科威特国家石油公司（科威特）	103.9	127.8	105.7	NOC
阿布扎比国家石油公司（阿联酋）	72.1	79.7	74.0	NOC
尼日利亚国家石油公司（尼日利亚）	50.2	120.5	69.6	NOC
沙特阿拉伯国家石油公司（沙特阿拉伯）	55.6	58.2	55.9	NOC
阿尔及利亚国家石油公司（阿尔及利亚）	32.7	50.3	43.0	NOC
俄罗斯天然气工业股份公司（俄罗斯）	21.3	35.0	33.1	NOC
卢克石油公司（俄罗斯）	18.1	18.2	18.2	NOC
埃克森美孚石油公司（美国）	17.7	13.5	16.2	IOC
英国石油公司（英国）	14.2	13.7	14.0	IOC

续表

石油天然气公司	储产比*			类型
	石油/年	天然气/年	石油和天然气/年	
中国石油天然气集团有限公司（中国）	8.0	19.5	12.8	NOC
道达尔能源公司（法国）	9.8	13.4	11.4	IOC
意大利国家碳化氢公司（意大利）	11.0	10.3	10.7	IOC
巴西国家石油公司（巴西）	10.7	10.3	10.6	NOC
雪佛龙股份有限公司（美国）	8.7	11.3	9.8	IOC
墨西哥国家石油公司（墨西哥）	8.7	7.3	8.4	NOC
壳牌集团（英国/荷兰）	8.0	8.0	8.0	IOC
俄罗斯石油公司（俄罗斯）	2.4	31.4	7.9	NOC
挪威国家石油公司（挪威）	7.1	8.5	7.8	NOC

* 储产比用于表示石油和天然气的剩余开采年限。

资料来源：作者基于《油气杂志》（2020a，2020b）进行的测算。

石油和天然气产业包括开采、生产、精炼和分销等流程，每个流程和体系都十分复杂。该产业属于资本密集型产业，还需要先进技术的加持。事实上，石油和天然气产业几乎算得上是创造了一个当代奇迹：在很短的周期内——通常为2~4周——就完成了自然界需要几亿年才能完成的事情（碳氢化合物原本存储在地下的沙石中，经过开采，碳氢化合物中的碳原子被带到地表，最终又以二氧化碳和一些有害污染物质的形式排放到空气中）。此外，石油的储量和需求之间存在一定出入，再加上碳原子可以在不同的介质之间自由移动，使得地球上的碳原子可以通过碳排放实现空间上的再分配，最终在全球公域发生堆积。换句话说，石油工业就像一条巨大的传送带，分支众多，贯穿古今，将远古时期深埋在地下的碳资源带到我们面前。众所周知，石油的制造过程中会释放二氧化碳，但是石油产业的影响并不仅限于此：不管是从字面意思还是从象征意义上讲，化石燃料行业都算是为全球经济齿轮注入了润滑剂，促进了全球经济的发展。

石油行业的生产活动大致可以分为两部分：上游业务和下游业务。上游业务包括石油的勘探和生产，下游业务包括石油的精炼和分销。该行业的准入成本较高，因此全球的石油和天然气巨头多为集成型企业（其业务领域涵盖上游和下游全部的生产活动）。简言之，石油的勘探是指在开发油田前，对油田进行勘探、抗震测试以及钻孔作业；石油的生产是指通过陆上钻探或海上钻探技术从地底开采石油；石油精炼是指除去原油中的杂质从而获得清洁的碳氢化合物，然后将其用于生产各种最终产品；最后是石油的分销，在分销过程中，各类石油产品通过完备的管道网络、海上邮轮以及公路铁路网运输到世界各地。

虽然石油行业的生产活动繁杂，覆盖面广，条件艰苦，但该行业年收入高达30000亿美元（IBISWorld，2020）。石油行业利润丰厚，但是只有少数国际石油公司和国有石油公司才能在其中站稳脚跟。国际石油公司属于民营实体，业务范围通常涵盖从勘探到生产再到精炼和分销的石油产业全链条。国家石油公司的业务范围也大致如此，但在所有权归属方面，国有石油公司部分或全部归国家所有。通常来说，国际石油公司主要负责资源的开发，为下游的石油精炼和分销寻找资源；国有石油公司的职责是开拓市场，为他们的产品寻找新的分销市场。

然而，出于种种原因，这种责任分工已经不适用于现有石油公司的发展。首先，国有石油公司的运营不应仅仅是国家政治利益至上，同样也应以实现其商业目标为重心。国际石油公司和国家石油公司加强合作，在全球范围内合力开发更具挑战性的油田。一些国家石油公司，尤其是亚洲的国家石油公司，正在与国际石油公司抢占上游资源。因为这些国家并不是石油原产国，所以他们需要抢占国外市场，而欧洲和北美的石油市场正在萎缩，国际石油公司也不得不寻找新的石油市场，两者因此形成竞争关系。

英国石油、雪佛龙、埃克森美孚、壳牌以及道达尔［Total SA，2021年6月更名为道达尔能源（TotalEnergies）］等全球最大的国际石油公司均为大型一体化跨国公司，总部设在美国或欧洲，在全球范围内开展石油的开采和分销工作。20 世纪 70 年代以前，国际石油公司在石油界独领风骚，原因在于殖民时期签订的长期特许协议在殖民地独立以后的几年仍余波未平，而东道国并未掌握勘探和生产方面的技术也是造成这种局面的部分原因。一开始，主要石油出口国牵头组建国家石油总公司，总部也设在这些国家。后来，国家石油公司逐渐发展壮大，动摇了国际石油公司的霸主地位。"二战"后，很多产油国掀起了夺权运动，目的是夺回对本国地下石油储量的控制权。到 20 世纪 70 年代，这一运动已经接近尾声。

很多石油储量丰富的后殖民国家选择组建国家石油公司，旨在确保对本国的自然资源的永久控制权，这一举措得到了诸多联合国宣言、决议和条约的认可。国家石油公司对资源享有控制权，使得他们可在全球范围内建立广泛的垂直一体化分销网络，以此促进石油产品的分销。世界排名前几的石油公司中也不乏国家石油公司的身影：中国石油天然气集团有限公司、俄罗斯天然气工业股份有限公司、伊朗国家石油公司以及沙特阿拉伯国家石油公司——世界上最大的石油公司，其手中握有全球原油总份额的 10%——日原油开采量高达 1200 万桶。然而，国家石油公司的内部结构不尽相同，可以大致分为两类：一类开设在石油输出国，手里握着大把的石油储量；另一类开在石油进口国，以亚洲一些国家的国家石油公司为典型代表。按照惯例，在石油出口国，石油的开采通常由国际石油公司负责，这些国家组建自己的国家石油公司是为了对上述现象做出政治回应，从而掌控对本国石油资源开采和利用的节奏。1938年，墨西哥国家石油公司打响了争夺石油控制权第一枪。20世纪70年代，大多数中东国家以及部分西方国家——加拿大、挪威和英国——因为油价涨势迅猛纷纷建立了自己的国家石油公司，这一运动渐入尾声。20世纪八九十年代，中国、印度以及韩国等石油资源匮乏的国家也纷纷组建了自己的国家石油公司，其目标是瞄准国际资源，购置新资产，参与建设其他石油公司。这些国家石油公司的规模日益壮大，对全球石油资源的支配能力和所占的石油生产份额也连年攀升，相较于国际石油公司，国家石油公司的重要性显著提升。

石油和天然气行业与气候变化：承认事实和长期共存

石油行业与气候变化之间的关系既尴尬又充满争议，这么说一点都不为过。基于2015年1月至2016年5月这一段时间内的通信、文件和行动等数据，穆尔维（Mulvey）和同事对八家主要的化石燃料公司在气候变化这一问题上的立场进行了调查。或者说，我们可以把目光聚焦于某一特定的国际石油公司上。几十年来，壳牌集团一直都深知其产品与气候变化之间存在着千丝万缕的联系，但是在告诫公司股东，气候变化会使公司经历金融危机蒙受财产损失这件事上，却花了不止16年。2018年，壳牌开始游说美国国会征收碳税。与此同时，得克萨斯州的石油行业竟然指望政府动用纳税人的钱来为他们修建一条 60 英里长的海堤，用于保护其位于墨西哥湾沿岸的炼油厂，使其免受气候变化导致的高强度风暴和高潮位的影响，真让人觉得讽刺。

自从气候变化成为一项重要议题，石油工业和气候变化似乎就变得很难共存。在环境问题上，石油行业也经常是两面三刀。石油公司利用自身的研究设施进行了一系列严谨的科学研究，最终他们得出结论，全球正在发生气候变化，这是一个不争的事实，而且存在一定的风险。尽管如此，他们还是继续投入大量资金，进行虚假的科学研究，成立冒牌的智囊团。确切地说，他们的目的就是让公众质疑其公司内部科学家所提供的证据的可信度。

1990 年，联合国政府间气候变化专门委员会（IPCC）发表了第一次科学评估报告，题为《气候变化：IPCC 科学评估》（IPCC, 1990）。一般认为，自此之后人为气候变化逐渐成为公众普遍关注的重要课题。1992 年，人们对气候变化的认识再上新台阶：在这一年的里约会议上，各国首脑和代表就这一科学课题充分达成共识，即温室气体排放会带来颇多危害［详见 IPCC 的补充评估报告《气候变化：IPCC 1990 年和 1992 年评估报告》（IPCC, 1992）］。从此，石油天然气公司再也无法为漠视碳排放的危害寻找借口，也不能再谎称自己对减少碳排放无能为力。

其实，早在几十年前，石油界就已经参透了他们的生产活动与气候变化之间的因果关系（见第二章）。早在 1957 年，

第一部分　气候危机：石油巨头难辞其咎

美国汉贝尔石油公司（Humble Oil，后被标准石油公司收购，最终更名为埃克森美孚）的科学家就已经在同行评审期刊上发表文章，表达了对气候变化科学的认可。冰川融化、海平面上升、极端天气事件频发、全球性环境危害等骇人听闻的术语我们现在已经再熟悉不过了。早在 1968 年，石油行业就开始反复受到此类警告。地处欧洲的荷兰皇家壳牌集团也心知肚明：20 世纪 80 年代流传的内部文件证明壳牌集团也一度承认气候变化形势严峻，而且深知自家的产品难逃干系。

20 世纪 90 年代，在气候政策出台之初，国际石油公司就斩钉截铁地拒绝为延缓全球变暖进程而改变他们的商业模式。在他们看来，这似乎是一场阴谋，其真正目的是颠覆当前的行业及商业模式。另外，大部分国家石油公司都受到保护型政府（主要是在不太民主的社会）的庇护，公众的批评和意见对他们毫发无伤，听取这些批评和意见主要是为了抑制和平息民愤。几年前，中国石油天然气集团有限公司、墨西哥国家石油公司、巴西国家石油公司、挪威国家石油公司和沙特阿拉伯国家石油公司等国家石油公司加入了石油暨天然气气候倡议组织（the Oil and Gas Climate Initiative），这是一个致力于领导石油行业应对气候变化的自愿加入的联盟组织。这表明，他们已意识到气候变化的严峻性。

国家石油公司之所以坚持自己的立场，是因为它们认为任何形式的排放限制都会直接体现在其营收和利润上；它们也很快指出，全球工业高度依赖其产品，对它们的碳排放进行限制将给全球经济带来一系列连锁反应。为了捍卫自己的商业模式，阿莫科公司、英国石油公司、雪佛龙股份有限公司、埃克森石油公司、美孚石油公司（1999 年，埃克森石油公司和美孚石油公司合并为埃克森美孚石油公司）、壳牌集团以及德士古公司等大型国际石油公司借全球气候联盟之手，进一步否认气候变化危机。全球气候联盟是 1989 年在行业巨头博雅公关牵头下成立的企业倡导团体，该团体成立一年后，IPCC 就发布了第一份评估报告。大型国际石油公司借着全球气候联盟的势力，质疑气候变化的科学性，而且坚决反对相关减排政策。

1996 年，英国石油公司宣布退出全球气候联盟。次年，英国石油公司发表公开声明与美国同行划清界限，因为它们仍冥顽不灵，不知悔改。英国石油公司呼吁采取预防措施以应对气候变化：1997 年，首席执行官约翰·布朗表示，公司承认温室气体排放与气候变化存在一定的关联，并承诺会逐渐向低碳商业模式过渡，以减少温室气体的排放。壳牌集团也紧随其后退出了全球气候联盟。2003 年，埃克森美孚石油公司的高级代表弗兰克·斯普罗（Frank Sprow）和英国石油公司的高级代表格雷格·科尔曼（Greg Coleman）就石油公司在应对气候变化的过程中应承担的责任展开了激烈辩论，洛弗尔报告（2010：42-46）中对此有详细记载。这是埃克森美孚石油公司和英国石油公司之间的矛盾，也是大西洋两岸国际石油公司产生分歧的开始。

一直到 21 世纪初，美国大型国际石油公司对气候变化的回应都与上述两家公司大相径庭。简言之，以埃克森美孚石油公司和雪佛龙股份有限公司为首的美国石油公司坚决否认人为气候变

第一部分　气候危机：石油巨头难辞其咎

化，他们一边宣称控制温室气体的排放需要下血本，一边到处游说、反对气候政策，而且在替代能源上的投资也少得可怜。

欧洲石油巨头英国石油公司和荷兰壳牌集团却恰恰相反，他们承认人为气候变化相关依据的科学性，赞同预防行动原则，发表声明支持《京都议定书》（the Kyoto Protocol），并承诺加大对可再生能源领域的投资。这些大公司既有实力又有游说影响力，能够全面影响环境政策的制定，而不仅仅是投出赞成票或反对票这么简单。在气候变化问题上，美国的国际石油公司采取消极应对的策略，认为自己不应该为气候变化负责，而反观英国的石油公司，它们积极采取策略应对气候变化，认为自身应该承担一定的责任。

埃克森美孚石油公司在很久以前就对气候变化做出了回应，但是它的态度和做法存在前后不一的情况。洛克菲勒基金会（由标准石油公司的创始人约翰·戴维森·洛克菲勒创立）从2004年就开始以信件、会议和股东决议的方式敦促埃克森美孚石油公司承认气候变化危机，实现商业模式转型，朝着清洁能源的方向过渡。2007年，埃克森美孚石油公司向股东披露，采取措施应对气候变化会降低公司赢利能力，但措辞有些模棱两可，实际上他们仍继续为否认气候变化的活动提供资金支持；他们在2008年年度股东大会报告中承诺，不再将大量的公司资源用于抵制气候变化的行动。但是直到2014年4月，埃克森美孚石油公司才公开发布报告，首次承认气候变化危机。

苏普伦（Supran）和奥利斯克斯（Oreskes）在2017年做过一项调查，结果不出所料。他们发现，在2014年以前埃克森美孚石油公司一直在有组织地误导大众；尽管他们在期刊论文中承认气候变化相关科学共识，但是在其内部文件和主要报刊的广告软文（社论式广告）中却矢口否认。内部文件和广告软文曝光得越多，埃克森美孚石油公司在舆论的旋涡中陷得就越深。它在私人信件中表达了对科学共识的认可，而在公开发表的声明中却否认气候变化："我们发现，文件曝光度越高，质疑的声音就越大（Supran and Oreskes，2017：1）。"这样的结果跟这些广告脱不了干系。具有讽刺意味的是，其实埃克森美孚石油公司也为气候科学的发展做出过不小的贡献："他们在83%的论文和80%的内部文件中都承认气候变化的真实性，也承认这是人为因素导致的"，但是，他们又在公开声明中表示，"只有12%的广告软文承认气候变化这一事实，剩下约81%都持怀疑态度（Supran and Oreskes，2017：1）"。

如今，人们的态度和动机似乎有所转变，至少乍一看是这样的。所有大型国际石油公司都承认人为气候变化的真实性，并且表示推行低碳发展模式已经在它们的计划之内了。埃克森美孚石油公司算得上是最顽固的气候变化反对者了，但它仍表示，《巴黎协定》标志着"世界各国政府在应对气候变化带来的重大风险方面前进了一大步"，它也承认"公司在解决方案的制订过程中可以发挥建设性作用"（ExxonMobil，2016）。当然，行胜于言，埃克森美孚公司对于气候变化的态度仍然模棱两可，这一点可以在苏普伦和奥利斯克斯进行的研究中得到充分证实，我们将在第二章对此进行重点分析。同样，其他国际石油公司的经营行为也存在不透明的情况，它们

第一部分 气候危机：石油巨头难辞其咎

也需要为此做出解释。

石油天然气公司为共赴低碳未来制订了很多行动方案，包括投资可再生能源，转变商业模式，限制对现有油气储量的开采，同时推广和应用除碳技术等。石油巨头愿意建立新的行为规范，可能是出于求生的本能：他们要想继续在当今这个气候形势严峻的世界里生存下去，就不得不调整发展战略，使公司的运营能抵得住不断增加的压力，并且符合新的社会/道德标准。目前，西方富裕国家仍遵循碳密集型生活方式，这些标准就是为取缔这种生活方式的合法地位而生的。废奴运动和烟草抗议运动等影响深远、根深蒂固的社会经济实践的发展也经历了上述过程。石油巨头真的能像本书书名所说的那样，褪去邪恶的外衣，成为绿色能源应用的全球典范吗？大多数石油巨头公开表示，他们愿意朝着这个目标努力，至于有什么意义，还有待进一步证实。

其他一些因素也会加快石油行业的脱碳进展，首先，近年来可再生能源的生产呈现出一派繁荣景象，能源价格出现回落（IEA，2020b，2020c）。其次，在过去7年间，油价一直在高低点间波动，2014年油价高的时候到过100美元/桶，油价低的时候也到过27美元/桶。2020年4月，受新冠疫情的影响，原油价格跌至负值。产油国的经济稳定性也因此受到重创，然而疫情并不是造成这种局面的唯一原因，石油储备过剩而生产能力有限、贸易局势紧张、政治风向模糊、短期供需缺乏弹性等也是重要影响因素。

与此同时，正如上文所强调的那样，虽然国家石油公司在石油界的重要性有目共睹，但它们在气候变化和公民社会相关辩论中的出场频率并不高。同样地，这些国际石油公司也没有对气候变化引发的挑战做出具体反应。在全球气候话语中，国际石油公司通常被塑造成"反面角色"，因此相较于国际石油公司，这些国家石油公司背负的压力要小得多。

《巴黎协定》的签订使得国家石油公司更加积极主动地参与到全球气候行动当中。根据该协定，各国自觉做出减排承诺（又称国家自主贡献），这些承诺通常野心满满，涉及监管和政策方面的改革。那些拥有石油龙头企业的国家通常把减排的任务委托给这些企业，因为这些企业都是国有企业，这样做能够充分证明所在国实实在在为减排做出了努力。然而，在应对气候法规和政策所带来的挑战方面，国家石油公司准备得似乎不如国际石油公司充分，因为各国政府通常都为这些国家石油公司留出了充分的回旋余地。国际石油公司已经习惯了长期在残酷的市场中打拼，他们拥有更多的脱碳方案可供选择，例如使用可再生能源、应用碳捕获和存储技术等。然而，摆在国家石油公司面前的选择似乎寥寥无几，而且要求更为严苛，它们属于国有企业，如何实现脱碳在很大程度上由国家说了算；相较于其他个体公司而言，这些公司的国有属性使得它们受到了更广泛的关注。

石油输出国组织（OPEC，欧佩克）可能会对国家石油公司应对气候变化所采取的行动赞赏有加。该组织成立于1960年，是一个永久性政府间国际组织，现有成员国13个，均为石油输出国，该组织的主要职责是负责协调和统一成员国的石油政策（所有成员国都有自己的国家石油公司，有几家还位列榜单前几名）。2017年，欧佩克秘书长在伦敦国际石油周会上发表演讲，他表示该组织将如《巴黎协定》所规定的那样，支持其成员国及国家石油公司向可再生能源转型，以促进气候变化相关问题的解决。油气行业气候倡议组织成立于2014年，现有12家成员企业，壳牌集团和埃克森石油公司等行业巨头也位列其中，该组织成立的目的是减少有害温室气体的排放。一些大型国家石油公司（挪威国家石油公司、墨西哥国家石油公司、巴西国家石油公司、沙特阿拉伯国家石油公司以及中国石油天然气集团有限公司）也加入了该组织，这为国家石油公司的低碳转型带来了一丝希望的曙光。

石油和天然气行业对气候变化的直接影响：温室气体排放

石油和天然气行业是造成气候变化的主要元凶，最直接的证明就是人们在开展石油生产相关活动时会排放大量温室气体。

理查德·希德（Richard Heede，美国气候责任研究所研究员）的研究以及其他相关研究都聚焦于碳排放大户对全球主要温室气体（如二氧化碳、甲烷等）总排放量的重要影响。这些研究最引人注目的一项发现可能是：1751年到2015年，100家目前仍在运营的石油巨头（包括41家上市企业，16家民营企业，36家国家企业以及7家政府运营企业）以及8家已销户的石油公司的二氧化碳和甲烷排放量占全球排放总量的62%。碳排放大户的排放量是基于市场上燃料的含碳量（减去非能源用途碳排放量）计算出来的。在计算碳排放量时，水泥生产、燃烧和通风时产生的二氧化碳以及燃料自身燃烧时释放的二氧化碳应被一并考虑在内；泄漏或排放出的甲烷也应被考虑在内（Hedde，2014）。希德的研究数据还表明，过去几十年间，全球工业化进程迅速推进，自1988年以来，目前仍在正常运营的100家碳巨头的碳排放量占全球工业碳排放总量的71%；排放量最大的是化石燃料公司（包括石油和天然气以及煤炭公司），水泥生产商的碳排放量可以说是微乎其微的。例如，在2014年的原始数据中仅有7家水泥生产商上榜，其碳排放量占碳巨头累计排放总量的1.45%（Hedde，2013）。

2017年，艾克乌兹和同事的一项最新研究成果是对希德2014年所得结论的补充说明。他们将石油工业巨头生产化石燃料的过程与大气中二氧化碳和甲烷的浓度以及相关的气候影响联系了起来。相关气候影响主要包括全球平均地表温度和全球平均海平面的变化，后者被公认为是气候变化的主要后果之一。值得注意的是，艾克乌兹与同事通过研究（2017）发现，90个碳排放企业大户在1880年到2010年排放的温室气体"导致1880年到2010年大气中的二氧化碳浓度升高了约57%，全球平均地表温度升高了42%~50%，全球平均海平面升高了26%~32%；其中，1980年至今，大气中的二氧化碳浓度升高了约43%，全球平均地表温度升高了29%~35%，全球平均海平面升高了 11%~14%"。2019 年，利克（Licker）与同事的一项研究显示，表层海水 pH 值的下降与碳排放量之间存在着一定的关联，他们还指出，1880 年到 2015 年海洋酸化现象加剧，其中 55% 的责任应由 88 家主要碳排放企业承担。海洋酸化对生态系统和海洋生物造成的危害至今仍难以估量，更别提对渔业造成的影响有多大了，捕鱼业关系到无数沿海地区人们的生计问题（Licker et al., 2019）。

更值得注意的是，石油工业巨头在过去 30 年间的碳排放量占其碳排放总量的一半以上，国际社会已经充分意识到气候变化背后的潜在危害。自 1988 年以来，石油产业巨头在其生产过程中排放碳总量高达 8330 亿吨，约占二氧化碳排放总量的 50.4%，其中仅有 820 亿吨是 1750 年到 1987 年排放的（CDP, 2017）。希德（2014）表示，一般来说，"碳排放产业巨头在生产化石燃料和水泥时会造成碳排放，其中半数以上的碳排放都发生在 1986 年以后"。

需要说明的是，石油行业在开采化石燃料的过程中会导致甲烷气体溢出，甲烷会对气候变化产生更为直接的影响：自工业革命以来，开采过程中释放的甲烷要比之前预想的多 25%~40%，主要是因为没考虑到不明原因的燃烧和排放，未报告的事故和泄漏以及水力压裂活动增多等因素（Hmiel et al., 2020）。

视线转向石油巨头，他们在很多方面都对全球温室气体排放做出了惊人的"贡献"。希德在其 2014 年的研究中指出，碳累积排放量前 10 位的企业都来自石油和天然气行业。1988

年到 2015 年，全球排名前 60 位的石油天然气公司碳排放量超过了全球累计工业排放量的 40%，其中前 10 位公司的排放量占比 22%，前 20 位公司的碳排放量超过 30%，详见表 1-6。如果石油和天然气行业储备的化石燃料完全燃烧，全球气温涨幅肯定高于《巴黎协定》所规定的 1.5 摄氏度这一阈值，随之而来的将是最严峻的气候变化危机。韦尔斯比等人在研究中指出，从现在开始到 2050 年，如果石油和天然气的开采量不超过当前储量的 40%，我们就有五成的把握将全球气候变暖的幅度控制在这一阈值之内。

表 1-6　1988 年到 2015 年，石油天然气公司范围 1 和范围 3 温室气体排放量及其在全球工业排放中的占比

石油天然气公司	排放量/亿吨	在全球工业排放中的占比/%	类型
沙特阿拉伯国家石油公司（沙特阿拉伯）	40.6	4.5	NOC
俄罗斯天然气工业股份公司（俄罗斯）	35.2	3.9	NOC
伊朗国家石油公司（伊朗）	20.5	2.3	NOC
埃克森美孚（美国）	17.8	2.0	IOC
墨西哥国家石油公司（墨西哥）	16.8	1.9	NOC
壳牌集团（英国/荷兰）	15.0	1.7	IOC
中国石油天然气集团有限公司（中国）	14.0	1.6	NOC
英国石油公司（英国）	13.8	1.5	IOC
雪佛龙股份有限公司（美国）	11.8	1.3	IOC
委内瑞拉国家石油公司（委内瑞拉）	11.0	1.2	NOC
阿布扎比国家石油公司（阿联酋）	10.8	1.2	NOC
阿尔及利亚国家油气公司（阿尔及利亚）	9.0	1.0	NOC

续表

石油天然气公司	排放量/亿吨	在全球工业排放中的占比/%	类型
科威特国家石油公司（科威特）	9.0	1.0	NOC
道达尔能源公司（法国）	8.5	0.9	IOC
康菲石油（美国）	7.5	0.8	IOC
巴西国家石油公司（巴西）	6.9	0.8	NOC
卢克石油公司（俄罗斯）	6.7	0.8	IOC
尼日利亚国家石油公司（尼日利亚）	6.5	0.7	NOC
马来西亚国家石油公司（马来西亚）	6.2	0.7	NOC
俄罗斯石油公司（俄罗斯）	5.9	0.7	NOC
总计20（前10）	273.5（196.5）	30.5（21.9）	

资料来源：对碳巨头数据库2017年发布的数据集进行的整理和细化（CDP，2017）。根据世界资源研究所温室气体核算体系的规定，范围1碳排放指的是石油和天然气直接燃烧产生的碳排放，范围3碳排放指的是石油和天然气在分销到全球经济体系下游后燃烧（出于能源用途和非能源用途）产生的碳排放。事实上，石油天然气公司所造成的碳排放大部分（约90%）都属于范围3碳排放。

上述数字和考量可以使人们充分了解石油天然气公司排放的温室气体对气候变化产生的显著影响。在此需要澄清一点：这些公司为全球各地提供了石油产品，成为当前碳密集型社会经济体系的生力军。他们之所以成为社会争论的焦点，恰恰是因为他们在气候危机中扮演着重要的角色，对气候变化以及人们关于持续发展的讨论也产生了重要影响。总的来说，国家是解决气候危机的第一主力军。其他利益相关者，如公民、地方政府和社区、私营企业以及国际机构等都位居第二。所有利益相关者都在不同程度上参与到应对气候变化的全球治理中，石油天然气公司参与度很高，但它们却没能引起当前气候政策制定者和倡议发起者的足够重视。

这些公司要对引发持久的气候危机负主要责任，因此我们不能把他们和整个商界或其他利益相关者混为一谈。石油天然气公司在气候问题上起着不同寻常的关键作用。如果将他们在气候危机中的作用，他们的权力和财富水平，他们从化石燃料产品中攫取的利益以及他们的专业优势等方面进行综合考虑的话，我们仅仅将其视作次要责任人是不合理的，说得严重一点，这是非常荒谬的做法。当然，他们也受制于国家和地方政府所规定的排放限制，也需要跟其他碳行业以外的公司一样，公开其温室气体的排放量，并将减排政策融入自身的商业模式中。例如，碳信息公开项目以及与甲烷排放有关的气候与清洁空气联盟旗下的石油和天然气甲烷伙伴关系就是很好的例子。然而，考虑到他们核心业务的性质，这样做还远远不够。表1-6是1988—2015年，石油天然气公司范围1和范围3温室气体排放量及其在全球工业排放中的占比。

当前全球经济发展仍高度依赖化石燃料，造成现在这种局面，石油和天然气行业"功不可没"，他们对当前经济模式的形成、运行和发展起到了独一无二的推动作用。几十年来，石油行业一直是全球商业游戏规则的制定者。20世纪90年代以后，石油巨头明知其所作所为会带来危害，但出于利益的考量，它们还是选择继续勘探、生产、精炼和分销石油和天然气资源。它们一直都在否认其产品所带来的危害，还卖力游说政

第一部分　气候危机：石油巨头难辞其咎

治决策者。石油巨头迫使其他行业愈加依赖化石燃料产品。相应地，这些行业在进行商业模式构建时，只能在十分有限且代价昂贵的替代选项中进行选择。对个人来说也是一样，人们的生活方式与这个影响力巨大且令人心生敬畏的行业所做的商业决策息息相关。

尽管我们承认石油天然气公司是导致长期气候危机的主要元凶，但这并不意味着它们就是解决气候问题最关键的因素。在应对气候变化时，每个主体应各负其责。国家是其中最重要的主体，国家应该构建合理的立法和政治框架，以确保石油天然气公司履行职责。我们应该建立一种混合多边主义，使得石油巨头在其中承担的角色与在气候变化中承担的角色相匹配，同时，国家、个体以及其他主体也能参与其中。

总而言之，当前，化石燃料应被视作一种有害产品，化石燃料的使用会对当代地球居民的健康、生命和福祉造成威胁，这种影响会一直持续到未来。过去，烟草、石棉以及铅等产品是可以在市场上自由买卖的，但是后来，科学研究充分证明了它们危害极大，于是它们被禁止自由买卖。现在，石油和天然气行业也面临着同样的境遇，我们不仅要承认其重要作用，也要看到其在制造有害产品时所带来的道德和政治影响。

如果石油行业还想积极参与到低碳转型当中，就需要规划一个可行的愿景。第一步，石油巨头需要承认（或许一开始仅仅是对自己承认），旧世界正在发生变革，新的低碳型世界不能也不应该忘记他们对旧世界造成的危害。这就意味着，石油巨头需要为其对气候变化造成的影响承担相应的责任，反过来，这也意味着石油巨头需要履行相应的义务（正义原则指导下的道德行为标准，包括实际承诺），简单说，即有所为，有所不为。

不管怎样，当今世界各个领域的运行范式正在发生变革，石油巨头要想融入其中，就必须保证不再逃避自己应该承担的责任和义务，并在其他利益相关者的指导下，制订出具体的发展方案和目标，从而进一步阐明其运营思维的转变。

第一部分　气候危机：石油巨头难辞其咎

第二章　石油产业的道德相关事实

　　石油天然气公司推动着当前碳密集型社会经济体系的发展，他们不分青红皂白，一股脑地将化石燃料推向全球市场。他们对当前经济体系产生了一定的负面影响，然而却总能设法逃避责任，有时候甚至矢口否认自己的过错。多年来，尽管一些化石燃料行业巨头已经充分意识到气候变化会带来一定的危害，但它们还是直接向大气中排放温室气体，不惜一切代价否认气候变化并四处进行游说。它们也没有对"摇钱树"业务进行整改，以应对当前地球所面临的挑战。

　　石油巨头的碳排放对气候变化产生了直接的影响，因此缔结了相关的因果责任。这是构成更为严苛的责任概念的必要条件，但是仅凭这一点并不足以证明后续强制性业务的合理性。

　　我们必须在道德相关事实的基础上搭建道德框架，以此确保石油巨头在承担更为严苛的责任和后续义务时，态度更为理性，视角更加多元化。科学历史学家内奥米·奥利斯克斯

（Naomi Oreskes，2019）指出，我们需要拥有足够的权威才能督促相关主体完成变革，这就要求我们以事实为依据展开气候变化的相关讨论。

对石油行业来说，道德相关事实通常离不开"危害"二字。如果主体意识到或者预见到他们的行为会带来危害，且自身有能力或有可能扭转现状，但无动于衷，不采取行动避免或减少危害的话，那么就可以认定他们需要为此负责（Hart，1963）。这些道德规范是职责分工系统的基础，我们可以借助这一系统明确道德相关事实。

为便于参考，可以将道德相关事实划分为五类，如表2-1所示。

表 2-1 道德相关事实

事实 A	认知	该行业已经意识到其产品对气候造成的危害
事实 B	行为	该行业并未改变其行为模式
事实 C	能力	有能力减少碳密集型产品的产量
事实 D	否认	石油巨头发起了大规模的否认气候变化运动
事实 E	财富积累	化石燃料公司从危害环境的生产活动中获得巨额利润

这些道德相关事实足以使人们达成共识，即石油公司对人类和地球造成了危害（Foot，1967），然而导致这些危害的直接原因并不是其生产过程产生的碳排放（在此基础上引申出它们需要承担的因果责任）。简单来说，导致危害的道德相关事实包括去除防止危害的障碍或阻碍防止危害的有利行为（Barryand Øverland，2016），我们将在第四章中对此进行详细

第一部分　气候危机：石油巨头难辞其咎

探讨。石油公司一直在蒙蔽人们的视线，它们不想让人们察觉到自身的生产活动会加剧气候变化；而后者则是这些公司采取措施减少危害行为的先决条件。由此我们可以得出这样的结论：造成危害和促成危害都是不道德的行为。也就是说，造成危害和促成危害需要承担相同的责任，因为二者均是气候变化的影响因素。

其中，事实 E 即财富积累需要单独说明一下。它是石油天然气公司存在的理由，代表和彰显了它们的使命：它们通过化石燃料相关的生产活动谋取暴利，从而使得事实 E 也具有重要的道德意义。从道德层面上分析，事实 E 并非本质上的错误，这一事实无关危害，也不会导致气候变化。事实 E 代表了一种独特且互补的道德基础，可以帮助我们更有效地界定石油公司在气候变化中应承担的道德责任。这一点可以通过下文所述的气候伦理道德中受益者负担原则和负担能力原则来证明。因此，尽管事实 E 与危害无关，但其仍是本章所要探讨的内容之一。

事实 A：认知

石油天然气公司已经意识到了气候变化所带来的威胁，但是它们却选择了隐瞒，不让股东、利益相关者以及普通大众知晓这一事实。埃克森美孚和壳牌等大型国际石油公司技术力量十分雄厚，它们已经充分了解燃烧化石燃料会对全球气候系统造成的潜在危害——特别是在大气温度升高方面（CIEL，2017；Franta，2018）。据保守估计，从 20 世纪 70 年代开始，石油行业就已经知悉，化石燃料燃烧所造成的空气污染会对人体健康产生严重威胁，但他们却一直故意质疑这一事实的真实性（Milman，2021）。2018 年，化石燃料污染间接造成 870 万人死亡，占全球死亡总人数的五分之一（Vohra et al.，2021）。

石油行业隐瞒了事情的真相，致使其他人无法更好地理解气候变化的本质。人们无法全面深刻地了解气候变化的成因及影响机制，也就无法据此采取行动以应对气候变化。

1990 年，联合国政府间气候变化专门委员会（IPCC）发布了第一份气候评估报告（IPCC，1990），该报告指出全球对这一问题已经达成的科学共识，也标志着人们已经开始普遍关注人为气候变化。但是，其实从 19 世纪开始，人们就已经认识到碳排放会对地球产生潜在的负面影响，这一观点也在不同学科领域内得到了广泛传播。石油公司在几十年前就已经意识到气候的变化，甚至可能从该行业创立之初他们就已经意识到这个问题了。起初，人们以为碳排放可以被海洋完全吸收，不会对气候系统构成威胁，但随着排放量逐渐飙升，人们开始意识到自己低估了碳排放的"威力"。然而，早在 1938 年，就不止一位科学家（Callendar，1938）观测到二氧化碳排放会对全球温度产生巨大影响（在过去 50 年间，全球气温每年升高 0.005 摄氏度）。最终，斯克利普斯海洋研究所（the Scripps Institute of Oceanography）的化学家汉斯·苏斯（Hans Suess）证明了这一点，这一效应后来也被称为"苏斯效应"。1957 年，

第一部分　气候危机：石油巨头难辞其咎

雷维尔和苏斯发表了一项具有里程碑意义的研究成果，该研究指出地球上的海洋吸收二氧化碳的速度比预想的要慢，大气中二氧化碳的浓度可能会急剧上升（Revelle and Suess，1957）。两个月后，汉贝尔石油公司（标准石油的子公司之一，现为埃克森美孚石油公司）的科学家们提交了关于相同主题的研究报告，他们也同样发现大气中的二氧化碳浓度有所升高，并且阐明了二氧化碳浓度升高与化石燃料燃烧之间的关系，以及二氧化碳浓度升高与气温升高之间的潜在联系（Brannon et al.，1957）。

从20世纪40年代开始，西方石油界就着手对气候变化及其影响进行开创性研究。该研究聚焦于地球温度的长期变化趋势，全球气温与海平面上升之间的关系，大气中二氧化碳浓度的变化，飓风的性质、成因及历史，甚至还对人工影响天气的方法、技术以及后果进行了相关探讨（CIEL，2017）。

美国石油学会（API）是美国石油和天然气行业的行业协会，20世纪50年代后期，该协会对大气中二氧化碳的积累以及化石燃料燃烧对此造成的影响进行了研究，北美石油界（当时石油行业正处于寡头垄断阶段，因此很有可能也包括欧洲的国际石油公司）也参与其中。美国石油学会烟雾委员会（Smoke and Fumes Committee）的主要目标是，通过行业资助研究——通常是借助"可信的一手资料"（CIEL，2017）来证明预设的结果——和公共关系引发公众对于空气污染科学的质疑。该委员会的最终目标是动摇人们对于二氧化碳相关问题以及其他问题的看法。1958年的一个项目便是很好的例子，该项目旨在测算苏斯效应的影响（例如，大气中来源于化石燃料的碳的比例）。

1959年，美国石油学会在纽约举办了美国石油行业的100周年庆典，著名物理学家爱德华·泰勒（Edward Teller）在庆典上告诫石油业高管、政府官员以及科学家，二氧化碳和全球变暖密切相关，现在来看可以说非常有先见之明。一种运营模式正在形成，且这种模式在接下来的几十年间一直在不断循环。

1968年，斯坦福研究院（Stanford Research Institute）向美国石油学会提交了一份题为《气态大气污染物的来源、丰度和命运》的报告（Robinson and Robbins, 1968），该报告对全球变暖和气候变化的成因、本质和后果进行了总结。报告的第109页总结道，化石燃料的燃烧是导致气候变化的主要元凶，气候变化会在全球范围内产生重大影响。报告还建议石油行业应将大量资源用于减排技术的研发。该报告并没有就气候变化提出明确的应对主张，但是的确提到，"2000年气温将发生显著变化，而这些变化将进一步导致气候变化"。简言之，有确凿的证据表明，1968年的时候美国石油学会以及美国石油行业就已经知悉化石燃料燃烧与大气中二氧化碳浓度升高以及后续气温上升之间的关系。他们也充分意识到，必须找到方法来解决化石燃料燃烧所造成的二氧化碳排放问题。1969年，美国石油学会要求斯坦福研究院进一步证实其最初研究发现的科学性。斯坦福研究院在所提交的补充报告（Robinson and Robbins, 1969）中重申了1968年的研究所得出的关于二氧化

第一部分　气候危机：石油巨头难辞其咎

碳问题的结论，并强调大气中的二氧化碳浓度正在逐步攀升，而这一结果主要归因于化石燃料的燃烧。该补充报告还进一步预测：如果人们继续使用化石燃料，大气中的二氧化碳浓度势必会进一步攀升。

美国国家石油委员会（the US National Petroleum Council）是美国能源部（the US Department of Energy）下属的咨询委员会，其职责是就石油行业的相关问题向联邦政府提供建议。1972年，该委员会向美国内政部（the US Department of the Interior）递交了一份报告，该报告基本认可罗宾逊和罗宾斯在1968年和1969年所递交报告的主要发现，尽管两位科学家在描述化石燃料燃烧与二氧化碳浓度升高和温度上升之间的关系时使用的措辞比较模糊。

20世纪70年代，大型石油公司内部的研究团队告知了公司高管化石燃料燃烧的后果；埃克森公司多次在其内部备忘录中详述公司内部科学家是如何提醒管理层注意化石燃料燃烧与气候变化之间的联系的，并指出公司有必要采取实质性措施以应对这一问题。1978年，埃克森的高级科学家詹姆斯·布莱克（James Black）在公司内部备忘录中明确指出了化石燃料燃烧所造成的气候风险的紧迫性："目前看来，人们还有5到10年的窗口期对能源战略进行调整，否则将面临更为紧迫的局面（Black–Kalinsky，2016）。"

20世纪80年代初期，埃克森石油公司内部承认，化石燃料的燃烧会导致大气中二氧化碳浓度升高，进而导致全球气温上升，这对气候系统来说可谓是灭顶之灾。罗杰·科恩

- 041 -

（Roger Cohen）是埃克森理论与数学科学实验室的负责人，他在1981年递交给埃克森科学技术办公室的一份信件中明确表示，"人们对于大气中二氧化碳浓度升高会对气候造成的影响已经达成了共识"，最后还总结道"我们的研究结果与上述科学共识相吻合"（Cohen，1982）。就在同一年，埃克森的环境事务项目组也建议公司高管应熟悉气候变化所引发的争议。

然而，我们很难想象，在信息全球化时代的大幕拉开之前，美国社会竟然如此后知后觉。事实上，从1981年起，位于大西洋彼岸的壳牌集团就开始在其内部文件中详细记载其获取的关于气候变化的相关信息。而直到1990年人们才就人为气候变化的负面影响达成全球科学共识。在这些文件中，一家英荷石油巨头认识到，碳排放一直居高不下会带来一系列影响：导致大气升温1.5~3.5摄氏度，引发重大社会经济动荡，加剧环境危机，甚至导致整个生态系统的崩溃。壳牌集团承认二氧化碳排放主要来源于化石燃料的燃烧这一事实，而其自家的化石燃料产品就是主要罪魁祸首之一（Small and Farand，2018）。同样，在1998年的一份名为《温室效应》的机密文件中，壳牌集团也承认气候变化可能会导致人类大规模迁移，在气候变化敏感地区，作物减产和极端气候变化的双重打击更会加速迁移进程。壳牌集团甚至在1991年制作了一部名为《气候忧思》（*Climate of Concern*）的纪录片，并进行全球公映。这部纪录片开门见山，在一开始就公开断言当前气候变化的速度比上个冰河世纪以来的任何时候都要快，这使得地球及其公民都陷入深深的忧思。然而，壳牌集团在后续的发展中仍极度依赖石油,他们甚至公开表示化石燃料才是实现可持续发展的唯一现实途径。

1979年到1983年,美国石油学会成立了一个特别工作组,其主要职责是对气候变化进行监测和研究,并将研究结果分享给各个成员。值得注意的是,几乎所有的西方国际石油公司巨头都参与其中,这些石油公司包括埃克森石油公司、美孚石油公司、阿莫科石油公司、菲利普斯石油公司、美国德士古公司、壳牌集团、太阳石油公司、俄亥俄州标准石油公司、加利福尼亚州标准石油公司以及海湾石油公司(雪佛龙股份有限公司的前身)等(Banerjee,2015)。

尽管参与者众多,但石油世界其实很小,一有重要消息便会不胫而走。埃克森石油公司和壳牌集团都有自己的科学家,他们深知化石燃料排放会造成什么样的连锁反应,他们很难想象其他没有加入该组织的国家石油公司们该如何了解这些。简而言之,我们似乎可以大胆断言,石油巨头在几十年前就已经知道自身的生产活动会对气候造成长期的危害。

▶ 事实B:行为

在气候变化问题上,石油公司经常是表里不一,所以对其行为的研究就变得举步维艰。如前所述,这些公司对气候变化进行了深入的研究,并得出气候变化是真实存在的结论,但是与此同时,他们又拒绝采取应对措施,并且否认气候变化事实，大声驳斥公司内部研究所提供的相关证据。

20世纪90年代初，社会层面和政治层面都开始施压，要求石油巨头采取行动以应对气候变化，但是总的来说，他们并没有改变自身以碳为中心的商业模式。在大多数公开场合，国际石油公司对证明化石燃料和气候变化之间的联系的科学证据都不屑一顾，认为这是左翼分子对石油行业的抨击。不管是在石油富国还是在石油资源匮乏的国家，国家石油公司都算是行业的佼佼者，但是他们似乎并不在意这个问题，还在若无其事地照常运营。在石油行业看来，减排等于"送命"，更别说减排还会使很多依赖化石燃料的行业经历多米诺效应，进而对全球经济和人类产生重大影响。

然而，在21世纪到来之际，人们对气候危机的态度似乎逐渐出现分歧，石油巨头们对于是否全面参与应对气候变化还在犹豫不决。我们可以粗略地概括为：21世纪初，美国的国际石油公司否认气候变化相关责任，选择采取被动策略；而欧洲的国际石油公司更加积极主动，选择承担某些形式的责任（Sæverud and Skjærseth，2007），当时他们还承认气候变化的事实，并声称低碳未来是他们的目标之一。

尽管他们的行为值得称赞，但是问题仍然摆在那。几十年来他们一直深知气候变化的存在，甚至公众对此达成广泛科学共识也已经十余载，这些石油巨头还是没有转变为低碳密集型的商业模式。相反，他们还是继续若无其事地进行化石燃料的勘探、生产、精炼以及分销，跟当时气候变化还是小众话题的时候如出一辙。20世纪90年代，埃克森石油公司内部已经

第一部分　气候危机：石油巨头难辞其咎

认识到气候变化存在的事实，全球也对此达成广泛科学共识，但在随后的 10 年间，埃克森石油公司依然不断追加对化石燃料的投资。

近年来，石油行业公开承认气候变化的事实，并宣称将逐渐向可持续商业模式转型，但是仔细审查壳牌集团（英荷合资）和英国石油公司（英国）的年度预算后就会明白，事实并非如此。在 2015 年到 2019 年的 5 年间，壳牌集团的资本性支出或称资本支出（购买、保养和升级用于石油和天然气勘探、生产、精炼和分销的固定资产所花费的资金）几乎没有太大的波动。2015 年的资本支出最高，达到 261 亿美元；2017 年资本支出时最低，也高达 209 亿美元。同期，英国石油公司也公开了其资本支出，2016 年时支出 174 亿美元，2018 年时支出 251 亿美元。图 2-1 展示了埃克森美孚石油公司在房地产、工厂以及设备方面的投资。

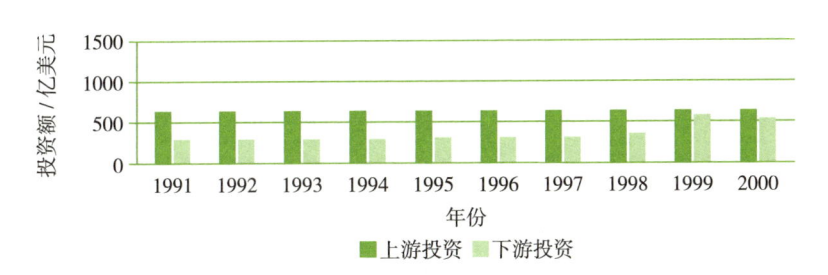

图 2-1　埃克森美孚石油公司在房地产、工厂以及设备方面的投资

注：上游投资包括对石油和天然气的勘探和生产的投资；下游投资包括对石油和天然气的精炼和营销的投资。
资料来源：埃克森提交给美国证券交易委员会（the US Securities and Exchange Commission）的 10K 年度报表（各年）。

当前，在能源投资领域，针对化石燃料相关的投资仍占大头（IEA，2019a），跟30年前毫无二致，仿佛是在玩"找不同"的游戏。埃克森美孚石油公司一直认为世界对能源的需求量在不断攀升，因此该公司于2018年宣布未来7年内将在世界各地投资石油和天然气项目，总投资金额高达200亿美元。随后，2019年3月，埃克森美孚宣布2020年年底公司资本支出将达320亿美元，比2018年增加24%，2025年的利润增长目标将达140%，比2017年上升5%（Crowley，2019）。要想实现上述目标，离不开以化石燃料为中心的战略加持，该战略对页岩油气的开发具有很大的投机性：例如，埃克森美孚石油公司宣布到2024年，富饶的二叠纪盆地（Permian basin）的石油日产量将飙升到100万桶/天；2021年3月，该公司计划其2025年的石油日产量将达370万桶（Crowley，2021）（ExxonMobil，2019a）。2020年12月该公司公布了减排计划，但因为根本不是所谓的"减排计划"而受到铺天盖地的批评，因为按照该计划，2021年到2025年的石油日产量将维持在100万桶，而到了2025年只减产到80万桶；值得一提的是，他们的开采地位于圭亚那（Guyana）沿海一处敏感脆弱的海洋生态区，那里将成为该公司在全球最大的单一化石燃料原产地（Juhasz，2021）。

据全球天然气和石油网络联盟（GGON，2019）发布的一项报告显示，2020年到2024年，整个石油行业仅仅在石油开采项目上的投资将高达14000亿美元。

欧洲的石油和天然气行业坚定地认为应该继续生产化石燃料，壳牌集团的首席执行官在接受路透社（Reuters news

agency）的采访时表示："尽管气候活动家们众说纷纭，但投资石油和天然气完全合理合法，因为世界需要我们这么做。我们别无选择，只能去投资这些长期（基于化石燃料的）项目（Boussoand Zhdannikov, 2019）。"2017 年，法国的道达尔能源签署了一份价值数十亿美元的协议，计划开发位于波斯湾的南帕尔斯气田（South Pars），该气田是全球规模最大的气田，为伊朗和卡塔尔共同所有。

总的来看，世界上最大的 5 家国家石油公司——英国石油公司、雪佛龙股份有限公司、埃克森美孚石油公司、壳牌集团和道达尔能源公司在低碳技术上的投资共计 35 亿美元，而在石油和天然气的勘探和生产方面的投资却高达 1105 亿美元（Influence Map, 2019）。讽刺的是，与此同时，英国石油公司、壳牌集团、意大利埃尼、西班牙雷普索尔等大型国际石油公司发布了一系列的承诺、计划和新闻通稿，信誓旦旦地允诺他们能够实现 2050 年净零排放的目标（CTI, 2020a）。

同样，国家石油公司也并没有减少对化石燃料的投资。沙特阿拉伯国家石油公司计划未来 10 年内在上游油气领域投资 300 亿美元，俄罗斯天然气工业股份公司 2018 年的投资计划总额超 200 亿美元，主要集中在天然气项目的开发、天然气设备和基础设施项目的落地等方面。俄罗斯天然气工业股份公司子公司涅夫特（Gazprom Neft）在新油田开发和炼油厂升级上投入了约 70 亿美元。2018 年，中国石油天然气集团有限公司也耗资 12 亿美元购得阿布扎比三个油田 10% 的股份。

石油、石油产品以及天然气管道等行业反馈的数据间接为我们指明了方向。从 2018 年到 2022 年，美国和俄罗斯位列投资榜前两位。美国位列榜首，投资总额高达 884 亿美元，俄罗斯紧随其后，投资总额为 788 亿美元（GlobalData，2018）。

这些数字就是道德铁证，石油行业还是一如既往围绕化石燃料正常运作。2018 年，国际石油公司和国家石油公司等大型石油公司的项目投资总额共计约 500 亿美元，在很大程度上与《巴黎协定》所制定的 1.5 摄氏度目标相悖（CTI，2019b）。2018 年，整个行业在低碳能源生产上的资本支出仅占总支出的 1.3%，2019 年甚至仅占 0.8%（IEA，2020c）。以上举措对实现绿色未来的帮助微乎其微。从 2020 年到 2029 年，石油巨头计划投入 7850 亿美元用于开发新油气田。所有与新油田开发相关的资本支出都与气候目标背道而驰（Global Witness，2019）。

石油天然气公司的种种举措还反映出很多事实：他们早就意识到气候影响可能会导致其业务受损。他们在制订长期业务和运营规划时，已经将潜在的气候影响也考虑在内，为应对气候变化做足了准备。例如，1989 年，壳牌集团在其海上钻井平台的工业设计中就已经考虑到了海平面上升这一因素，并据此对设计进行了调整。1995 年，帝国石油公司（埃克森加拿大子公司）在战略规划时将气候变化对北极的影响也考虑在内（CIEL，2017）。此外，石油行业正在加强气候风险管理相关战略部署，积极为即将到来的气候危机做好准备。项目设计和选址规划、应急/灾害规划、风险管理体系以及水资源管理等是战略部署的重中之重（IPIECA，2013）。

事实 C：能力

低碳替代方案已经问世一段时间了。研究表明，40多年前，一些大型国际石油公司就已经有能力且有机会借助商业模式转型来减轻其生产活动所造成的负面影响（Frumhoff, Heede, Oreskes, 2015）。

但是，从整体上来看，石油行业并没有采取任何重大措施来缓解其产品所带来的负面影响，也没有对相关政策进行重新调整。如下文所示，石油行业选择否认气候变化，使得他们与上述举措背道而驰。长期以来，大型国际石油公司一直在开展相关研究，企图研发出可以延缓气候变化的技术。自20世纪50年代以来，他们就一直在研究如何将二氧化碳从废物流中除去，并为该技术申请了专利，同时还利用低排放汽车、燃料电池和太阳能电池板进行了相关测试（CIEL, 2017: 19-21）。

一直以来，二氧化碳清除技术都是石油巨头关注的焦点，他们充分意识到这项技术在应对气候变化方面的潜力。埃克森石油公司和壳牌集团都手握多项碳捕获和储存相关的专利。但是项目初期出现问题，使得该技术的全面开发和产业化屡屡受阻，最终被迫叫停。仅仅是除去烟道废气中五成的二氧化碳就会使发电成本翻倍。

国际石油公司也在燃料电池领域倾注血本。燃料电池借助氢和其他燃料的化学能实现高效发电。20世纪60年代初，人们对清洁能源电动汽车技术的兴趣日益浓厚，埃克森石油公司和壳牌集团也把目光瞄准这一领域，带头进行相关研究。20世纪70年代爆发的石油危机促使石油业加强了对太阳能技术的研究：1974年美国颁布了《太阳能研究、开发和示范法案》。根据该法案，太阳能研究领域研究人员可获得60亿美元的联邦研究补贴。通过参与太阳能的研发或者收购规模较小的太阳能公司，美国的国际石油公司将大部分补贴都收入囊中。20世纪80年代末，美国石油业基本控制了美国本土太阳能电池板的生产，在该领域拥有很高的话语权，在21世纪头十年也一直保持着该领域的主导地位。

石油巨头已经完全掌握了清洁能源相关技术，他们手握很多早期专利，这些专利包含的技术可以帮助他们减少碳排放，这一点就很好地诠释了上述结论。如果这些技术可以得到发展和应用，无须等道德施压，石油巨头就会主动进行减排，积极推动公司向绿色能源巨头转变。但是股东的钱包远比响应保护地球的号召更能影响这些公司的战略部署。减排技术初期的应用成本很高，使得石油行业利润锐减，这意味着所有推动减排的计划都将被搁置（CIEL，2017：22）。

我们在此重申：至少在某些较为开明的高管对未来的规划中，我们可以瞥见另一种愿景。例如，英国石油公司的首席执行官约翰·布朗于1997年在斯坦福大学发表了一场演讲，在演讲中他对1995年IPCC第二份评估报告中所提到的人为气候变化的科学共识表示赞同，并表示英国石油公司应该承担起相应的责任和义务。在演讲中，布朗甚至提到了太阳能的发展潜力，声称英国石油公司也有意投资该领域，他表示未来10年内太阳能的销售额将突破 10 亿美元的大关（Browne，1997）。布朗的演讲广受称赞，人们也因此燃起对石油业革新的希望。观察人士认为，这类似烟草行业认识到吸烟和癌症、心脏疾病之间的关系一样，都是革命性的进步。但遗憾的是，他的话有些夸大其词了。他的演讲在媒体上引发了强烈反响，塞拉俱乐部（the Sierra Club）、加利福尼亚州环境保护局（the California Environmental Protection Agency）等环保界的代表也对其赞赏有加；其他石油公司（如壳牌、雪佛龙）也公开表示将朝着英国石油公司所描绘的美好未来不懈努力，而且将不再否认气候变化这一事实。然而，事实证明这的确是言过其实。

很显然，预测未来难如登天，我们无法确切指明未来石油业会踏上哪条道路，也无法断言石油业充分发展和应用清洁技术后会在多大程度上减轻对环境的危害。然而，我们可以拍着胸脯说，几十年前，一些大型国际石油公司就有能力而且有机会实现生产脱碳，甚至引领整个行业的走向，全球社会经济系统的其他部分也会因此发生一系列连锁反应。他们本可以卸下石油巨头的外衣，摇身一变成为绿色能源巨头，但他们却眼睁睁看着这个机会从手中溜走，仍然我行我素。

▶ 事实 D：否认

科学很复杂，在证实其真实性之前，每一步都需要小心谨慎。事实上，科学知识错综复杂，政策制定者都很难把握，普通民众更是如此。气候科学高度抽象，研究时需要跨越时间和空间的界限，相较于其他线性学科来说更为棘手。科学成果是不断变化的，不确定性将伴随它们的一生。而糟糕的是，从总体上来看，公众对这种不确定性并不买账，而失之偏颇的媒体、游说者和党派立法者的所作所为更增加了这种不确定性。

詹姆斯·汉森（James Hansen）是美国航空航天局戈达德太空研究所的前所长，他常常指出，从 20 世纪 80 年代开始，气候学家就劝说民众对他们所预测的气候变化采取应对措施，却屡屡受挫，而让政客们参与其中更是天方夜谭；虽然民众疑虑重重，但这并不能证明他的理论就是错的。2018 年 8 月，纳桑尼尔·瑞奇（Nathaniel Rich）在《纽约时报》（*New York Times*）上发表了一篇长文，文中指出，科学家并没有成功缓解人们对气候变化不确定性的抵触心理。气候变化否认者和反环保游说者发现，人们似乎对气候变化的基本要素缺乏共识，他们紧紧抓住这一点，否认当前正在发生气候变化事实，试图推翻人类活动是气候变化的主要元凶等科学共识（Cook et al.，2013；Cook et al.，2016；Santer et al.，2019；Myers，2021）。

媒体对石油公司否认气候变化的行为和态度进行了铺天盖地的报道，指出这是严重的道德失误。奥利斯克斯和康威在他们 2011 年出版的《贩卖怀疑的商人：告诉你一伙科学家如何掩盖从烟草、臭氧洞到全球变暖等问题的真相》（*Merchants of Doubt:How a Handful of Scientists Obscured the Truth on Issues from Tobacco Smoke to Global Warming*）一书中，巧妙分析了石油行业是如何在否认气候变化上砸下重金的。在此，我简要复

> 第一部分　气候危机：石油巨头难辞其咎

述一下该书的主要内容：为多种举措进行融资和谋划，目的是散布与气候变化及其严重性相关的谣言，引发民众的质疑，美化人为碳排放在气候变化中的影响，歪曲专家研究气候变化的动机。所以，在这种情况下，我们应该重点关注该行业否认气候变化的一大主要目的：阻碍/延缓人们采取行动以应对气候变化。

从20世纪80年代起，美国石油学会就开始散布与气候变化相关的虚假信息以误导大众，从而为后续否认气候变化做好铺垫。知名的国际石油公司也在此基础上火上浇油，多次成功阻止减排政策的实施。20世纪90年代起，大型国际石油公司就在密谋一场欺骗和误导大众的宣传运动，这场运动一直持续到今天，其主要目的是操纵和引导公共决策过程，从而掌握对化石燃料使用的控制权。很多反对化石燃料使用的法规因此搁置，石油行业应承担的责任也遭到驳斥，几十年前烟草行业所发生的一切又再次上演（Oreskesand Conway，2011）。

忧思科学家联盟（Union of Concerned Scientists，UCS）发布的《虚假信息手册》（*Disinformation Playbook*）可以作为实用参考资料。该书列出了国际石油公司为反对气候倡议反驳气候科学而制定的相关策略，借助五个"剧本"的形式加以阐述，这些"剧本"读起来很像一部盗贼大片，但其敛财能力就连好莱坞的编剧也难以想象。

（1）"伪科学：伪造相关科学研究并将其合法化。"埃克森石油公司内部的科学家认为，化石燃料燃烧与气候变化及其所构成的威胁密切相关，但是公司却聘用外面的科学家发表与之相悖的研究结果（Nuccitelli，2015）。

（2）"闪电战：攻击那些公开发表不利于石油行业继续使用化石燃料的研究结果和观点的科学家。"石油行业资助的保守派自由市场智囊团被指控为2009年气候门丑闻和2010年气候学家迈克尔·曼（Michael Mann）袭击事件的幕后推手（Deaton，2017）。

（3）"转移注意力：制造不确定性认知（University of California San Francisco Library，1969）怀疑，然而科学很少或根本不存在不确定性。"奥利斯克斯和康威将石油公司和烟草公司称为"贩卖怀疑的商人"。一份臭名昭著的烟草行业备忘录中这样写道，"我们的任务是制造怀疑，因为公众脑海中已经存在既定的事实，只有让他们产生怀疑才能动摇其认知。"怀疑无法凭空产生，大型国际石油公司结成同盟，发起倡议，抹黑科学，传播谣言。真正的科学饱受嘲讽，被当作"垃圾"，而谣言却成功上位成为社会主流。国际石油公司的伪科学家们先故意走漏风声，让这些（并不存在的）关于气候科学的分歧传到"听话"的记者和政客耳中，再借他们之手将消息传递到一头雾水的外行人面前（Ley，2018）。贩卖怀疑的商人同时也是混淆视听的大师。

（4）"掩人耳目：与学术界和专业协会勾结以获得信誉。"总的来说，化石燃料行业的慷慨捐赠使得美国学术界对气候政策和能源的研究更符合石油企业的利益。埃克森石油公司一直在资助哥伦比亚大学等知名研究机构进行气候变化问题解决方案的研究，包括相关的科学原理、政策以及技术等的研究

(Jerving et al., 2015)；这家得克萨斯州的石油巨头也一直是美国地球物理学会（the American Geophysical Society）年会的赞助商（UCS, 2016）。美国石油学会与非洲裔美国人和西班牙裔商业团体合作，在当地的报纸上发表专栏文章，强调海上钻探的优点，尤其是在创造就业岗位方面的优点，以获取民众对海上钻探的支持（Volcovici, 2018）。

（5）"解决方案：操纵政府官员及决策程序，干涉政策的制定。"长期以来，国际石油公司一直致力于通过游说来反对美国制定气候政策和法规，而且取得了重大成效（Brull, 2018；Vardi, 2018），同时也在世界范围内引起了轩然大波。在埃克森石油公司的不懈努力下，美国最终没有签署《京都议定书》（Supran and Oreskes, 2017）。西部州石油协会（the Western States Petroleum Association）的游说能力在美国西部数一数二，英国石油公司、埃克森美孚石油公司、雪佛龙股份有限公司和壳牌集团都是该协会的成员。他们利用加利福尼亚州司机联盟（California Driver's Alliance）和华盛顿消费者协会等草根组织，营造出一种公众声讨气候监管的假象（CIEL, 2017）。在美国，大型国际石油公司对共和党的影响很大：他们对气候政策和能源政策的把控能力非常强。

还可以再加一场戏：推卸责任。推卸责任已经成了石油巨头的思维定式，他们将气候变化说成是个人消费行为所导致的后果，从而蒙蔽大众，使他们看不清问题的本质。事实上，气候危机是一个结构性问题，石油行业对气候政策和立法的否认、误导、游说和阻挠使得气候危机愈发严重。石油天然气公司可以通过上述手段成功混淆视听，模糊其在气候变化中应承担的责任，把自己伪装成一个单纯满足消费者需求的供应商，而不是气候变化的主要罪魁祸首。

　　石油行业上演这一场场"大戏"的最终目的是反对气候行动，他们的确大获全胜，因为这一系列操作已经成功削弱了气候政策的势力。视线转向国际，全球气候联盟是化石燃料行业资助的游说团体，20世纪90年代中期到21世纪初，他们频繁活跃在国际舞台上。IPCC是联合国气候科学官方咨询机构，全球气候联盟如法炮制，利用上述手段，成功实现对IPCC的操纵（Hope，2019a）。以壳牌集团为代表的一些国际石油公司，借行业协会之手拿到了《联合国气候变化框架公约》大会的入场券，从而进一步"施展才华"阻碍全球气候谈判（Hope，2018）。

　　国际石油公司为否认气候变化的活动提供资金，使得政客、科学家以及气候学家之间的关系变得错综复杂，人们对于气候变化所持的观点也出现两极分化，这的确令人担忧（Stern et al.，2016；Hansson，2018）。否认气候变化的运动方兴未艾，事实上，它正以新的形式蓬勃发展。1986年到2015年，美国五大化石燃料集团的广告宣传经费共计36亿美元，他们一直在宣扬化石燃料的优点和必要性，宣称石油行业已在着手解决气候变化问题（Atkin，2019）。近年来，欧洲石油公司旗下的否认气候变化的智囊团数量激增，他们坚持的观点和采取的行动都与美国同行如出一辙（Almiron et al.，2020）。

　　这些否认气候变化的举措愈演愈烈，国际石油公司是其幕后主要推手（Frumhoff et al.，2015）。随着时间的推移，石油公司通过操控否认气候变化的举动，使越来越多的人对气候变化持否定态度，公众关于气候变化的观点也呈两极分化（Farrell，2016；Cann and Raymond，2018）。

颇具讽刺意味的是，科学家之间已经对气候变化达成了共识，但是否认者却对此质疑，现在甚至已经到了不能容忍的地步了。事实上，更确切地来说，这种怀疑主义应该被定义为气候犬儒主义：他们不再对气候科学所提出的证据表示怀疑，而是升级为对研究气候变化、交流研究发现和动机的科学家进行人身攻击。犬儒主义的种子需要播撒在时间、金钱和政治条件都适宜的土壤中才能结出饱满的果实。过去20年间，仅埃克森美孚一家石油公司在这方面的投资就高达2.4亿美元。

与此同时，一些国际石油公司开始砸下重金精心打造适宜的政治环境，从而方便他们将正统科学观念政治化，而不是单纯对其进行争辩（Thomas，2017）。新一代的否认主义者把气候变化说成是气候学家为自己创设的问题，他们还把应对气候变化歪曲成了诸多默默无闻的科技精英养家糊口的手段，在这些人眼里，支持大政府/高税率的著名环保主义者也需要借气候变化的引子谋得利益（Hoffarth and Hodson，2016）。国际石油公司所耗费的财力和精力似乎已经物尽其用：气候变化已经成为政治派系争论的焦点，也变成了党派分歧的象征。事实上，当前这种两极化的政治观念——媒体的报道也存在偏见——对石油巨头来说有百利而无一害。这些否认主义者只需撒下怀疑的种子，把他们从化石燃料行业捞到的钱转投给最

"乐善好施"的政治决策者，然后便可以坐享其成，静静看民意变得摇摆不定。这一切都归功于人身攻击谬误，这种谬误由政治派系主导，凌驾于理性之上，成为一种权威。

遗憾的是，似乎没有人能改变游戏规则。在《巴黎协定》签署后的三年间，大型国际石油公司（英国石油公司、雪佛龙股份有限公司、埃克森美孚石油公司、壳牌集团以及道达尔能源公司）在气候变化相关的品牌推广和游说活动上的投资总额超过 10 亿美元（InfluenceMap, 2019）。值得一提的是，2010 年到 2019 年，他们仅为游说欧盟就花费了 2.51 亿欧元（合 2.83 亿美元）。2019 年年末，来自美国和欧洲（主要是英国）的数百个支持否认气候变化的民众和机构，联合签署了一封致欧盟和联合国领导人的信件，信件中强调，气候紧急状态实属无稽之谈，因此我们没有必要设置净零排放目标。富事高商务咨询公司（FTI Consulting）是石油行业最臭名昭著的咨询公司之一，近年来，他们在支持化石燃料的运动中发挥了重要作用。石油公司负责提供资金，他们负责帮石油公司设计、组建和运营相关组织和网站，这些组织和网站似乎营造出一种基层民众支持使用化石燃料的假象（Tabuchi, 2020）。同样，富事高商务咨询公司在欧洲推动氢能源发展的过程中也发挥了重要作用：他们把氢能描绘成一种清洁燃料，但是实际上，氢能依然主要靠石油巨头从甲烷中提取（Mikulka, 2020）。

此外，石油行业已采取了一种新的否认气候变化的手段，他们大肆宣扬气候变化速度减缓的论调，弱化气候危机的紧迫性，夸大石油行业在应对气候变化方面的进展，为他们的不作为或不努力进行辩解（Lamb et al., 2020）。

简言之，大型国际石油公司掀起了一场组织缜密、系统条理、烦冗复杂的否认气候变化的运动。这场运动过后，人们为使社会经济体系远离化石燃料所做的一切政治努力都化为了泡影，决策者也因此出现道德疏忽，使气候危机对全球所产生的负面影响愈演愈烈。

▶ 事实 E：财富积累

事实胜于雄辩：污染精英数据库的数据显示，石油巨头们从化石燃料相关活动中获得了丰厚的利润，实现了财富的原始积累（Kenner, 2019）。该数据库中还罗列了大型跨国石油、天然气和煤炭公司的高管和董事的持股比例以及相应的个人排放量。

很少会有人觉得上述事实有违道德标准或者危害环境。然而，事实 E（财富积累）仍然与道德息息相关，因为它强化而且更好地体现了石油公司在应对气候变化过程中应承担的道德责任。

如上文所述，为了解石油公司在实现财富积累后为什么会形成与此前不同却又互补的道德标准，从而更有效地评估他们在气候变化相关问题中应承担的道德责任，我们需要简单介绍一下石油公司在采取纠正措施时所遵循的道德原则。

在进行这方面的研究时，气候伦理学相关的文献（例如，Caney, 2005；Shue, 2015）通常会参考两大补偿原则，即污染者负担原则（PPP）和受益者负担原则（BPP），以及一个前瞻性原则，即负担能力原则（APP）。根据污染者负担原则，首先，主体在污染治理时所缴纳的资金和需要承担的责任，都与其在过去所造成危害的整体水平挂钩。其次，受益者负担原则认为，应该根据主体在开展化石燃料相关活动时所获得的利益进行责任分配。最后，按照负担能力原则，我们应根据主体负担能力的大小来分配相关责任。

我们在前面的小节中提到的事实 A 到事实 D 都与环境危害直接相关，因此属于污染者负担原则的研究范畴，而事实 E 与环境危害无关，属于受益者负担原则和负担能力原则的研究范畴。换句话说，事实 E 指出，石油公司通过化石燃料相关生产活动获得了利益，这进一步强化了他们应承担的道德责任，因为他们在后续采取补救措施的时候，需要投入相应的资金。考虑到需要让石油行业也参与到气候政策和治理当中，我们对其责任描述得越详细，他们就越容易被说服。在实践过程中，我们需要根据石油公司的赢利趋势对其财富方面的问题进行定量分析。1990 年到 2019 年，英国石油、雪佛龙和壳牌三家石油公司的累积利润总额共计 19910000 亿美元（Taylorand Ambrose，2020）。然而，石油行业的利润额受到经济、社会、政治、制度以及环境等多方面因素的制约，公司内部的金融和财政决策也会对其产生影响；因此，不同年份利润差异较大，赢利期和非赢利期往往会横跨数年。

各行各业都要经历或短或长的盈亏波动，石油行业也不例外。例如，2018 年第一季度是近几年来国际石油公司赢利最猛的一个季度，石油价格飙升以及行业成本降低是其主要原因。2018年，沙特阿拉伯国家石油公司的净利润高达1111亿美元。以下是一些主要国际石油公司2018年第一季度的关键指标（Cunningham，2018）：

英国石油公司的利润额飙升至24亿美元，同比增长71%，去年同期利润额仅为14亿美元；

雪佛龙股份有限公司的利润额为36亿美元，比去年同期增长了36%；

埃克森美孚石油公司的利润增长率为16%，利润总额为47亿美元；

壳牌集团的利润总额飙升至53.2亿美元，比2017年同期增长42%。

对那些通过化石燃料相关活动积累大量财富的公司进行研究，或许可以帮助我们对石油行业所创造的财富有更深入的了解：这些石油行业的亿万富翁通常与国有的国家石油公司联系非常密切。

但是，上述5个道德相关事实都受到无数"仿真陈述"的干扰。"仿真陈述"是由诺曼·梅勒（Norman Mailer）创造的新词，指的是听起来很可信，而且也被很多人信以为真，但实际上并不是事实的陈述。过去几十年间，石油行业或者其他行业中有不少人出于各种原因质疑气候变化的真实性，或多或少地散布过这些"仿真陈述"。见识到"仿真陈述"的威力后，我们的确备受打击，心情低落。尽管人类的健康、安全以及人类和地球的福祉已经岌岌可危，石油行业仍可以（也确实这样做了）通过否认科学、恐吓科学家以及借助壳牌游戏（shell game）掌握政治大权的手段（此处无意双关），巧妙地将"仿真陈述"与无可争辩的事实混为一谈，以达到保护并扩大其既得利益的目的。

第二部分
石油巨头的责任和义务

第二部分　石油巨头的责任和义务

第三章　问题在哪里？

太阳是能量之源，太阳系中的行星会围绕太阳公转。人类社会经济体系的运转也遵循这种模式。碳密集型工业仍然是当前社会经济体系中的主力军，石油巨头作为行业主导，自然是该体系的核心。石油巨头既是行业领头羊，又是解决气候危机的关键。我们可以透过道德棱镜，剖析该行业所肩负的责任和义务，探究石油天然气公司的运营模式，从而更好地把握石油巨头所承担的角色以及找到解决现有问题的切入点。我们在展开进一步讨论之前，很有必要阐明这一主张及其在本书论点中的核心地位。

我们需要建立一套道德框架来明确石油巨头所肩负的责任以及相应的义务，主要原因在于化石燃料公司对气候变化产生了一定的影响，民众对此怨气颇多。道德框架搭建好后，可以进一步推进民众诉求的正当化，进一步伸张正义，使得政府部门更加关注此事，从而推动问题有效解决。

事实上，气候活动人士以及广大公民，已经开始把目光转向化石燃料公司和相关项目了。他们对石油巨头提出了两大要求：一是弥补已造成的危害；二是终止化石燃料的生产以避免事态进一步恶化。联合国专家小组（United Nations Panel of Experts）在一项报告（UN, 2018）中指出，拥有健康的环境也是一项普遍人权，以上两大要求也与这一点不谋而合。此外，联合国极端贫困与人权问题特别报告员在一项报告（HRC, 2019）中强调，化石燃料公司若不积极采取措施应对气候变化，就是在侵犯人权。

事实上，气候正义运动的核心主张是，包括企业在内的较为富裕的主体应主动偿还气候债务。气候债务可分为两类，影响债务和排放债务。这一主张在很多方面都与《联合国气候变化框架公约》的核心道德抱负不谋而合。该主张的最终目标是：对经济实行民主管理，让民众参与到气候变化治理当中，减少不公平现象。总的来说，影响债务指的是要对气候变化所造成的危害进行修复和弥补，而排放债务则要求人们采取行动，全面减少碳排放，降低未来相关危害出现的可能性。例如，根据《罗弗敦宣言》（*Lofoten Declaration*），我们可能需要结合某些历史成果才能达成这一目标。《罗弗敦宣言》由来自76个国家和地区的530个组织联合签署，这些组织代表了工商界、公民社会、大学、研究机构、基金会、城市以及宗教机构等社会各界人士。

从另一个互补视角来看，这一部分所提出的理论规范旨在为气候行动提供道德依据，促使其对现实世界产生积极影响。此处并不会对气候伦理方法解决问题的能力进行烦冗复杂

第二部分 石油巨头的责任和义务

的探讨，只想说明本书提出的道德框架指的是气候伦理学的介入方法（Green and Brandstedt，2021）。如上所述，这一道德框架对影响气候变化的相关主体进行了明确的界定，对其实质性的参与也进行了描述，可以在一定程度上推动现实世界展开气候行动。相关主体包括身为一级主体的石油巨头以及在第四节中所讨论的间接主体（或称二级主体），这类间接主体主要包括政治当局、公民、经济参与者以及知识社群等。根据规范化理论，一级主体与间接主体在气候危机中扮演着不同的角色，这表明我们可以构建规范化工作体系，减少道德框架中的不确定性，从而有效鼓励各个层面的主体积极采取行动。实际上，这类道德框架详细阐释了一级主体和间接主体为应对气候变化采取行动的政治可能性，从而缩小了规范化理论与其实际效果之间的差距。

后续章节阐述了石油巨头的责任和义务框架，该框架可以为新兴的反化石燃料社会/道德规范的发展奠定坚实基础，这些规范严厉谴责石油行业蓄意使用有害物质的行为。本书第三部分认为公民社会和其他利益相关者可以以更加民主、和平的方式参与进来，动摇当前石油天然气公司的权力根基，进而引入约束条款，迫使他们有效解决过去由本公司生产活动和产品对环境造成的污染问题，推动这些公司的商业模式转型，使它们朝着有利环保的方向发展，以上内容分别引自赔偿和脱碳的义务。

本书认为就算搭建好气候变化相关的道德框架，这些石油天然气公司也未必会自觉遵守。我们在道德框架中详细阐述了道德、危害、责任和义务等内容，对于这些公司只是迫于其权威性而不得不遵守。本书认为，单凭搭建道德框架并不足以促使石油天然气公司主动采取行动。在石油行业高度政治化的大背景下，研究如何改善石油工业运行的社会、经济、政治和法律环境以减少对其环境的危害并证明这种行为的合理性意义重大，而本书的主要目标便是为此研究奠定坚实的基础。

简言之，本书第二部分所提出的道德框架为石油天然气公司在应对气候危机方面的责任划分以及后续的义务划分提供了依据，本书第三部分阐述了相关内部动机和外部动机，这些动机会促使石油天然气公司积极采取行动，修复其生产活动给环境带来的破坏。

本章讨论了气候伦理对石油巨头产生的主要影响，传统的气候研究采用适应/缓解二分法对石油巨头所承担的义务进行界定和划分，重点强调石油行业特有的主体性。为此，我们应首先将气候变化界定为伦理问题，继而对石油行业中极具争议的一系列标志性问题进行深入研究。

▶ 气候伦理：石油巨头面临的主要问题

气候变化是一个伦理问题，这一点不足为奇。长久以来，哲学家、政治家、气候活动人士以及宗教领袖等都在探讨人类活动为什么会导致气候变化，气候变化会造成什么样的后果以及人们会如何应对等伦理问题。其实，本章的精髓可以概括为

第二部分　石油巨头的责任和义务

两点,这两点在当今社会仍然适用,因此常常被引用。

2007 年的诺贝尔和平奖授予了艾伯特·戈尔（Albert Gore）及国际气候变化小组,他们在应对气候变化方面做出了巨大贡献。艾伯特·戈尔认为:"气候变化并不是一个政治问题,而是一个道德问题,这一问题关乎人类的生死存亡（Gore,2007）。"詹姆斯·汉森也曾写道:"几乎可以肯定地说,气候变化是 21 世纪最突出的道德问题。这一问题堪比 20 世纪时丘吉尔面对的纳粹主义以及 19 世纪时林肯面临的奴隶问题（Hansen,2011）。"

长久以来,气候变化一直被公认为是一个道德问题,这一问题会对我们的生活和世界构成威胁（Gardiner,2004）。然而,要想以一种合乎道德的方式解决气候变化问题,需要将很多重要因素考虑在内。尽管越来越多的人已经意识到,要想以可持续的方式应对当前人类世界中的不确定因素,当务之急就是进行社会生态重建。人类世界的突出特征是人类对地球的地质和生态系统产生了巨大影响。但是现在,对于如何应对气候危机还没有一个明确和统一的指导方针。当前,我们该采取何种措施才能既符合道德要求又能有效化解这场危机? 一切都不明朗。尽管当前存在巨大的不确定性甚至是未知性,而且现在这种不确定的趋势还有可能一直持续下去,我们仍然有可能制定出一套基本的道德规则来解决人类和自然当前面临的主要问题。

社会正沿着当前的轨迹行进,特定路径会产生积极或消极的结果,对结果的理解也将影响当前的决定:是继续沿这条路走下去，还是就此止步？然而，只有当对于发展方向达成一致的道德共识时，这种适应性态度才有可能实现。关于发展方向的决策属于政治层面的决策，所以必然会涉及道德内涵，其本质也是一种规范。事实上，缺乏道德指引会使政策制定和政府治理陷入瘫痪的局面，还会进一步加剧可持续应对气候危机过程中的道德腐败。

虽然西方哲学传统中的道德观和文化观与其他的视角相比并没有明显的优势，但这种道德观和文化观在全球范围内广为人们所接受，并且在很大程度上促成了现有全球治理机构的组建——尽管这些机构并没有很高的权威性，应对气候变化的机构也属于这类全球治理机构。要想构建并维护气候伦理体系，可以考虑从自由主义哲学的角度对正义进行解释，这算得上是一块较为称手的敲门砖了。此处指的是现代自由主义，它主张平等、自由、再分配、包容以及关怀。现代自由主义主张人人平等，重点关注挣扎在社会底层的穷苦群体，认为这些人也应该有机会过上有尊严的生活，这一类群体生活质量的提升是现代自由主义最重要的伦理目标。这一主张是自由主义的核心，或许也是气候变化主流伦理的核心，涉及与石油巨头相关的道德问题。

如何实现分配公平以及如何解决义务分配问题是气候伦理学需要探讨的话题（Caney, 2014; Vanderheiden, 2016）。气候伦理学从自由主义的视角出发，解决交织在一起的各类问题：如何确定责任归属？谁需要得到何种补偿？当代人需要为子孙后代做些什么？较富裕的个体是否因为其碳排放量更大而

第二部分　石油巨头的责任和义务

对环境造成的伤害更大，而且因为能力更强，就需要对较不富裕的个体进行补偿？为应对气候变化所产生的成本应如何分摊？有什么原则可以证明义务分配机制的合理性？气候变化存在巨大的不确定性，政策制定者如何在这种情况下做出符合道德要求的决策？

以上绝大多数问题都是人们关于气候变化争论的焦点。与此同时，气候伦理也面临着新的挑战。当前世界正处于气候紧急状态，这些新的挑战将在可预见的范围内影响世界的发展。从这一方面来看，气候伦理相关讨论应把目光聚焦于跨学科的主题上。政策制定者、谈判代表、企业、非营利组织、气候传播者等都在积极应对气候变化，这些跨学科的话题就是这些参与者们在未来几年会切实遇到的迫切需要解决的问题。气候危机主体的责任、范围、集体代理和可行性等问题都是他们关注的焦点。上述问题已经基本涵盖了石油巨头在应对气候变化时所遇到的道德挑战。

责任

应对气候变化这条路犹如迷宫一般错综复杂，其中最棘手的一个问题便是如何进行责任分配才能让政策制定者和广大人民群众在道德、法律、经济、政治、社会和心理层面上同时接受，这可能也是国际谈判长期陷入僵局的主要原因。《联合国气候变化框架公约》遵循共同但有区别的责任原则，对气候变化应对过程中的责任分配进行了概述，然而当中的权责划分还有待进一步细化。尽管这一责任分配原则在外交领域仍然适用，但是政策制定者和谈判专家都默认，在应对气候变化过程中"所有人都肩负着责任和义务"，这也造成了他们之间互相推诿。不管怎么说，"责任"已经是道德哲学和政治哲学中最为复杂、最让人捉摸不透的术语了，更别说把它放在像气候变化这种陌生又复杂的道德语境中进行分析了，这简直是难上加难。

一些作者在写书时会交替使用责任和义务这两个词。本书并不会混淆这两个概念，而是会对它们进行区分。本书认为，根据公平性原则，既定的责任是主体主动承担责任的前提条件，也是主体采取行动履行义务的前提条件。另外，义务是由责任决定的道德行为标准，其中还包括了切实可行的承诺，例如什么该做、什么不该做等，本书第六章对此进行了概述，具体的操作和实施步骤详见第三部分的第九章和第十章。

从广义的道德概念来看，责任与主体的行为和意图密切相关。本书第四章直击要害，对很多与石油巨头相关的责任概念和观点进行了剖析。可以这么说，我们需要从因果关系和道德层面上对石油巨头的责任进行基本的界定。因果责任通常指因果贡献，这类责任没有道德责任的要求那么严苛。道德责任会基于主体的意图对其自愿性、控制性以及知识性进行评估。从这一点来看，在某种程度上，本书第一章为石油工业的因果责任搭建了基础的理论框架，而第二章则进一步探究了影响其道德责任合理化的因素。

现实情况如此复杂，所以当我们试图界定石油巨头在应对气候危机时应承担的责任时，应谨记最重要的一点，那就是

第二部分　石油巨头的责任和义务

不存在某一个唯一的、准确的、被广泛认可的概念，因为概念是出于某种特定目的而人为创造出来的（Jamieson，2015）。因此，不同的个人、团体以及组织可以从不同的角度来解释同一个概念。同样地，后续章节基于高度特定的道德事实对责任的概念进行了探讨。总的来说，这一概念仅适用于石油行业，而不适用于其他主体或背景。

范围

在气候伦理相关讨论中，有一个问题存在争议：谁该为气候变化买单？归根到底就是一句话，哪些主体应该成为气候辩论的中心？当前的国际视角以国家为中心，认为国家是唯一的主体，其实除此之外，还有很多非传统的非国家主体也在国际事务中发挥了重要作用。

一个很典型的例子就是，我们越来越关注单个主体在减少自身排放以及倡导更大规模变革中所发挥的作用。尽管这一观点在近年来受到了一定的关注，尤其是在环保主义者中激起了不小的水花，但还是会有人问，这种合理化趋势将如何切实影响个体和社会团体的参与度。即使是像西方中上层阶级这类碳排放量最高的群体，也不清楚到底应该为自身的碳排放负多大的责任。在探讨这些心理问题的同时，也不能忽视相关的规范性伦理问题以及实证道德问题。规范性伦理问题包括个体如何为自己的碳排放买单等问题。根据国际能源机构（IEA，2021c）的数据，因个体行为改变而减少的碳排放量仅占总体减排目标（到2050年实现净零排放）的4%。实证道德问题主要指，个体在政治和经济条件的限制下，如何采取行动承担相应的责任，第二章对石油行业否认气候变化这一事实进行了论述。

例如，本书前两章中提到了碳排放大户对全球碳排放量的影响，对地表温度和海平面上升的影响，以及对海洋酸化的影响。以上分析很难证明个体是导致气候变化以及应对气候变化的主要因素或唯一因素。因此，气候伦理学需要进一步探究集体责任的实现形式，在不否认个体责任的同时，实现两种视角的融合，推动气候权威机构同时解决个体层面以及整体层面的问题，实现一举两得。我们应重点关注公司实体等主体，它们最近才走进公众视野，但是目前仍处于被忽视的境地。

集体代理

鉴于上述情况，当我们分析石油巨头在气候变化中所承担的责任时，应认真思考集体代理和集体责任两大概念并将其作为中心问题进行探讨，从而在道德层面上对气候危机进行更广泛、更有效的分析。集体责任这一概念存在争议，因为传统的伦理学认为人类个体才是终极的道德主体，社会团体、法人、州、国家以及国际机构等都只算得上是间接的道德主体。

不管怎么说，我们可以从多个理论角度来论证集体责任。在此基础上，弗伦奇提出了一个值得借鉴的观点，他认为集体责任应由集团集体承担。集团集体由一定数量的个体组成，该组织的整体特征并不等于所有成员的特征总和。集团集体具备以下四大特征：集体特征大于全体成员特征的总和；其决策机制是输入成员的决策可以转化并输出为集体的决策;具有时间上的一贯性;自我认知为一个整体。本书将石油天然气公司归类为集团集体,因为它们符合上述四大特征。此外,本书也认为石油天然气公司有能力承担相应的责任,因为它们满足以下要求:做出的决策与价值挂钩;能够做出恰当的价值判断;对价值非常敏感,能够据此做出判断并采取行动(Pettit,2007)。

因此,本书认为,化石燃料公司完全符合气候伦理学中集体代理的概念。虽然本书承认集体代理及其在应对气候变化过程中所承担的集体责任,但这并不代表个体就不用承担责任,个体需要在不同于集体的理论和实践层面承担相应的责任,本书并未涉及这一点。换言之,尽管石油行业需要对气候危害及其整改和修复承担相应的集体责任,其他主体也需为其碳排放买单。在此需要重申的是,这种说法并不意味着只有石油巨头需要对气候变化负责,也并不意味着石油天然气公司就是应对气候变化的主力。国家、消费者、公民社会、各行各业以及其他利益相关者都应积极参与其中,主动承担相应的责任和义务,为应对气候变化贡献自己的力量。

可行性

本节将浅谈一下——实际上仅涉及部分内容——将气候伦理应用到实践中涉及的关键因素,而这一问题主要涉及谈判专家、政策制定者、公民、机构以及整个社会所关注的问题之间的相关性;或许本书所探讨的一个重点便是将气候伦理应用于实践的有效途径。

要想将气候伦理纳入决策的范畴，我们需要充分了解当下的体制和政治现状及制约因素，并基于此进行深刻反思。要想让工作变得有意义，就需要把目光聚焦在为决策者提供鞭辟入里、稳妥可行的见解上，而不是把精力浪费在解决那些象牙塔外根本无人问津的问题上。与此同时，气候伦理还可能对当前所面临的问题的形成产生影响，从而使得整个过程中与气候变化相关的决策能够更加包容、更符合道德要求。

因此，本着这种精神，本书列举了石油公司应履行的赔偿和脱碳责任，这些义务是从他们在气候危机中应承担的责任中派生出来的。我们将上述义务定义为具有直接现实意义的道德规约，这种道德规约可以将责任的规范性视角和气候政策与治理的实证视角整合到一起。

▶ 适应、缓解以及石油巨头的责任

气候变化对地球的自然系统和社会经济系统造成了一系列的负面影响，这些负面影响或直接地或间接地威胁到全人类的生死存亡，对社会底层最弱势的那部分人来说可能算得上是致命的打击。

人类所遭受的威胁存在地域差异，其中影响最大的是：水资源短缺导致农作物减产；海平面上升；内陆洪水和沿海洪水频发，加剧了对土壤的侵蚀；冰川、冰原以及海冰的厚度下

第二部分 石油巨头的责任和义务

降，面积减少；出现新的健康危机；极端天气事件的频率及严重程度有所上升；在稀缺资源的管控、移民、国家管理失控及由此带来的风险方面冲突频发。对人类来说，这会威胁到全球范围内的粮食安全；增加食源性、动物源性、水源性以及媒介传播疾病的传播风险；增加人们因为迁徙而流离失所的概率；增加暴力冲突和战争的风险；阻碍经济增长和脱贫进度；诱发新的贫困陷阱（IPCC，2014；National Intelligence Council，2021）。

石油天然气公司的生产活动与化石燃料密切相关，这无疑会使形势变得更加岌岌可危，同时也会危害地球生态和人类健康。我们在第一部分中已经强调过这一点。正如《联合国气候变化框架公约》的目标中所阐释的那样，要想扭转当前局势，规避气候变化带来的灾难性影响，就要回避或预防危害的发生。不造成破坏是气候伦理的基本要求，其主要目的是使人类免受气候灾害的迫害。

我们在第一章中已经提到过，石油巨头在生产过程中会产生碳排放，继而对地球生态和人类健康造成威胁。与此同时，第二章指出石油巨头善用障眼法，因此公众很难意识到这些企业的生产活动会对环境造成危害，也很难意识到气候正在悄然发生变化，从而进一步助长石油巨头破坏环境的气焰，第四章会对这一点进行详细的阐述。然而，当前有关气候危机伦理影响的文献变得越来越精深，但是大多数都没有把"破坏"二字奉为核心道德准则，这些文献更倾向于从资源共享的视角对气候危机进行分析。资源共享视角聚焦于气候变化相关举措的成本分摊和收益分配，这就在很大程度上偏离了危害本身。主流观点认为，应对气候变化离不开两大道德约束：首先，抑制温室气体的排放，增加碳汇，从而避免对气候系统造成危险干扰；其次，为预防和应对气候变化的举措提供支持和资助。上述两点分别属于减缓义务和适应义务。近期，相关文献如雨后春笋般层出不穷，以上两种义务也是这些文献讨论的热点话题。

但是，本书认为人们在讨论与气候变化相关的道德问题时，但凡涉及石油巨头，都避不开减缓义务和适应义务这一话题。换句话说，以上两种义务既是全面消除气候变化带来的危害的手段，也是应对气候变化危机的最终目的。事实上，只有使自然免受人类社会的影响（即危害回避），同时使人类社会免受自然的影响（即危害预防），才能回避或预防气候变化带来的危害。尤其需要注意，危害回避和长期的危害预防在很大程度上依赖于减缓措施，而短期预防则要靠适应措施来实现。因此，减缓义务和适应义务相当于同一问题的两个方面，都可以解决同一个道德问题，即回避或预防特定主体对其他主体的危害，这也是气候变化的道德核心。

石油巨头的生产活动与其所贡献全球碳排放量之间存在着既定的联系，碳排放会对全球气候产生负面影响，我们可以从责任的角度出发，明确道德伦理赋予石油巨头的义务。本书提出了赔偿责任和脱碳责任的概念，而以上内容则为应用综合性方法提供了道德依据。从本质上来讲，当具体到石油天然气公司造成的危害时，赔偿责任和脱碳责任分别相当于传统的适

第二部分　石油巨头的责任和义务

应义务和缓解义务的具体表现。赔偿责任认为，石油巨头应整顿因该行业造成的不公平现象，而脱碳责任则认为，石油行业有义务在日常生产活动中消除碳排放，从而防止在未来造成进一步危害。

本书后面章节将从理论层面和经验层面对这两种义务进行更为细致的探究。

▶ 石油巨头的独特作用

本书第一部分提到当前全球经济仍高度依赖化石燃料，还未实现可持续发展。石油巨头与当前全球经济模式的形成、塑形、发展以及保护息息相关，进而成为引发气候危机的主要原因。尽管化石燃料燃烧会对环境造成危害这一点已成为不争的事实，石油巨头仍想方设法实施对自己有利的举措——背后有巨额美元资本撑腰，继续进行化石燃料的勘探、生产、提炼以及配送等生产活动。气候危机迫在眉睫，石油巨头并没有跟随大部队积极寻找替代品并逐步淘汰化石燃料，而是几乎在强迫全球社会经济系统继续走碳密集型社会的老路子。从这一点来看，我们不能将石油巨头的责任与其他主体的责任画等号。作为酿成气候危机的罪魁祸首，石油巨头应该在应对过程中承担主要责任。因此，在气候治理时应突出石油巨头的独特作用。

尽管提到气候危机，就不得不谴责石油天然气公司，但是他们通过化石燃料相关的生产活动，积累了财富，创造了效益，提升了政治影响力，掌握了专业技术。因此他们可以实现较为平稳的过渡，逐渐把生产中心转移到低碳产品上。但是，就当前而言，这些公司在气候治理和政策框架方面并没有较多投入。同样，其他公司主体也只需要满足国家和地方政府规定的生产排放要求即可。最理想的结果就是，石油巨头可以像其他行业的公司一样，主动披露其碳排放量，并将减排政策应用到生产过程当中。然而，考虑到其核心业务的性质，石油巨头这样做还远远不够。

当前，科学界的专家一致认为：化石燃料应被归类为有害产品。化石燃料的使用深刻影响着人类的生命安全以及健康福祉，在当下和未来都是如此。历史上有过这样的例子，有确凿的科学证据证明了某一产品的危害性，继而引发了整个行业的大洗牌。石油巨头应该像主营烟草、石棉以及含铅油漆等贸易公司一样，主动承担相关责任，同时积极履行其他由于参与有害产品交易而衍生出来的义务。

本书第一部分重点强调了石油巨头对气候变化的重要影响，同时为构建规范性的义务案例奠定了基础。在此之前，关于气候变化的讨论仅局限在《联合国气候变化框架公约》所提出的以国家为中心的视角上，将石油行业相关企业纳入气候治理以及政策当中将大大拓宽辩论的范围。当前国家和非国家主体在气候治理中相互渗透和相互影响，也证实了这一点，这是对旧的地缘政治集团以及制度结构的无视和挑战。

本书第一部分已经阐明，并不是所有的主流石油天然气公司都开设在富裕的发达国家。这也表明了当前全球经济结构非常错综复杂。阿尔及利亚、巴西、印度、伊朗、墨西哥和尼日利亚等经济欠发达国家的化石燃料工厂的碳排放量也不低。除此之外,我们还要认识到,这些国家的公司也是全球气候变化的重要参与者,也应为自身与化石燃料相关的生产活动买单。这有利于消除简单的贫富对立,国家主体和非国家主体之间可以实现更公平的责任分配,从而更好地应对气候变化。

在当前气候变化的大背景下,将化石燃料企业纳入道德主体的范畴相当于为气候伦理研究打开了新思路,也会在很大程度上影响气候治理及相关政策的制定。例如,如果人们对于全球体系内不同主体责任的认知发生变化,那么他们弥补过失的方法、合理分配责任和利益的标准、影响不同主体之间的利害关系的手段、改变巨额资金以及其他资产在人际和代际之间的流动方向的渠道都会发生改变。

第四章 对人类世界的危害

2018年6月28日，一群游客在走进苏格兰价值7500万英镑（合1.023亿美元）的格拉斯哥科学中心（Glasgow Science Center）时，看到了一幅奇怪的景象：带有未来主义风格的钛涂层屋顶上爬满了浓稠的黑色糖浆状液体——他们猜测，这可能是正在向大众宣传某个大规模的科学实验。而实际情况却是这座城市气温高达前所未有的31.9摄氏度，科学中心的防雨膜在高温下直接融化了，这才有了上面颇具讽刺性的一幕。格拉斯哥（Glasgow）位于北纬55度线上，过去该地区很少出现闷热天气。

美国航空航天局（NASA）的数据显示，2016年和2020年是全球有史以来最热的两年，而2019年则是排名第三的高温年份。2019年夏天，超乎寻常的热浪席卷西欧，很多地方的气温创历史新高。比如，7月23日巴黎出现了有史以来的最高气温42.6摄氏度。如果没有受到人为碳排放影响，2019年7月出现的高温会比现在低1.5摄氏度到3摄氏度，而气候变化使这种高温现象出现的概率提升了3~10倍（Vautard et al.，2019）。在2019年、2020年和2021年，西伯利亚、巴西、印度尼西亚、澳大利亚以及美国西部都出现了大面积的野火，气候变化带来的高温和干燥天气加剧了野火的蔓延。美国国家海洋和大气管理局（NOAA）数据显示：受气候变化的影响，该国在2020年发生了22场灾害，造成了262人死亡和950亿美元的损失（NOAA，2021）。2021年夏天是欧洲和美国有气象记录以来最热的一个夏天，一系列极端天气事件席卷了北半球：从加拿大和美国太平洋西北部的热浪，到中国和德国的洪水，再到地中海沿岸的火灾，无一不是极端灾害性天气的案例。

气候变化的连锁反应正在严重破坏我们的星球：全球预计会出现更多的高温天气、大气层湿度上升，极端降雨现象更加严重（Sun et al.，2021）。大西洋经向翻转环流正在减弱，这可能会在欧洲引发更多极端热浪天气，加剧北美海平面上升，迫使鱼群向北迁移（Caesar et al.，2021）。全球各地的冰山都在融化，特别是南北两极的冰山；两极的气候也在变化，温度正在以极快的速度攀升（Landrum and Holland，2020）。在20世纪90年代，我们的星球每年大约有8000亿吨冰融化。但是由于气温上升，现在的冰川融化量已经迅速攀升至约12000亿吨；1994年至2017年，总共约有280000亿吨冰融化（Slater et al.，2021）。自20世纪90年代以来，这种大规模的冰山融化甚至导致地球自转轴发生偏移（Deng et al.，2021）。

气温上升对许多物种产生了影响；在过去的一个世纪里，

海平面急速上升；全球降水量均值也在增长；飓风和其他风暴愈加强烈；洪水和干旱频发；淡水资源减少（IPCC，2014）。简而言之，我们正徘徊在地球阈值的危险边缘，超过这个阈值，地球将无法再维持稳定的气候，进而成为"温室地球"（Steffen et al.，2018），这个临界点所积蓄的热量会导致地球大部分生命体死亡。

这些气候定时炸弹从根本上揭示了基本的道德和现实问题，二者与石油巨头引发的危害和其在气候危害中的责任和义务密不可分。本书认为石油行业连同其他机构都应该对气候变化带来的危害负责。正如预期的那样，这一假设带来了无数的衍生问题，而这些问题的答案正是本章所要探讨的主要内容，例如石油巨头造成何种危害以及其与行业责任关系之间有何道德相关性？石油巨头为什么要为气候变化及其造成的破坏负责？石油巨头应该如何承担相应的责任弥补其过错，并且减少更多的破坏行为？谁来监督石油巨头履行与减少其破坏行为的相关义务以及应该采取什么措施确保其切实履行此义务？

▶ 危害

人们普遍认为气候变化会对人类的基本权利和利益以及所居住的地球构成严重的威胁。鉴于此，在仔细探究石油巨头造成的危害与其责任和义务之间的关系之前，我们非常有必要了解其危害气候的相关活动所涉及的道德问题。

第二部分　石油巨头的责任和义务

如上所述，不损害他人利益是道德的核心原则，人们世世代代恪守这个原则。无害原则是指主体的否定性义务，为了预防和规避对他人的损害，他们应该避免某些行为。总体而言，气候变化带来的危害通常距离现在非常遥远而且颇为抽象，因此大众不会将气候变化视为道德问题，也不会采取紧急措施应对其带来的危害（Jamieson，2008）。人类大脑也没有准备好应对气候危机，因为大脑更擅长处理那些对我们的道德观构成直接威胁的难题。

石油巨头危害气候的行为有两个明显特征，这些特征有助于说明其危害性，并从根本上消除或至少降低其棘手性：①破坏行为的实施者——此处是指石油天然气公司及其对气候的影响；②归因科学——这门新兴科学重点研究气候变化带来的负面影响与极端天气现象之间的潜在因果关系（第九章将对此进行阐述），从而使人们愈加相信石油公司是导致气候变化的罪魁祸首。

第一章列举了大量关于石油巨头破坏生态环境的佐证，很显然它们违反了无害原则。因此，社会法令法规必须根据证明违反这一原则的道德相关事实，明确石油公司必须履行的义务并强制实施。

那么本书中提到的危害行为具有哪些道德特性？它与责任有何联系？我们要牢记一点：石油巨头承认来自其生产过程和产品的温室气体对人类和地球造成了损害，同时也认可在第二章中对其道德相关事实 A、B、C 和 D（认知、行为、能力和否认）导致气候变化的分析。石油公司破坏气候的行为与其

- 085 -

责任感之间是否存在道德层面的联系取决它们是实施损害行为还是容许损害行为，也应该基于此解决气候变化危机。

与容许损害行为的主体相比，实施损害行为（即建立或维持导致可预见性危害的因果关系）的主体必须面临更加严格的监管。那些为了制止危害行为而实施的破坏性行为则另当别论。实施损害和造成损害行为都会导致利益受损，而容许损害行为通常没有这些特征。利益受损就是指某一主体的定位、运作或行动最终对另一主体造成损害。利益受损在道德层面影响深远，因此实施/造成损害的行为在道德层面截然不同（Barry and Overland, 2016：96-121）。因此，那些由于其实施损害行为而损害他人利益的主体需要承担更加严苛的责任，弥补其损害行为带来的损失。石油巨头种种破坏环境的道德相关事实不利于其止损行为，进一步加剧了气候危机。因此，这些事实在道德层面上具有关联性，并且与石油天然气公司在道德层面保持一致即实施损害行为——排放温室气体，因此需要承担严苛的责任。

实施损害行为和促进损害行为带来的问题可依据责任承担原则得以解决，这是当前分析所广泛采用的一种纠正性正义行为。纠正性正义行为源自实施破坏行为和促进破坏行为，有助于我们专注于石油巨头过往行为和当前行为带来的危害，它详细阐述了纠正此类损害行为所需承担的责任义务，符合与气候相关的规避伤害的正义原则。

最后还有两点需要说明。首先，需要重申的是，关注石油公司造成的破坏不是为了弱化个人应承担的责任，并借此逃

第二部分 石油巨头的责任和义务

避个人否认主义的指控（Broome，2019）。这一观点只是为了阐明石油巨头这一特定主体机构应承担的责任和履行的义务。其次，从另一角度来看，人们从纠正性正义的视角讨论石油公司应承担的责任并不意味着占主导地位的责任分担型气候伦理是错误的或不切实际的。许多研究已证明其在分配气候变化责任方面的确有效；在与气候变化无关的背景下，毫无争议的理论和实验证据早已证明了其在资源公平分配方面的有效性。相反，就气候变化而言，特别是在石油巨头成为道德伦理分析焦点的情况下，责任分担型正义行为并非面面俱到。因此，基于规避/预防损害原则整合和加强这种纠正性正义行为或许是明智之举。一旦这种基于破坏性行为的纠正性正义方法被得以实施，化石燃料公司便需要承担依据此分配原则所需要承担的责任，第十章对此进行了详细阐述。

▶ 责任

责任（特别是在气候变化背景下的责任）是一个复杂而难以理解的道德概念，但遗憾的是，这一概念的定义至今尚无定论。因此，人们对"责任"一词有多种解释，对于其组成和使用情境也是众说纷纭。本章先是将纠正性正义视角内的责任视为传统意义上的责任，即我们追根求源，找到主要行为主体有目的、头脑冷静地主动进行某种行为所具备的条件，而间接行为主体应该支持主要行为主体去履行他们的义务。然后，本章将传统的责任范围进一步扩展至公众社会要求大石油公司承担的责任领域。

这一节还专门阐述了石油巨头相关责任与其他责任的根本区别。

法律责任

首先，我们非常有必要分清责任的定义在道德层面和法律层面上的不同之处。本书认为虽然责任很重要，但大部分（如果不是唯一的话）都聚焦在道德层面，未触及法律层面。尽管如此，了解法律责任及其与道德责任的关系还是很重要的。事实上，不断变化的法律责任的概念在社会和文化变革中发挥了重要作用。

例如，在美国，当烟草的危害性人所共知时，人们不再认为吸烟只是个人选择问题，危害生命健康的产品也逐渐受到冷落。面对这种态度的转变，美国司法部明确指出烟草行业应对其误导性宣传承担法律责任。

了解石油巨头应承担的法律责任同样十分重要。例如，艾克乌兹（Ekwurzel）及其同事（2017）和利克（Licker）及其同事（2019）进行的研究工作为确定石油天然气公司在气候变化中的法律责任带来了归因科学方面的根本性突破，他们证明了石油巨头和气候变化及其危害之间存在因果关系。然而，这些还不足以在法庭上让石油巨头承担其全部法律责任。司法机关也在寻找可以证明石油巨头们破坏气候的证据，因为他们的行为（或不作为）决定了他们需要对这些行为带来的危害负责并

第二部分　石油巨头的责任和义务

进行补偿。总之，如第二章所述，侵权法和产品责任法以道德原则为基础。根据该原则，如果主体能够预见其行为的危害，那么他就应该为此负责，并尽力避免或尽量减少其危害性。

因此，就法律影响而言，石油公司的责任与其法律义务密切相关。事实上，责任和义务是两个密不可分的概念：例如，基于自身过失的标准法律义务认为行为引发严重后果的主体要承担因果责任，因为其行为造成了严重后果，所以他们有义务采取相应的补救措施。此外，主体的道德责任是促使其采取补救措施的核心要素（Feinberg，1970）。根据这个观点，化石燃料行业的道德责任似乎是根据侵权法和严格法律责任来确定自身法律义务的决定性因素，近期爆发的气候义务诉讼高潮，特别是在美国出现的诉讼高峰恰好证明了这一点。这些诉讼可能会使更多的资本从化石燃料行业撤出，而道德责任则可为投资者的商业利益转移提供足够充分的理由。

随着公众关于气候变化意识的增强，其责任归属也使得众人忧心忡忡，要打消这些忧虑，需要我们对石油巨头进行一番严谨而翔实的背景调查。

概念区分：责任的范围和目标

责任具有消极性，即限制石油巨头做出会造成损害的行为，与无害原则的要求相符。责任也具有积极性，即对石油巨头的行事方式做出要求。一般来说，消极责任引发积极责任，它是积极责任的道德基础：如果主体因违反消极责任而造成了损害，那便需要通过非物质、物质或经济手段承担起积极责任

（Shue，2017）。此外，责任也可以是专属的，只针对那些直接受到损害的对象，也可以是普遍的，针对全人类，甚至整个地球。另一个区别是回顾性责任（要求根据过去发生的事情采取行动）和前瞻性责任（是指机构能采取行动改善当前情况）间的差别。正如设想的一样，石油巨头相关责任的另一个不同在于因果责任和道德责任间的差别。因果责任可以被称作因果贡献，而更严格的道德责任概念则是基于对主体意图的评估，它涉及评估主体的知识水平、行为意愿和控制力。这些概念上的区别很重要，但不应该过分夸大，因为在用于处理具体问题时，这些概念通常会被混为一谈。

石油巨头的积极责任源自其消极的普遍回顾性责任；而反过来，违反无害原则又催生出了这一责任，而无害原则应该以多元化和非人为方式确立，从而概述相应义务，并证明其合理性。要做到这一点，需要考虑石油巨头造成伤害的事实，如第一章所述内容（与其生产过程和产品相关的碳排放）和第二章讲述的造成损害的事实（认知、行为、能力和否认），以及基于不造成损害的事实，即财富积累。这些事实有助于说明石油产业的行为，帮助我们更好地理解其所处的道德背景，并为其复杂的积极责任和对应的道德和实践影响提供规范性基础。

碳排放本身就是最无可争议的损害事实，仅仅是这些排放的存在就能证明石油巨头通过生产、销售和燃烧化石燃料对气候变化产生的巨大推动作用。这一事实已确立了一种特殊的回顾性因果责任，它是更严格的道德责任概念的必要条件，而非充分条件。

第二部分　石油巨头的责任和义务

　　与此同时，至少从 1992 年在里约会议上向世界各国领导人提交 IPCC 的补充评估报告以来，石油巨头就已经意识到了自身商业模式带来的危害性后果（造成损害的道德相关事实 A——认知）（事实上，有充分的证据可以证明这些石油巨头在大约 20 年前就知道以上事实）。尽管知道这些事实，但大多数危害性温室气体都是在 1988 年后排放的（造成损害的道德相关事实 B——行为），在该时期，石油天然气公司借助手段和技术（至少在一定程度上）来限制这些损害行为（造成损害的道德相关事实 C——能力）。石油巨头故意资助、缔造和策划气候变化否定论，以阻止应对气候变化（造成损害的道德相关事实 D——否认）的举措。除这些表明污染者自付原则设定的回顾性责任的道德相关事实外，石油天然气公司还借助自身的化石燃料相关活动积累了巨额财富（不造成损害的道德相关事实 E——财富积累）。如上所述，最后一个事实与损害本身无关，但它仍然体现了回顾性（由受益者负担原则推动）和前瞻性（由负担能力原则推动）责任，进而增强了石油巨头道德责任的信服力。

　　石油巨头要以这些道德相关事实为基础，遵循集体实体道德责任原则，承担起气候变化的道德责任。具体来说，这些事实证明，将应对气候变化的积极责任、专属责任、回顾性责任和前瞻性责任以及道德责任分配给石油天然气公司是合理的。这种责任是一种规范性构建，主要侧重石油天然气公司在违反无害原则情况下的行为和意图，也考虑到了他们的巨额财富；他们的综合责任为具体责任提供了道德基础，这些具体的责任会影响他们的行事方式，可以看作是由石油天然气公司基于综合责任的道德本质所实施的非正式制裁（Jamieson，2015）。

▶ 有关石油巨头正义和责任的政治可行性概念

为了让石油巨头的正义和责任概念在政治层面更具可行性，我们需要先对其进行评估。本书认为纠正性正义行为可提供适当的规范构建用以支持石油巨头应为气候变化负责的主张，并规定相应责任。纠正性正义需要一种积极的具有回顾性和前瞻性的道德责任，这在很大程度上体现了归责逻辑。

纠正性正义和责任的相关理论概念应与更广泛、更政治化和更务实的概念结合，这些概念源自公民社会提出的气候正义要求，第三章开头对此进行了阐述：弥补已有损失，停止化石燃料的使用，以免继续危害人类世界。这些要求解决了气候危机的结构性不公正问题，而正是构成全球政治和经济系统的碳密集型结构、实践和体系引发了这些气候危机（Sardo，2020）。因此，它们应促使人们采取包容的态度，共同努力找出解决方法来纠正以前的错误，确保人类未来的能源需求不会对地球造成危害。

提出更广泛、更具政治性的正义和责任概念的目的有两个：一方面，为了响应增强寻求气候变化正义理论尺度的必要性的号召；另一方面——在这种情况下更重要的是——更广泛且更具政治相关性的正义和责任概念可能会在气候伦理的理论

第二部分　石油巨头的责任和义务

和实践维度间建立联系,从而促进和/或提升石油巨头相关道德原则的政治和制度的现实影响力。特别是,为了使概述的理论结构更具实践性和效力,更好地满足公民社会的诉求,正义的范围必须涵盖认可和参与,责任的范围必须扩展到问责制,这有助于将政府普遍使用的自上而下的管理模式转变为自下而上的管理模式,与公民社会提出的上述气候正义诉求保持一致,能够调动正义间接主体的潜在积极作用,从而更好应对传统政府决策机制日益凸显的不合理性。

正义行为的认可和实施

环境和气候伦理学术文献源自分配正义和较低程度的矫正性正义行为。从这种角度来看,环境是一种应该依据正义原则进行管理的资源。正义的分配涉及环境资源收益和成本的分配;纠正性正义是对不当侵占或使用环境资源而对他人造成损害的惩罚和赔偿。

事实上,气候正义(主要源自20世纪90年代的反碳市场运动)将关注的焦点扩展到了气候治理的政治经济学领域。例如,气候正义运动旨在将社会经济体系转变为后碳世界,并让那些需要为气候变化生态和社会损害负责的主体付出代价,同时应顾及最弱势群体和团体的意见和利益。总的来说,他们主要侧重于转变具有危害性但强大的生产系统的性质,要求对已有损害做出经济补偿,并提升参与决策过程的自主性。换言之,全球环境/气候正义运动旨在将正义行为的范围扩大到事关所有人和群体的政治领域,并参与到该政治进程中以寻求应对环境危机的政治良策。

与社会正义目标一致的关于环境和气候正义行为的所有讨论都存在很多层面的细微差别,但其中一点是无可争议的,即考虑对后代的影响。这些多层面的正义观点质疑目前占据主导地位的分配模式,这些正义观点重点关注在正义和责任密切相关的模式下个体行为的认可度、个体需求的差异性以及个人的政治参与度。

认可是基于对不同价值观、文化、视角和世界观的基本尊重进行的有意义的参与,这对于推动和融合来自公民社会和环保运动(针对石油巨头)的各种气候正义主张至关重要。事实上,认可特别关注那些在气候政策和治理方面被排斥或处于边缘化的群体,以及那些特别容易受到气候变化影响的群体,比如发展中国家和地区的石油天然气公司。这些公司往往都为其政府提供过支持和资助,在开采化石燃料的过程中丝毫不顾及当地居民和群体(这些资源的合法所有者)的利益。

参与是环境和气候问题的另一重要方面。积极参与和自身利益有关的决策工作能够确保权利分配的公平性。对石油天然气公司而言,决策工作包括与化石燃料生产相关的所有活动。事实上,缺乏认可必然会导致个体参与度较低,种族、阶级和性别依然是导致个人和整个群体边缘化的主要因素,为此,环境和气候运动呼吁应打破决策过程中的结构和文化壁垒,引入跨文化交流模式,使参与形式更加多样化。而石油巨头则完全无视这种决策模式,在利益相关者毫不知情的情况下做出的选择严重损害了公众的健康和利益。

第二部分　石油巨头的责任和义务

政治和实用责任

正如预期的那样,基于纠正性正义标准的责任模式被同化为一种风险模式,风险模式具有回顾性,以与主体和事件相关的因果链为基础(Pellizzoni and Ylonen,2008)。这种风险责任迫使石油天然气公司(花费巨资)采取纠正措施。他们即使将一部分成本转移出去,也不可能自觉履行自己的责任。如下所述,可以通过二级责任原则(赋予主体二级职责)促使其实现履行责任,即为了保障一级主体履行自己(一级主体)的责任,间接主体需要承担起一些工作。这种做法的可行性似乎更高,因为它非常符合正义在更为广泛的层面上关于认可和参与的理念。

石油行业的发展跌宕起伏,机遇、阻力和斗志充斥其中,石油巨头(一级主体)和间接主体之间的道德关系必须拥有更广泛的责任概念基础,才能对其发展施加影响,其中包括更多的有理有据的实证考量,而且还能对政治产生影响,长远来看也更具可行性。此举可以有效补充纠正性正义的责任模式,同时使认可和参与得到广泛关注。

以风险为基础的责任要求权威部门能够提高管理能力,而政治和实用责任则与问责制密切相关,要求建立一种摆脱传统归责制束缚的新型关系,其责任涵盖各个利益主体的具体要求。问责是善治的核心原则,将简单归咎责任转变为对其行为进行充分而合理的解释(Pellizzoni,2004)。简而言之,问责是指主动对自身行为负责,它包含两个关键因素:责任性和可执行性（Grant and Keohane，2005）。

责任性是指一些主体有权要求其他主体遵守特定的标准，并有权评定其是否达到了这些标准；可执行性则是指如果他们认为后者没有达到这些标准，便可以对其实施制裁。在此范围内，石油巨头对间接主体负责，这些间接主体有权要求石油公司遵守赔偿和脱碳责任所要求的一系列标准，从而履行他们不造成损害的责任。此外，鉴于他们会继续通过化石燃料相关活动造成损害，间接主体向石油巨头实施的制裁必须以最大限度减少这种损害为目标。

了解这些责任性要求以及问责行为对责任的务实性要求，有利于我们更好地对石油巨头的二级责任和义务进行分析。

石油巨头的二级责任

石油巨头承担的责任存在细微差别，而且更具政治性和实践性。在此，我们需要详细分析的是一级责任（执行或不执行某些行为的责任）与二级责任（间接主体确保一级主体或直接主体履行自身一级责任之间的不同之处）（O'Neill，2001，2005；Caney，2014）。

应当注意的是，将二级责任分配给间接主体存在无效风险：如果间接主体也和一级主体一样不能履行自身的二级责任，那么该怎么办呢？然而，这一缺陷在很大程度上源于二级责任分配存在不确定性。为了消除这种不确定的风险，应在分配责任时进一步参考本地化信息，这些信息源自实际参与的气候行动的政治主张，以便间接主体能够将其与实际情况相结

第二部分 石油巨头的责任和义务

合。因此，这种环境依赖性提高了间接主体进行变革的积极性，因为这种依赖性真实呈现了他们对现实世界产生积极的影响（Green and Brandstedt, 2021）。我们依据道德框架制定了详细的政策，以明确主体应承担的赔偿和脱碳责任。如果间接主体希望石油巨头解决其生产活动导致的气候变化问题，或将该行业引向正确的发展方向，那他们需要采取具体的行动方针，作者将在下文对其进行简要阐述。此外，笔者在第八章探究石油巨头真实的政治主张时也对此进行了分析。

责任是必须通过实际行动来实现的。大多时候，这种纠正措施需要我们做出一些牺牲。正如本书下文所述，石油天然气公司必须改进自身行为，并按要求对已造成的损害做出经济赔偿，实现产业脱碳。这需要大量的资金投入，但从广义上讲，这还必须包含非货币责任，如机会成本。即使该行业可以把一些成本转嫁给其他主体（如消费者、政府、其他企业），他们是否会自觉履行自身职责仍然备受质疑（这是下文使用的一种捷径，意味着履行源自责任感的义务）。正如上文所说，鉴于采取行动的理由并不太充分，所以，我们非常有必要明确一级责任（行为义务）和二级责任（确保其他机构履行责任的义务）之间的区别。

第一种选择是，在指定主体未能履行义务的情况下，其他主体将承担起不履行义务者的义务（Shue, 1996: 71–73）。这种行为看似合理，并已然在现实世界中出现。目前根据《联合国气候变化框架公约》建立的以国家为核心的国际气候制度，在很大程度上将地方机构的责任推给了各国政府，但这

- 097 -

么做显然不够，因为这只是对石油巨头不履行义务的一种被动反应。此外，这种选择在道德层面是行不通的，因为它势必会影响我们全面客观地看待石油巨头在气候变化中的独特作用；所以作者在此不做深入探讨。

凯尼（Caney）为增强主体的合规性制订了一个更加细致的解决方案（2016a，2016b）。他认为，当一些主体不履行自身（一级）义务（和责任）时，可以通过以下五种方式进行弥补：

（1）设定合理的目标。

（2）将上述部分义务分配给其他主体（如上所述）。

（3）与其他机构分摊部分责任。

（4）引入除正义外的其他道德理念等。

（5）改变主体运营环境的奖励机制。

方式（1）、（2）和（4）都是被动行为，而方式（3）是一种略微主动的行为，最多可通过引导机构采用本可以避免的方式来改变其行为。总之，鉴于石油巨头在当前气候秩序中的作用和其独特的主体地位，方式（1）至（4）中提出的办法似乎不足以大幅度提高其履行一级责任的可能性。正如预期的那样，方式（5）概述的合规方法更符合本书提出的论点，即通过行动对石油巨头（一级主体）所处社会、经济、政治和法律环境中的机遇、阻力和动力产生影响，引导其履行一级责任，而这些行动正是其他主体的二级责任所要求的。

这种二级责任阐释中最重要的因素是任务（即在这种情况下，为最大限度地减少气候损害所采取的措施）和最适合

第二部分　石油巨头的责任和义务

执行任务的行动者（间接或二级主体）（Caney，2005，2014，2016a）。事实上，鉴于它们的相关性，这些间接主体被定义为破坏目前石油巨头繁荣现状的不稳定主体——本书第三章采用实证方法阐述了这一观点。

将任务分配给合适的执行者有利于更好地诠释二级责任的具体内容。以下六项避免气候变化的措施与石油巨头息息相关，如图 4-1 所示。

谁最适合执行这些任务呢？间接主体有义务敦促石油巨头承担他们的一级责任吗？如前所述，这很大程度上取决于当前的一些间接主体，比如政治当局（政府）和国际组织，如预期的一样，它们发挥着至关重要的作用。然而，其他不太显眼的机构也能在其中做出了不起的贡献。

就任务（1）法律体制和任务（2）执行力两个方面而言，国际社会、国家或地方政府似乎只能通过建立气候管理的法律和政治体制，才能敦促石油巨头履行（一级）职责。事实上，公民以及公民社会也可选择不再支持毫无作为的政治当局，从而迫使石油巨头履行其责任。但是鉴于绝大多数所有大型私有或国有石油天然气公司拥有巨大的国际影响力，我们需要在合作的基础上建立国家法律和政治体制，由《联合国气候变化框架公约》、全球环境基金（Global Environmental Facility）、世界贸易组织（World Trade Organization）和世界银行（World Bank）等国际组织（仅以几个具有全球影响力的组织为例）合作共同促进这一转变过程。

任务（3）即（否定）激励机制的运行仍在政府和其他地

绿色使命 | 从石油世纪迈向零碳时代

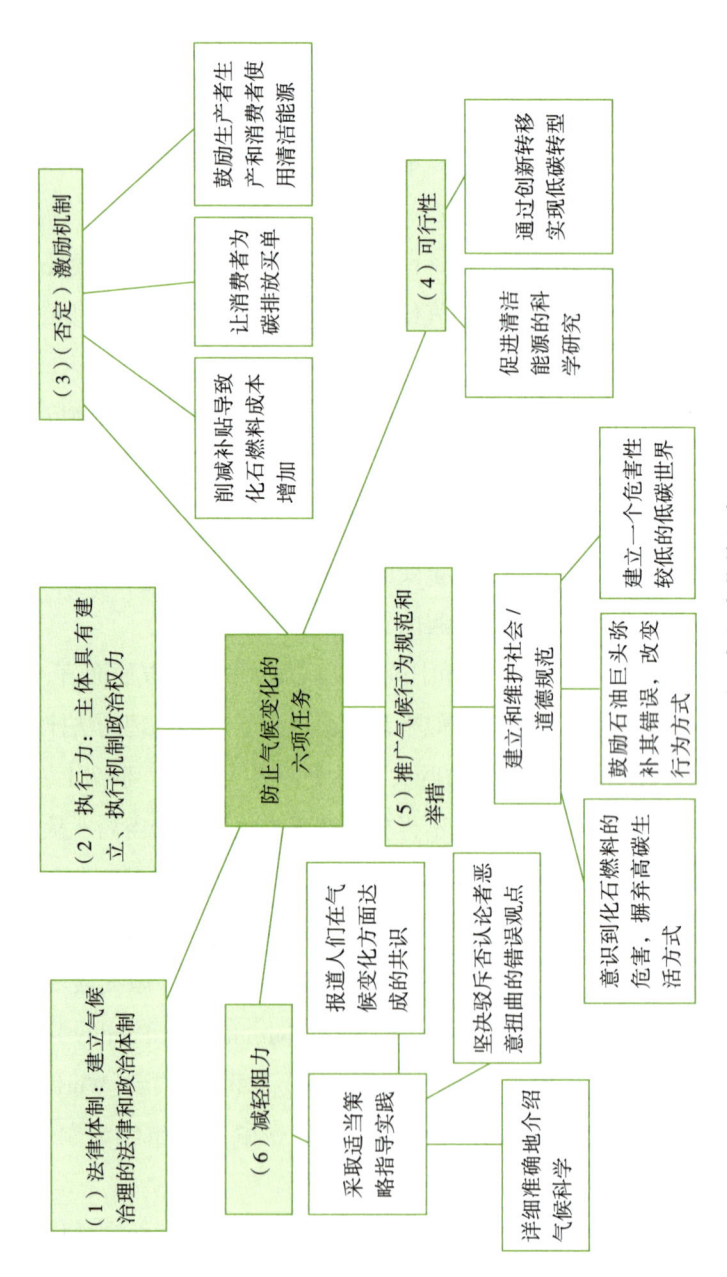

图 4-1 防止气候变化的任务

防止气候变化的六项任务：

（1）法律体制：建立气候治理的法律和政治体制

（2）执行力：主体具有建立、执行机制的政治权力

（3）（否定）激励机制
- 鼓励生产者生产和消费者使用清洁能源
- 让消费者为碳排放买单
- 削减补贴导致化石燃料成本增加

（4）可行性
- 通过创新转移实现低碳转型
- 促进清洁能源的科学研究

（5）推广气候行为规范和举措
- 建立和维护社会／道德规范
- 鼓励石油巨头弥补其错误，改变行为方式
- 建立一个危害性较低的低碳世界

（6）减轻阻力
- 报道人们在气候变化方面达成的共识
- 坚决驳斥否认论者恶意扭曲的错误观点
- 采取适当策略指导实践
- 详细准确地介绍气候科学
- 意识到化石燃料的危害，摒弃高碳生活方式

- 100 -

方政治当局的掌控下。但在此情况下，国际组织发挥着重要作用，因为它们可以依国际合作框架为石油巨头提供战略性指导。其他的任务则由非传统的间接主体完成。

任务（4）即可行性在很大程度上依靠相关研究、创新活动以及相关知识和信息的普及。在这种情况下，研究理事会、大学、研究中心和创新机构都发挥着重要作用。政府和国际组织可以通过提供资金支持、签订合作协议等方式给予这些机构认可。

任务（5）是推广气候行为规范和举措。在这方面，目前的任务执行者并不依靠传统的权威机构。宗教领袖、知识分子、传播者和杰出人物都发挥着重要作用。他们赞同化石燃料相关活动存在道德错误的观点，并进行积极的宣传。

同样，对任务（6）减轻阻力而言，最合适的执行者便是那些可以尽职尽责地向公众传播气候科学的人，如能够用通俗易懂的语言讲解知识的气候学家，具有大众媒体魅力的科学记者，其他可靠的调查媒体源以及忧思科学家联盟（the Union of Concerned Scientists）和国际环境法中心（Center for International Environmental Law）等环境保护倡议团体。另外，各级政治当局（国家和地方实体）和经济机构（银行、保险公司和资产管理基金）也需要发挥重要作用。上述二级责任的具体内容对规范石油巨头行为有着极为重要的现实意义。该项讨论在规范性基础上提出了不同于以往敦促石油巨头履行其（一级）责任和脱碳责任的举措，将视角扩展到政府之外的间接主体，而且使用不同的规范基础来界定其承担的二级责任。我们不难发现，如果将任务分配给合适的执行者，各个间接主体就可以通过不同方式纠正石油巨头的错误行为，从而敦促其履行自身义务。本书第三部分将对这些间接主体及其在改善石油业现状方面所起的作用进行更深入的探讨。

第二部分　石油巨头的责任和义务

第五章　与危机共存

2018年，国际气候变化专门委员会发布了具有里程碑意义的《IPCC全球升温1.5摄氏度特别报告》(*IPCC Special Report on Global Warming of 1.5℃*)（IPCC，2018），敦促全球快速逐步淘汰化石燃料，以避免全球变暖。随后，壳牌集团首席执行官本·范伯登（Ben van Beurden）在2018年伦敦石油和货币会议（Oil and Money Conference）上指出，若要将地球上升温度控制在1.5摄氏度范围内，就需要开展一项大规模的植树造林运动，其植被覆盖面积相当于亚马孙雨林大小。而地球空间有限，这样大规模的植树造林运动根本无法进行。

第二部分的前两章从道德角度分析了石油巨头在气候危机中的作用，由此可知，范伯登的发言试图重新划定道德边界，而这证明了壳牌集团对自身责任的漠视，尽管这些责任源自该公司所生产化石燃料造成的危害。尽管壳牌集团一再重申自己的绿色理念和承诺，但是它依然没有意识到自己应承担的责任，所以委婉地拒绝承担其对破坏气候所负有的道德责任。确切地说，壳牌集团似乎计划通过植树造林行动来轻松脱身，而这些行动并未明确具体负责人，即到底谁必须提供土地、劳动力、进行投资、投入时间和精力完成该项目，以避免出现 IPCC 报告所描述的可怕局面。有关植树造林的言论通常都会得到营销专家、媒体和大众的认可。遗憾的是，壳牌集团及其化石燃料生产商同行无法借助植树造林说逃避自己的道德责任。

事实上，壳牌集团首席执行官的发言引发了一系列问题，这些问题围绕石油行业与社会之间颇受争议的关系展开，这种关系从一开始就爱恨交加。在过去的美好日子里，在那个不太遥远且充满希望又富足的黄金时代，那些关于石油行业让我们生活更加"美好幸福"的故事的确令人倍感欣慰。这些故事基本上就是在鼓吹石油行业的发展必将促进人类社会的发展，因为人类面临的任何问题都可以通过化石燃料和基于化石燃料的创新技术来解决。大量廉价石油资源拥有巨大的优势。《卫报》(The Guardian)对此进行了深刻分析："化石燃料行业告诉我们，我们可以拿地球的未来做抵押，仅支付一些利息，价格便会一直上涨，利率则会一直下降，而且永远也不用清算(McDuff, 2018)"。但就像 2008 年爆发的次贷危机（这是自大萧条[①]以来最严重的经济危机之一）一样，改变已迫在眉睫，很明显，"石油让生活更幸福"的论调如泡沫般迅速破灭了。人们现在知道，与后来被称为石油巨头的公司签订浮士德式协

---

① 大萧条指 1929 年至 1933 年发源于美国、后波及整个资本主义世界的经济危机。——编者注

议并非明智之举,事实上,"我们(人类)发现自己背负着数万亿美元的还款。这甚至还不包括这些干巴巴的数字所掩盖的人力成本,如人员伤亡、被洪水淹没的房屋、因干旱而荒芜的农场"。

本章探讨了石油行业与其所处社会间的复杂关系的显著特征,从而进一步阐明了将石油巨头对气候变化的责任转化为职责的方法。值得一提的是:这些赔偿和脱碳职责可以说是在第四章所研究的责任的规范性理论视角和第三部分所涉及的与公民社会要求一致的气候治理和政治经验视角之间架起的一座桥梁。

为了强化职责这种环环相扣的作用,我们有必要进一步探索石油巨头社会行为中的相关因素。本章首先说明了坚决捍卫石油巨头要承担相关责任的主张,从造福世界论、消费中心论和遵纪守法论三个方面对相反观点进行一一驳斥。然后,本章将重点分析化石燃料的道德地位以及该行业所犯的道德错误,旨在充分阐明石油巨头和社会的关系。接下来,本章将从社会需求的角度详细阐述石油巨头需要承担的具体责任。最后揭示了石油巨头为回应社会期望,特别是其在脱碳方面的期望所采取的具体措施。

▶ 驳斥三种常见反对观点

为了使石油巨头应该承担社会责任的主张更具说服力,

我们必须系统地驳斥与此主张完全相悖的观点。本节主要从三个方面对与石油天然气公司的责任和义务有关的常见的错误观点进行了有力反驳，这些观点经常会被化石燃料倡导者用来混淆视听：①石油天然气公司凭借自身与化石燃料相关的活动造福了全世界；②化石燃料的最终消费者才是造成碳排放危机罪魁祸首；③在市场良性运行的民主社会里，石油天然气公司除了履行法律要求的职责外，无须承担任何额外的责任。

驳斥造福世界论

化石燃料造福了社会，提升了人类的生活质量；因此，一些观察者认为综合来看，其成本支出在所难免。这一论点的部分狂热支持者甚至宣称其带来的收益要远远高于成本。

出于种种原因，我们在分析石油巨头在气候变化中的作用时应尽量避免提及成本/收益框架。首先，我们要考虑的是其需要承担的不造成损害的道德义务，而不是其成本和收益，石油巨头们的行为带来的实际危害远远超过其对社会的贡献。其次，给整个社会带来经济效益并非出于石油巨头们的本意，他们这样做的唯一目的是最大限度地获取经济回报。意向性是道德责任的基础：我们不能否认化石燃料行业对全球经济和社会发展产生了积极影响（尽管是无意的），但是这与道德责任问题丝毫无关。事实上，多年以来，石油巨头凭借其给社会带来的经济效益已经从社会中获得了丰厚的经济回报，积累了巨额的财富，因此，在任何条件下，这都不应该成为考量石油巨头的成本和收益是否平衡的因素。

第二部分　石油巨头的责任和义务

　　这让我们不由得想起了一些过去的类似事件。南北战争前，美国南部地区凭借其遍布全球的棉花交易带来的巨大经济效益，一跃成为推动美国经济繁荣发展的引擎。那这个引擎的动力源是什么呢？答案是奴隶制。在某种程度上说，大英帝国也是如此发展起来的；这两个经济体都是依靠奴隶制为自己的产业和民众创造了巨大利益。虽然当时的立法者和宗教机构在人类奴役他人及其人道主义缺失的道德问题上存在分歧，但他们在奴隶制推动经济发展这一方面达成了共识。如今，没人会认为成本/收益分析报告就能让这些恶行变得合理化。社会规范最终发生了改变，推动了大规模废奴运动的开展，最终建立起了反奴隶制法案，而美国国会也于 1865 年正式废除了奴隶制。

　　但是，一些过去用于捍卫奴隶制的言论，今天却被用来支持化石燃料的使用。在威廉·哈珀（William Harper，1838）的《奴隶制回忆录》（*Memoir on Slavery*）中，南卡罗来纳州参议员威廉·哈珀呼吁不要轻率推翻以奴隶制为基础的经济发展模式，因为这可能会损害南部的经济利益。"（废奴主义者）的行动确实非常不同，他们鲁莽而无知的热情会推翻社会的基本制度，破坏社会和平，危害社会安全，追求一种遥远而模糊的美好理想，他们对这种理想并没有明确的概念，一切都只是一个假设，他们的残暴哲学会让一代人付出生命的代价，或者远远不止一代人。（qtd. in Davidson 2008，73）"把这段话中的废奴主义者换为环保主义者，就可以发现他们与今天的石油游说者所表达的观点没有什么区别。

然而，关于成本/收益的争论是存在误导性的，也就是说，我们平时只看重短期和中期的成本和收益。如果我们从长远的角度来看待石油巨头的成本/收益，势必会仔细考量气候灾难带来的巨大经济损失和全球经济的崩溃等问题。

驳斥消费中心论

在市场上做出选择的消费者才是影响和决定石油天然气需求的重要主体。那如果石油和天然气行业只是满足了市场主体或其他机构的产品需求，为什么还要为其工业产生带来的碳排放负责呢？

至少，指责消费者是气候变化的唯一（或甚至）主要主体是缺乏依据的，这是因为总的来说，他们在环境保护方面的确能力有限。相较于化石燃料提供者——石油工业生产商，消费者对化石燃料的副作用知之甚少：例如，以碳排放为例，消费者通常都不了解温室气体会在大气中存在很长时间，而石油巨头的科学家和高层却早就知道这些事实。此外，当前的消费者也在一定程度上被化石燃料文化所迷惑：在我们大多数人的成长过程中，我们一直将化石燃料视为好东西，任何问题都可以通过消耗更多的化石燃料来解决。要改变这些根深蒂固的观念无疑是一项挑战。

从另一个角度来看，漂绿行为在石油行业已经随处可见。这些做法包括在营销中加入环保主义者的观点，诱导消费者相信该行业具有绿色环保证书；因此很多消费者确实相信了化石燃料对地球和人类的危害正在减弱的说法。此外，另一个不可

第二部分　石油巨头的责任和义务

小觑的问题是，众多消费者没有途径或经济能力来购买低碳密集型产品和服务。

即使没有这些扭曲的条件，市场也无法展现个体的环境和社会价值，事实上，这些个体不仅仅是消费者。作为消费者，个体主体将不得不做出不同于作为公民所做的选择：有限的选择、物质条件匮乏、社会惯例和个人习惯会导致这些主体有意识地使用碳密集型产品，尽管他们倾向于做出其他选择。由于超出个体掌控的动态在很大程度上决定了碳排放量，所以这些个体可能会有无能为力之感。因此，对被剥夺权利的个体来说，减少其外部限制性碳排放更像是一个心理问题。

这种以消费为中心的观点，除了淡化了石油巨头的社会责任和角色，还使消费者掉进了以牺牲个人利益为代价的陷阱，这个陷阱忽视了复杂的社会政治和监管范围对消费选择的限制，以及促进化石燃料产业发展的强大的动力源即经济利益。如第三部分所示，石油体系的结构性动态超越了个人行为。如果只关注石油和天然气需求，会将人类无法应对气候变化的原因完全归咎于消费者缺少环保意识，而忽视了影响消费者选择的社会政治和监管机构（Lenferna，2018）。此外，过于强调消费者的责任会适得其反，因为心理调查表明，关注消费者的个人责任会降低个体参与环保活动的主动性。

事实上，这种个人主义言论——一味地指责消费者是碳排放的罪魁祸首——是石油行业几十年宣传产生的另一后果，这一言论也助长了阻挠环保活动的嚣张气焰。石油巨头营造的假象成功地将气候变化的根源归咎于个体消费者，以防大众把气候危机看作一个结构性问题,而这个结构性问题正是由石油巨头对气候变化的否认行为、发布的错误信息、进行的游说和对气候政策和立法的抵制所造成的。例如,个人碳足迹的概念便源自英国石油公司:在其"超越石油"的品牌重塑过程之初,这家石油巨头便引入和推广了碳足迹这一术语,并首次推出了一款个人碳足迹计算机,因此成为人们茶余饭后的重要谈资。

凭借这种方式,石油巨头成功地规避了自身在气候变化中应该承担的责任和义务,并将自己打造为只是满足当前需求的供应商,而不是引发气候危机的始作俑者;这种误导大众、转移大众注意力的行为长期以来一直受到石油行业的大力资助。与人们的普遍看法相反,石油巨头一直热衷于参与气候变化的讨论,但前提是这个对话仅停留在个体责任和义务层面上,如灯泡、一次性吸管或来自全球各地的水果,总之他们总是会巧妙地规避自身责任或拒绝系统性的变革。

值得重申的是,源自消费者个体的碳排放只在全球总排放量中占很小的比例,因此被称为不充分问题。但这并不意味着消费者减少自身碳排放的行为是毫无意义的;事实上,消费者确实有责任减少资源浪费和不必要的碳排放行为,并将消费模式转向低碳密集型产品和服务。将个体碳排放完全忽略不计是道德数学中的一个错误。现在,消费个体必须意识到自身的排放行为与其他类似的碳排放行为一样,都会对气候造成破坏,所以他们应该对自身消费相关的碳排放行为做出明智选择。

第二部分　石油巨头的责任和义务

当然，这并不是想弱化个体应该承担的个人责任和义务，科学研究表明个体的生活方式，特别是气候变化传播者的生活方式，确实会产生巨大的系统性影响。不管怎样，与大型排放企业相比，消费者遏制/停止自身碳排放的责任和义务微乎其微。虽然个体消费者有义务尽量采取有效措施合理限制自身碳排放，特别是那些富人。很显然他们的生活方式会产生更多的碳排放，占世界人口 1% 的最富有的群体产生的碳排放量是占世界人口 50% 的最贫穷群体所产生的两倍还多（Oxfam, 2020），但作为间接主体，他们也有责任推动（造成碳排放危机的）一级主体履行义务，而石油天然气公司就是其中一员。

驳斥遵纪守法论

虽然社会一直认为若要赢得应对全球气候危机这场战争的胜利，石油巨头必须参与其中。但是关于石油天然气公司除了履行法律规定的相关责任和义务外是否还应承担其他的责任至今尚不明确。

要探究这个问题，必须先简要了解股东和利益相关者的商业伦理之争〔也称为弗里德曼–弗里曼之争（Friedman-Freeman debate）〕，这是以两个不同立场的科学家代表的名字命名的争论。简而言之，一种观点认为，公司必须专注于股东利益；而另一种观点则认为，公司必须考量和平衡更广泛的利益相关者的利益（Arnold and Bustos, 2005; Hormio, 2017）。1976 年诺贝尔经济学奖得主，现代货币主义创始人米尔顿·弗里德曼（Milton Friedman）断言，企业在确保遵守其所处社会的规则的前提下，只需要专注于如何提高其利润即可（Friedman，1962）。他坚信，管理者要履行法定的诚信义务代表公司做出决策，提升股东利益，而企业的社会责任是提升自身利润。另外，利益相关者理论虽然不否认利润是企业的必要目标，但认为其主要目标是管理利益相关者的利益。弗里曼将把商业决策与道德决策区别开来的观点被称为分离谬误，即暴利不受任何道德层面的影响，因为它只是一个商业决策。利益相关者理论与企业的社会责任要求相一致，要求高管们实现超越股东利益之外更广泛的社会利益相关者的利益。

　　这两种观点的积极意义在此不作评估。我们的目的可以简单概括为一句话，股东理论认为遵守民主社会中的法律能保证公司行为的合法性，该理论得到了经济学家和商学院的广泛认可。但是外界的质疑声音却越来越多。法规和经济手段可以解决市场难题（如温室气体排放）；社会中没有此类法规则意味着公民并不支持这些法律法规，因此企业无须为自身生产过程和产品所排放的温室气体承担任何责任。因此，股东理论认为他们产生的危害在道德方面是合情合理的。

　　然而，只是根据"民主背景下的法规"和基于市场的解决方案有待商榷和完善的观点便认定企业无须承担气候变化的责任似乎有些过于简单了，但也起到了一定的作用。首先，正如第三部分所述，虽然大多数石油天然气公司——至少是国际石油公司——是在民主环境中运营的，但他们仍然是某个霸权集团的一部分，如政治当局、政府机构、有影响力的公民社会、媒体和认识共同体，这些共同体能够缔造和制定政策、规

第二部分 石油巨头的责任和义务

范,以符合自身利益的方式构建气候管理体系的机构。从另一个角度看,考虑到人们在碳排放和气候损害关系方面达成的科学性共识,仅预防原则就足以证明企业采取果断行动减缓气候变化的行为是合理的。

特别是石油巨头应该积极参与气候正义活动,这种行为中隐藏着诸多独特性,鉴于石油巨头在气候变化动态方面比其他机构拥有更多的专业知识,在其他条件相同的情况下,石油巨头们应该在应对气候危害方面承担更多的责任和义务。例如,开发推广低碳密集型替代品,采取措施逐渐转变为绿色能源巨头。其次便是第二章所强调的,一些知名国际石油公司资助并推动否认气候变化活动的开展,从而进一步加剧了气候危机。通过参与这些活动和运动,这些公司已经超出其正常职责范围,在陌生领域中呼风唤雨,比如试图利用国家和国际政策和协定来应对气候变化危机。

此外,除了否认气候变化的事实和/或严重性、人为碳排放的作用及其科学性,石油巨头应对气候变化的手段略显卑劣,他们的一个主要目标便是阻碍和/或减缓应对气候变化行动的进行。如前所述,主要投资者掌控的石油公司努力否定各种减少温室气体排放的政策,并且屡屡得逞。简而言之,就是这些公司的这种行为令整个石油世界的权威性变得脆弱不堪,也使全球气候政策停滞了几十年。因此,民主社会中市场和商业活动的主流商业伦理规范观无法证明石油巨头否认行动和政治干扰活动的合理性。

综上所述,本书所持观点与利益相关者理论论点一致,即石油行业在环境保护方面需要履行的义务要远远大于法律所规定的义务，而且还必须提高和展示其环境道德领导力。这些问题在前文都已经讨论过，对石油巨头而言尤其如此，如果它们想在社会上立足，就必须拥有满足社会需求，被社会接受的能力，应该积极地应对社会需求和压力，越来越多地参与环境保护和社会活动中来。

关于遵纪守法论的驳斥毫无成效，这进一步证明石油巨头对气候变化有道德责任。石油巨头作为进行气候正义活动的完全自主行为人，需要履行大量义务来补偿已经造成的危害，并减少其生产过程中的碳排放以避免给世界带来更大的伤害。

化石燃料的道德错误和反化石燃料规范的出台

为了搞清楚石油巨头和社会之间的复杂关系，我们有必要结合石油巨头对其造成的社会伤害所持有的内在道德观来探究化石燃料本身的道德地位。这是一个以利益损害为核心的观点，这个观点强化了化石燃料燃烧这种破坏行为的道德重要性。事实上，正是社会在解决化石燃料带来的气候危机时所犯的道德错误，迫使我们更加渴望社会现实中的道德正义和道德责任，而这正是石油巨头在履行赔偿和脱碳责任中所必须做到的。

人类对化石燃料资源的开采量远远超过其安全使用（即不污染环境）的限度。韦尔斯比等声称截至2050年，为了实现地球气温升幅不超过1.5摄氏度的目标，将近60%的石油

第二部分 石油巨头的责任和义务

和天然气以及 90% 的煤炭储备都应保持未开采状态。因此最终结果是：尽管化石燃料几乎对人类生活的每个方面都产生了重要而巨大的影响，但大多数燃料必须保持未燃烧状态才行，并最终被低/零碳排放资源所取代。

2000 年，沙特阿拉伯前石油部长谢赫·亚马尼（Sheikh Yamani）在接受《每日电讯报》（*The Telegraph*）采访时宣称："石器时代的终结不是因为我们缺少石头，石油时代走向终结也不是因为我们缺少石油（Fagan，2000）。"亚马尼声称，成本问题和技术创新将为化石燃料敲响丧钟，更加便宜和高效的绿色能源堪比青铜时代的工具，这些工具为新石器时代的棺材钉上了钉子。亚马尼的看法是合理的，但似乎不够全面：为了改变政治和社会条件以终结石油时代，经济和技术的合理性必须以社会/道德规范作为辅助，这些规范认为化石燃料相关活动从道德层面来看是错误的，因为他们是气候危机的元凶。事实上，这种规范为旨在打破石油产业现状的倡议提供了理论基础，这些倡议以公民社会关于石油巨头的负面影响和排放债务的主张为基础，如第三部分所设想的那样。

在此处，规范指的是特定主体的预期特定行为，通常会通过社会制裁来实施。反化石燃料规范应以改变整个行业为目标，这与其相关的责任和义务理念相一致。为了使这些规范发挥作用，人们必须坚信毫无节制地使用化石燃料会对人类和地球造成威胁，继续使用化石燃料是一个道德错误。这种基于规范的模式包括直接实施/禁止具体行为（纠正气候影响产生的危害和禁止使用化石燃料），通过劝说的方式引导主体改变自身行为。更多反化石燃料规范的操作细节会在第三部分详细阐述。

促使反化石燃料规范出台的道德原因是什么？如要回答这个问题，我们首先要阐明道德进步的概念：在大众认知中，主导道德进步的是客观的 / 非个人原因，而不是主观的或个人原因。从这种观点来看，道德进步具有务实性，并且对环境有着高度依赖性。因此，防止气候变化是当今时代道德进步的典范。要实现这个目标，需要现在的我们竭尽所能。通过限制化石燃料的使用，并最终放弃化石燃料，我们才能完成这个艰巨的任务。简而言之，只有当人们深刻认识到使用化石燃料是道德错误，石油产品和石油巨头在应对气候变化方面既要承担责任又要履行义务时，反化石燃料规范才会形成。因此，逐步淘汰化石燃料将是人类道德层面的巨大进步。

如上所述，石油燃料引发的道德错误的根源在于由化石燃料燃烧会对地球造成极大的危害。但是在我们的生活中，碳排放这一破坏性行为一直都被视为合情合理的必要之举。一些学者认为，化石燃料与一度被社会接受并得到认可的奴隶制之间存在着共性：两者都在维持经济增长方面发挥着重要作用，同时也带来了难以估量的危害。当时保守派为其使用奴隶劳工而进行辩护，他们声称如果不使用奴隶，就会带来极为严重的经济损失，他们现在又继续为使用化石燃料进行辩护。的确，这些观点都一致认为石油燃料和奴隶制已经自然而然地成为推动社会发展的重要动力，并且被认为是维持社会现状必不可少的基石。

虽然本书不涉及上述作者提出的奴隶制和化石燃料间的

第二部分　石油巨头的责任和义务

（当然具有明显的指导性的）比较，但他们分析得出的结论却至关重要：为了促进反化石燃料社会/道德规范的出现，首先要做的便是改变化石燃料的使用方式。这一挑战的第一步便是广泛宣传化石燃料对人类和环境造成的危害，并且反复强调这一点。尽管归因科学已经取得了令人瞩目的进步，但这仍是一项艰巨的任务。正如第四章所述，气候变化带来的危害（客观性危害）遥远而且抽象，因此人类通常不会将气候变化视为道德问题，缺乏应对常见道德难题的主动性。

因此，尽管近期的一些研究（如在前几章引用的黑德、艾克乌兹等人和利克等人的研究）使人们进一步确定石油巨头就是引发气候变化的罪魁祸首，而必须在空间、时间和规模上切断石油天然气公司、化石燃料及其引发的危害之间的联系，才能使公众更清楚地看清它们的真面目和对人类的危害；这反过来又需要气候科学放弃由预测自然科学霸权所支配的明显还原论，预测自然科学可能会诱使人们将气候变化及其引发的危害视为独立于人类主体的物理性过程。相反，使用综合跨学科方法应对气候变化有利于我们充实证据基础，规划未来愿景以及实现这些愿景的方法。简而言之，这种方法能够再次确认使用化石燃料和人为气候变化之间的因果关系。归根结底，只有重塑我们的思维，建立这种联系，才能使反化石燃料规范在全球范围内广泛推广，愈加完善。

总之，指望石油巨头主动改变自身行为的想法是幼稚的。只有社会大众依据广泛认可的反化石燃料规范，愈加关注石油巨头们的责任和义务（同时还要借助具有约束力的条款），才能促使其自发地进行赔偿,实现向绿色能源业务的转型。正如第三部分所示,无论从哪一方面来看,这都是一个阻力重重、充满纷争的艰辛旅程,时刻面临着社会、政治和经济等各个方面的风险。希望这不会像当初废除奴隶制时付出那样惨重的代价:美国这场血流成河的内战夺走了超过75万人的生命(Hacker and McPherson, 2011),这是迄今为止美国历史上伤亡人数最多的一次战争。1834年,大英帝国总共向奴隶主支付了2000万英镑(合2700万美元)[大约相当于现在的230亿英镑(合311亿美元)],占当年政府总支出的40%,这笔款项来自英国政府的借款,这笔借款直到2015年才还清。

▶ 社会和石油巨头的义务

目前,社会各界以化石燃料危害和道德错误为主要依据,开始敦促石油巨头减少其破坏环境行为和承担碳排放债务:社会压力要求化石燃料公司践行自己承诺的行动,减缓对气候变化的负面影响。与此同时,石油巨头在气候变化中的责任也有了坚实而全面的道德基础:即其是否违反了无害原则,这一原则会敦促石油天然气公司遵循运营行为准则。换句话说就是石油天然气公司必须知行一致,承担相关责任。这些责任是建立道德层面上的行为标准,它们并非晦涩难懂的哲学概念,而是高度符合社会要求的、直接高效的非官方制裁行为。

合理界定石油巨头应承担的责任可以为公民社会以及来

第二部分　石油巨头的责任和义务

自不同领域、受到不同限制的政治代表之间进行理性对话提供一个有益框架。尽管赔偿和脱碳责任都被视为抽象概念，但事实上，它们都是社会认可的道德规范，与当前的国际气候治理工作存在密切相关。这些概念重点强调了社会根据其独特的主体和道德责任要求该行业采取的行动。

第三章认为，赔偿责任可以看作是一种具体的、偶然性的适应性责任，是一种事后适应行为。具体如第六章所述，赔偿责任旨在对破坏气候行为做出经济补偿。换言之，这项责任主张通过经济手段进行补偿，即石油巨头提供大量资金，用以缓解气候变化给人类和世界造成的危害。从这个角度来看，赔偿责任表明人们有权利生活在一个气候没有被人为破坏的世界。如果这种权利没有实现，我们就应该采取措施纠正这一不公正的现象。适应性责任主张通过经济手段维护或恢复人类保护自身免受损害的能力。照此看来，我们似乎可以直接断定，对当前损失的补偿涉及保证利益不受损害的权利，因此可以把其看作一种赔偿责任，而不是适应性责任。正如第九章的详细论述的那样，我们在此强调实际上赔偿责任也是为了帮助失业工人和一线群体适应变化，从而提升其政治可行性。

总的来说，石油巨头们要承担脱碳责任，就必须采取措施减少碳排放，从而规避/阻止对未来世界的危害。正如第三章指出的，《联合国气候变化框架公约》（1992）和联合国政府间气候变化专门委员会（2014b）对减轻危害的解释是减少碳排放和增加碳汇，而这种责任正好体现了这一目的。事实上，脱碳责任形式多种多样，而且有很多方面的严格要求：其本质是要求石油巨头减少自身碳排放。但具体来说，正如上文强调的，这项责任意味着石油天然气公司必须减少与自身公司运营和产品相关的碳排放。然而，承担脱碳责任的最终目标是让这些公司逐步淘汰化石燃料业务，并最终消除碳排放。反过来说，这项责任最终会改变石油巨头的行为，要么完全停止运营，要么逐渐转型为经营零碳密集型产品（如可再生能源），同时保留无碳运营的公司。简而言之，这项责任要求石油巨头最终转变为绿色能源巨头。

总之，基于社会要求，赔偿责任和脱碳责任为石油巨头的所作所为提供了道德基础，即石油天然气公司应主动采取措施，同时间接主体也应迫使石油巨头采取实际行动保护环境。

石油巨头在积极响应社会号召吗？

在当前气候危机的大环境下，石油产业和社会之间还有一些问题亟待解决。石油巨头如何回应社会号召？石油天然气公司接受社会对他们的道德要求，并为实现其目标而采取行动的可能性是多少？显然迄今为止，石油巨头并未依据这些经过深思熟虑的政策进行过任何赔偿。因此，本节将重点探究石油行业为减排所采取的符合脱碳责任要求的具体举措。此外，本节还会探索石油天然气公司这个遭遇气候危机的世界中的实际运营方式，这有助于我们更好地理解它们所担任的微妙的道德角色，从而更加有效地界定它们后续的责任。

像其他强大的公司实体一样，石油巨头倾向于借助多种方式左右环境政策，而不是简单地支持或反对这些法规。正如

第二部分　石油巨头的责任和义务

第二章所述，在几年之前，美国主要的国际石油公司基本上都会采取反驳气候变化责任的被动策略，而欧洲国际石油公司则采取一种更加积极的策略——接受某种形式的责任。例如，彭博社的气候转型评分（Climate Transition Score）强调，欧洲石油公司，特别是道达尔能源、葡萄牙高浦能源（Portuguese Galp）、挪威国家石油公司、英国石油、壳牌和意大利国家碳化氢公司（Italian ENI）都为低碳转型做足了准备，而美国石油公司却远远落在后面（BloombergNEF，2021）。

尽管否认主义死灰复燃，让人们对研究气候变化并宣传这些研究发现的动机产生了质疑，但现在情况似乎已经改变，至少石油巨头们在态度和思想方面已经发生了改变。所有大型化石燃料公司都已意识到气候正在发生变化，而且开始制定不同的目标，迈着不同的步伐朝着低碳化未来前进。

有史以来，石油行业首次意识到自己面对的是一个不确定的全新时代。在这个时代，气候变化和其他低碳能源的普及会减弱他们的主导地位和影响力。例如，两家重要的国际石油公司似乎对自己的未来业务产生了质疑。英国石油公司在其2020年《能源展望》（Energy Outlook）中断言，随着可再生资源使用量和电动汽车消费者数量的增加，2019年已经是石油行业的发展顶峰。埃克森美孚在2019年的报告（Exxon Mobil 2019b）中认为石油和汽油需求也达到了类似顶峰，并强调其资产在不远的将来可能不再具有投资吸引力。相反，石油输出国组织在其2020年《世界石油展望报告》（World Oil Outlook）中声称，世界石油需求将会在21世纪30年代末达到顶峰，然后开始下降。

　　与此同时，尽管净零目标过于模糊（Rogelj et al.，2021），负排放技术也存在不确定性（Anderson and Peters，2016），但西班牙国际石油公司——雷普索尔公司（Repsol）依然宣布到2050年实现净零排放的计划。重要的是，该计划强调其减排承诺涵盖第三类排放，这些排放源自雷普索尔在全球经济体系中分销的石油和天然气的下游燃烧。挪威国家石油公司承诺到2050年在运营和产品两方面实现净零排放。英国石油公司在2020年2月的一份新闻稿（BP，2020b）中也宣布了类似的净零排放目标——至少在上游产品中实现净零排放，即便如此，但没有哪家公司宣布他们会搁置增加石油和天然气开采的计划。壳牌集团紧随其后，在2020年4月宣布了一项目标战略，即最晚到2050年，转型成为一家"净零能源公司"，立足碳捕获、自然为本的解决方案，大力推动生物燃料和氢气的使用，并以此作为未来发展的基础。然而，这些目标与其每年向石油天然气行业投资80亿美元的短期计划互相冲突，相比之下，非化石燃料的年投资额仅有20亿到30亿美元。事实上，为了获得股东支持，壳牌集团曾号召股东就气候和能源转型战略进行表决。有意思的是，巴西国家石油公司首席执行官罗伯托·卡斯特罗·布兰科（Roberto Castello Branco）驳斥了欧洲同行们的2050年净零排放目标，他认为这些目标都是空头支票，难以兑现。"制定2050年承诺就像一种流行风尚。这是神奇的一年……在大西洋的另一侧，我们对气候变化有了不同的看法。"

　　不管怎样，面对利益相关者不断的督促，这个几十年来成功否认人为气候变化、减缓/阻碍气候政策推行的强大的石油行业，现在似乎不仅意识到了气候变化，还认识到了低碳转型的必要性及其对自身业务的影响。这也符合大型投资者的要求，即高效而快速地向低碳未来转变，以维持全球经济的发展。由于石油行业是一个资本高度密集的行业，对外界投资有着很高的依赖性，因此这一说法引发了各个石油天然气公司董事会的高度关注。

关于碳管理，总的来说，几乎所有公司都在不同程度上将气候变化视为商业风险，并对政府、投资者、非政府组织以及更广泛的社会要求极为敏感。如前所述，欧洲公司率先承认了气候正在发生变化，而非欧洲的国际石油公司和国家石油公司也紧随其后，逐渐跟上了前者的脚步。例如，俄罗斯天然气工业股份公司虽然认可减少碳排放的必要性，但主要还是从政治和意识形态角度来展望和规划脱碳。总之，石油巨头宣称，他们可以拿出必要的解决方案，在减少排放与保障经济增长和繁荣之间取得适当的平衡。

第六章　赔偿和脱碳责任

《不要被气候变化的假象迷惑：埃克森美孚不会改变它的发展路线》，这是《卫报》2016年5月刊登的一篇社论的标题，这篇引人深思的文章是著名气候变化活动家兼记者比尔·麦吉本（Bill McKibben）的杰作。麦吉本的观点有理有据，令人难以反驳：在气候变化背景下，虽然很多公民社会积极分子和媒体将石油巨头塑造成的恶棍形象越来越深入人心，但这些似乎并未触动这家得克萨斯州的巨头；他们只是假装感到了气候问题的紧迫性，并做出环保承诺、制作诱人的广告和提出反碳排放政策提案，通过这些假惺惺的支持体现其在气候行动上的用心，以此掩盖其依然我行我素的态度。

背后的真相是，石油天然气公司并没有真的改变自己以化石燃料为核心的经营模式，也没有对未来有所规划，本书结论部分对此进行了清晰的论述。与此同时，越来越多的公民组织行动了起来，他们坚持认为这些石油巨头们在气候变化中负有主要责任，应该纠正其危害整个世界和人类的破坏行为，并对此进行补偿。

第二部分 石油巨头的责任和义务

到目前为止，本书已对界定和说明石油巨头在气候变化中的责任和义务进行了充分论证，并且深刻认识到石油天然气公司应该成为气候伦理和政策实施的新主体。换言之，在气候变化背景下，石油天然气公司作为极其重要的主体应重新在气候大环境中重新寻找自己的定位，从饱受诋毁的角色转变为建设性的变革主体，与国家、个人和其他主体齐心合力，在全球气候治理中发挥与其在气候危机中角色相称的作用。

将气候政策和政治视角从国家层面扩大到石油公司层面，一方面，可以另辟蹊径让这些公司积极参与解决气候问题，而不是被动的旁观者，在有利环境中不断从其破坏气候的行为中获利，或在面临危机时，大力阻挠所有的补救措施以维护自身利润；另一方面，如果将石油天然气公司认定为气候变化的主要道德主体，承担特定的责任以及履行相应的赔偿和脱碳责任，那这会有利于增强社会对于化石燃料的反对思潮以及避免未来的碳排放危机。

本章为第三部分分析这些责任的实施奠定了基础。具体来说，本章探讨了这些责任的理论／规范基础，详细阐述了其主要特征，并体现出其强大的社会、政治和经济影响力，最后，进一步强调了这些责任之间互相依存，密不可分。

▶ 纠正正义行为和责任

如前所述，针对危害性错误行为的纠正正义有助于提升大众对石油巨头所造成危害的关注度，并阐明了为纠正这些错误所造成的不公平需要采取的措施：纠正正义观点为石油巨头应承担的赔偿和脱碳责任提供了理论/规范基础，而这些责任源自石油巨头自身的道德责任。要阐明与这些责任相关的纠正正义观点，我们必须确定以下内容：

（1）义务承担者（即应承担纠正措施所带来的经济负担和其他负担的主体）。

（2）不公正的道德基础（即证明和界定纠正损害造成的不公正行为的道德原则）。

（3）义务结构（即石油天然气公司具体的责任行为）。

（4）石油天然气公司相关纠正措施的形式（即纠正已有危害行为的规范和具体手段）。

（5）义务受让人（即有权根据已确定的责任分配进行纠正行为的主体）。

（6）间接正义主体。

从第一点内容不难看出，此分析显然将石油公司视为义务承担者，或从广义来讲，石油公司是气候变化大环境中的道德集体。本部分其余内容将简要讨论第二点。在对赔偿责任（在许多方面都是史无前例的）的逻辑性和比例进行论证后，下面两节将探讨第三点至第五点（即赔偿责任和脱碳责任各自的结构、形式和义务受让人）。本章内容不涉及第六点；第三部分将会根据过往经验从更为实用的角度对间接主体细节进行分析，跟前文一样，在该部分间接主体也被称为不稳定主体。

第二部分 　石油巨头的责任和义务

▶ 非正义行为的道德基础

上文中的第二点要求我们界定道德原则的概念，证明敦促该行业履行义务的合理性。这方面的气候伦理文献通常涉及两个回顾性原则（污染者负担原则和受益者负担原则）和一个前瞻性原则——负担能力原则，前文已对这些原则进行了研究。污染者负担原则会根据个人主体过去的碳排放量，按比例分配纠正措施的负担（经济负担和其他负担）。受益者负担原则正好相反，它会根据主体在产生排放的活动中的收益情况来计算分配比例。负担能力原则认为承担的义务配额应与主体承担该负担的能力成正比。

所有这些原则的目的都是使石油巨头承担积极的责任，并为该责任提供合理的解释，因为这些责任有助于纠正气候变化引起的不公正状况。当前分析不依赖其中任何单一原则，而是以一种融合了这三个原则的新型原则为基础进行分析。这个原则认为，那些自身过量碳排放导致气候危机的罪魁祸首通常比其他人受益更多，也更具资金优势。这个涵盖了上述三个原则的综合性原则在细节方面可能存在一些争议，即使如此，这三个原则还是在加强赔偿责任和脱碳责任道德基础的核心地位上达成了共识。事实上，这一观点似乎非常适合石油行业，而且为上述责任提供了合理的道德解释，而这两种具体义务所涵盖的原则确实具有不同的道德相关性。

例如，负担能力原则以关于主体承担负担的相对能力（如事实 E 所阐明的）为参考，颇具前瞻性和说服力，在赔偿责任方面可能更具道德意义。负担能力原则极大强化了石油巨头们应承担的这一责任，因为它更好地抓住了财富要素——在目前大环境中，这一点极为重要，因为该责任所设想的纠正措施实质上是一种经济行为。同时，在赔偿责任方面，回顾性的受益者负担原则进一步论证了事实 E 的道德说服力。相反，污染环境者负担原则为脱碳责任提供了更有力的支持。

▶ 石油巨头为何要承担赔偿责任？

在分析赔偿责任的结构、形式、受让人和其他相关特征（接下来也会对脱碳责任进行类似分析）前，我们需要明确说明赔偿的紧迫性和其背后的理由。除了要推行脱碳进程以减少对环境的进一步破坏，石油巨头为什么还要承担经济补偿责任，赔偿那些深受（由碳排放导致的）气候变化影响的人，关于这一点，下文将给出直接的实质性说明。

逻辑

气候变化带来的负面影响越来越大，人类未来面临的威胁也与日俱增，这些引发了迄今为止人们在关于气候的讨论和磋商中刻意回避的问题：谁应该为此付出代价？这的确是一个贯穿人为气候变化史、国际谈判史和科学发展史的问题，至少从 20 世纪 90 年代早期承认气候变化存在以来，这个问题始终如影随形，当时的科学证据指出气候危害分布不均，需要认真

第二部分　石油巨头的责任和义务

应对。然而，纠正已有错误行为并赔偿是一项艰巨的任务，这在很大程度上导致了气候危机应对进程进入停滞状态，就像历史上其他众所周知的不道德事件一样，如奴隶制、吉姆·克劳法（Jim Crow laws）和大屠杀幸存者要求德国政府做出赔偿。

糟糕的是，气候赔偿责任备受争议，这主要是因为前文提及的气候变化问题可能会颠覆我们的认知和道德体系。石油天然气公司自身的燃料化石相关活动危害气候环境进而引发了大量历史性不公正，纠正这些不公正会营造更加公正的环境。因此，鉴于针对过去不公正结果赔偿的回顾性和前瞻性满意度的考量，我们有充足的理由相信，如果石油行业想要继续维持其正常运营，那就需要纠正其对气候的负面影响和赔偿其错误行为带来的损失。

尽管长期以来气候谈判经常会忽视气候赔偿的逻辑因素，但其最终还是得到了 2007 年制订的《巴厘行动计划》（*Bali Action Plan*）的大力支持，该计划建议发达国家帮助气候脆弱型国家应对气候变化的负面影响。2013 年建立的华沙损失和损害国际机制（Warsaw International Mechanism for Loss and Damage）推动了这一提议的实施，并在《坎昆适应框架》（*Cancun Adaptation Framework*）中获得了认可，该框架规定发达国家应该帮助易受气候变化影响的发展中国家应对气候危机，但是它在实施时进展缓慢。而对非国家主体而言，气候赔偿的逻辑和目标则是一个亟待解决的棘手问题。

然而，石油巨头在气候危机中需要承担的责任依然明晰，因此法律也应该针对气候义务、宪法和人权以及证券欺诈做出相应的评断。换言之，尽管反化石燃料规范尚未正式出台，政府也未将这些规范转化为有约束力的法规，但是我们依然可以通过侵权法实现该道德目标，虽然这并不是最佳途径。

各种倡议和政治提案层出不穷。例如，美国几个州级原告正在探索将部分应对气候影响的成本转移给化石燃料公司的有效方法，而加利福尼亚州已经出台法规禁止使用水力压裂技术开采石油。截至2021年9月，美国各个城市、县、州已向主要石油公司发起了28起诉讼。其中，最引人瞩目的莫过于纽约市市长比尔·德·白思豪（Bill de Blasio）宣布该市起诉英国石油、雪佛龙股份有限公司、康菲石油、埃克森美孚石油公司和壳牌集团等大型石油公司，他说道：

过去几十年里，石油巨头一直在破坏环境，而且他们的做法与烟草巨头如出一辙，都采用了常见的损人利己的方法，它们一再否认自己产品的危害性，同时处心积虑地让整个社会沉迷于这种致命性产品。想想看这是多么自私和危险的做法，明知这种产品造成的巨大危害以及所有内情，但是依然肆意妄为，加剧气候危机，为自己谋取利益。他们会因这些破坏性行为而受到惩罚吗？答案是否定的，他们不仅没有受到惩罚，还从中攫取了数万亿美元的收益。如今，这个美国最大的城市要向这种行为说"不"。石油巨头不会再得到补贴，是时候让这些石油巨头为其危害世界的罪行付出代价了（New York City Government，2018）。

第二部分　石油巨头的责任和义务

但这还不是全部。诉讼陈词的开场白是这样说的："本起诉讼依据以下根本性原则：如果一家公司制造的产品严格按照规定正常使用时造成严重伤害，那么该公司便应该承担减轻这种伤害所需的费用。"

到目前为止，该法律战略并未达到预期的目的。例如，纽约市发起的诉讼已被美国地方法院法官驳回，理由是鉴于气候变化的严重性，其必须通过联邦政府法规和外交政策解决，这种分散的、零星的诉讼根本无法解决气候危机（Pierson, 2018）。另外，纽约总检察长也未能证明埃克森美孚石油公司在气候变化的危害性方面误导了股东（Stevens, 2019）。《塞拉》(Sierra) 杂志的编辑杰森·马克（Jason Mark）的话非常符合目前这种情况："法律是道德原则的不完美延伸。仅凭侵权法无法拯救世界。即使经过多年诉讼，待决案件成功胜诉，对法庭而言，气候赔偿仍是一个远远超出其管辖范围的问题，任何一个法官或陪审团很难对其做出裁决。"

理论基础

赔偿责任的理论基础很简单，就是要求石油巨头向受其影响的人提供各种形式的援助，以此来纠正自身的错误行为，特别是使用经济手段进行纠正。确切地说，实现这一点的方式还未明确，但定量论证将在下一节阐述。事实上，使石油巨头积极承担道德责任是履行其赔偿责任的重要理论基础，这一点已在第四章进行了探讨。从道德角度来看，要求石油巨头对其所造成的损失进行补偿是受害者的合法诉求。大量研究气候变化的文章都一致认为受害群体有权获得某种形式的补偿。

从另一角度来看，石油天然气公司将成为自愿受益人，因为他们清楚自己的错误行为并且完全可以避免这些行为及其带来的毫无必要的损失。但是他们明知这么做的危害，却仍然一意孤行地选择这条道路（请参阅第二章的道德相关事实）。因此，作为自愿受益者，石油行业必须为深受气候变化危害的群体进行补偿，以纠正其错误行为。从涉及的道德原则来看，这个理论观点体现并证明了受益者负担原则的合理性，因为该原则认为应根据主体在产生碳排放的行为中所获收益来计算其所需补偿的比例。这与第二章所说的道德相关事实 E——财富积累是一致的。石油天然气公司通过化石燃料的运营积累了巨额财富，大幅提升了股东的资产。如前所述，这在道德方面是没错的。然而，财富积累仍是一个道德相关事实，这个事实势必要求石油巨头在应对气候变化中承担更大的责任，而且进一步明确了具体的责任细节。财富积累是道德逻辑的一个重要因素，道德逻辑会根据所获利益的比例进行补偿分配，从另一角度考虑来看，也是按负担能力进行补偿分配。

实用性基础

从实用角度来看，石油巨头的财富和权力代表着该行业通过经济手段（至少）对已有重大道德损害进行补救的能力。这种经济能力确实必须考虑代价高昂的脱碳责任带来的利益取舍和限制。但如果赔偿行为可行而且有效，那么石油巨头的财富可为其补偿已有损害提供资金保证。

第二部分 石油巨头的责任和义务

气候变化带来的损失通常由纳税人以及相关个体和企业承担。如前所述，气候和社会正义运动提出的一个最紧迫的要求便是石油巨头应该偿还其影响债务。凭借先进的科学技术，我们能够将气候损害责任分摊给各个石油天然气公司，同时也满足了自下而上的气候正义需求。简而言之，正如第九章所述，扩展归因科学的应用范围可更加轻松地锁定责任主体，进而更加公平地分配个体所需承担的经济赔偿。

赔偿责任：结构、形式和义务受让人

赔偿责任认为，石油天然气公司应该拿出一部分通过其损害性活动获得的收益，对其他受害主体进行经济补偿。

为了构建上述（第三点）纠正正义规范的赔偿责任框架，并且对其有更深层次的理解，本书将这些公司视为道德主体，他们借助自身的化石燃料活动从气候受害者身上牟利。这种行为违反了无损原则，从这一角度来看，这些公司应该承担（一级）道德责任和相关义务，为受影响的主体提供援助。

石油巨头援助受气候影响主体的方式多种多样，既有非物质方式，如公开承认错误并道歉以及建立真相委员会等，也可以对其过去的错误进行实质性补偿，这样可以有效遏制他们的破坏行为，减少其对气候的危害。在气候危机的大背景下，要减少气候变化的负面影响，还有许多工作要做；因此，纠正行为必须务实，主要目的在于通过实际行动将负面影响降到最低。

务实性的纠正行动也有多种形式，比如归还物品和进行

赔偿。归还物品是指将侵占的物品退还给合法所有者或他们的继承人,而赔偿则是指对合法所有者或其继承人受到的损失进行经济补偿。令人失望的是,由于气候变化的性质非常复杂,这两种纠正行为都要求明确义务受让人身份,因此很难付诸实践。鉴于碳排放及前后影响之间存在巨大的时间差和空间差,要确定合法义务受让人或合法继承人的身份几乎是不可能的。此外,以归还物品为例,在气候危机的大环境下,我们很难判断哪种物品被侵占而需要归还(因为在气候变化危机中,我们需要归还的是大气吸收能力,而石油公司的碳排放超标的错误行为导致大气吸收二氧化碳的能力越来越弱)。

需要指出的是,有些研究气候变化的文章会将赔偿等同于经济纠正行为。但本书认为赔偿是一种特定形式的经济纠正手段,这种手段需要明确资金接受者身份。如上所述,针对已有损害的经济纠正手段通常是指现金赔偿。而纠正行为的形式则更为多样,不仅包含物质层面上的纠正行为(经济方面和非经济方面),还涉及非物质层面上的纠正行为,比如承认过失和道歉等。

如果归还实物和赔偿手段无效时,还可以要求石油巨头退还收益。退还收益意味着放弃以往通过不当手段获得的利润或财产,采取这种手段不一定要确定遭受损害的主体身份,也无须确定现在的合法继承者身份,更无须考虑其若改过自新后所处的境地。退还收益行为只要求其放弃过去不当手段所得:就石油行业而言,便是指其不正当的资产和收益。跟归还物品和更为严格的经济补偿手段有所不同,退还收益行为关注的是义务承担者，而不是义务受让人及其利益。退还收益的目标是将无法用于合法义务受让人的经济补偿金充分应用于正当的领域和事业；例如，在奴隶制问题上，这些补偿可用于推动非裔后代争取平等权利的事业；而在气候变化问题上，这些补偿可用于减轻气候危机中最脆弱群体和利益相关者的痛苦。

退还收益行为的一个经典案例便是欧洲犹太人要求纳粹退还他们从犹太人手中掠夺的艺术品。如果在战后被掠夺者没有继承人，那这些艺术品会被出售，所得款项会投入一个用于资助大屠杀幸存者的基金。另一个具有启发性的案例便是布朗大学（Brown University）的大学楼，这座建筑是奴隶劳工使用富人捐献的木材建造的。这些奴隶劳工的身份难以确认，因此也很难对他们的继承者做出赔偿；但退还方式是将大学的一部分收入转给一个或多个依然健在的相关群体，从而对建造大学楼过程中的不当行为进行经济补偿。同样地，格拉斯哥大学（Glasgow University）也致力于一项赔偿性正义项目，即通过经济手段纠正其在奴隶贸易中的不当行为。英国酒吧连锁兼啤酒酿造商格林国王（Greene King）和伦敦劳合社（Lloyd's of London）承诺会向黑人和其他有少数族裔背景的代表支付经济补偿金，目的是弥补其创始人在跨大西洋奴隶贸易中的所作所为。

退还收益不需要明确特定的义务受让人，也不需要去推定如果没有发生这些不当行为，石油巨头们的现状会如何。这种方式的潜力和优势在于其信息的简约性，从而使其更具可行性，特别是在复杂的气候变化大背景下尤是如此。此外，退还行为只需考虑被污染的资产和收益，而无须考虑石油天然气公司的任何资产和收益。例如，慈善捐款和石油相关业务产生的收益都不算被污染的利益。另外，这些收益还应该包括那些未以产生气候影响的方式使用的收益，如投机性金融投资。

在分析赔偿责任的各种形式之前，有必要了解一下其实施规范：从道德角度来看，我们最好通过适应损害行为来避免损害，而不是在事后通过经济或其他手段来进行纠正。在这一方面，有一个论点似乎非常贴切：在出现无法避免的损失后，我们需要区分目的性经济补偿和手段性经济补偿之间的不同，前者帮助人们追求其他目标，使他们在没有受到损失的情况下安然度日，后者则会为人们追求同一目标提供等效手段。后者明显优于前者，因为前者会迫使人们借助其他手段追求其他目标。这一区别可提升对气候损害采用经济补偿的可能性。因此，适应行为比纠正行为更可取，两者的不同之处在于前者相当于使用手段替代经济补偿，而后者相当于使用目标替代经济补偿。

在充分意识到适应性资金的道德优越性后，石油巨头履行赔偿责任的唯一目标应该是在造成损害后通过经济手段纠正这些破坏行为。一方面，缩小损害纠正行为的重点极大地简化了赔偿责任分配结构和过程的设计和实施步骤。另一方面，正如反复强调的那样，在气候变化大背景下，石油产业只是承担（一级）责任和义务的道德主体之一：从政府机构保护公民免受伤害的总体目标来看，适应性资金应该是其对受气候变化威胁人群所履行的基本义务之一。《联合国气候变化框架公约》

第二部分　石油巨头的责任和义务

的 3.3 条款间接地说明了这一点，该条款规定，缔约方（即各个国家）"应采取预防措施来预测、预防或尽量减少引发气候变化的原因，并减轻其不利影响"。签署国应尽可能阻止损害的发生，而不是在事后进行补偿。

此外，石油巨头对纠正已有损害的关注度进一步加强了赔偿责任的道德说服力，因此如上所述，从科学商定的因果链来看，退还行为在原则上是合理可行的。的确，期望石油天然气公司承担气候变化责任的地方政治当局非常关注由日益严重的洪水、飓风和海平面上升等气候相关事件所造成的灾害损失。

赔偿责任的最终目标是保护最脆弱的主体，使其免受气候变化影响，而采取的方法便是为其提供充足的经济援助来应对相关损害和损失。在进行综合考虑之后，我们就有可能彻底解决与石油天然气公司义务相关的纠正正义视角规范中第五点提到的问题——谁是义务受让者？

总的来说，义务受让者是最容易受到气候变化、气候移民和气候难民问题的负面影响的群体。气候变化脆弱性是指遭受伤害性事件时，应对伤害性事件的准备工作和能力。因此，从这个角度来看，我们十分有必要澄清脆弱性这一概念，在社会系统中，这也被称为社会脆弱性。社会脆弱性可以广义地理解为与个人和社会群体直接相关的福祉状态，它不仅与气候影响有关，也会受到贫穷、阶级、种族、民族和性别等社会、制度和经济因素的影响。

由气候变化引发的社会脆弱性涉及人类的生命、健康、生计等重要问题。原则上，我们可以根据社会脆弱性程度来确定义务受让人退还收益的比例：其社会脆弱性越高，通过退还的收益越多，整改的力度就越大。著名哲学家亨利·舒（Henry Shue）的权益第三原则明确提出了将最弱势社会群体放在首位的严格规范要求。社会弱势群体其所拥有的资源极度匮乏，最低保障原则规定，对那些资源不足无法过上体面生活的群体，应给予足够的经济援助，使其达到最低保障要求。因此，应为更多社会弱势群体和团体提供足够的资金援助，使他们能够应对气候危机带来的负面影响，并且尽快地渡过难关，恢复元气。

除此之外还有一群弱势主体，他们可能不会经受实际的气候损害，但他们可能会面临另一种损失，这种损失源自赔偿责任造成的石油巨头的经济实力萎缩（以及脱碳责任所要求的低碳转型承诺）。这些主体是指多个行业（化石燃料和其他关键行业，如化学、运输、航运等）的失业工人和化石燃料供应链的一线群体，这些人会在这一转型过程中会面临失业/就业机会等问题，因此可以将他们定义为低碳转型的直接受害者。应该强调的是，将失业工人和受影响群体纳入义务受让人范围将会扩大赔偿责任的范围，超出了对化石燃料活动造成的损害进行经济补偿的严格道德界限。做出这一选择的理由非常现实。一方面，扩大赔偿对象范围极大提升了赔偿责任的接受度和可行性。另一方面，为失业工人和受影响群体建立独立（必不可少）的基金，会让已经不堪重负的气候变化全球治理工作更加烦琐。

从另一角度来看，赔偿责任不仅要与脱碳责任保持适当平衡，还应考虑权衡所需的渐进思维和谨慎性，而且为了提升可行性，这项义务应该主要应用于低碳转型过程。因此，退还的收益也应专门用于实现这一目标，即满足石油行业在转型阶段的需求，低碳经济转型主体（如研究和政策机构、国际组织和非政府组织）的要求，以及绿色科技供应商的要求。

脱碳责任：结构、形式和义务受让人

为了减轻化石燃料相关活动带来的危害，脱碳责任要求石油天然气公司降低其运营过程中的碳排放。

石油行业必须采用非碳密集型商业模式才能避免公司运营过程中的碳排放现象。石油公司若要真正实现脱碳，就必须完全停止运营，或者转型为销售低/零碳密集型产品，如开发可再生能源，也就意味着他们要从石油巨头转变为绿色能源巨头。

我们不应将脱碳责任的广义定义同两种狭义的观点相混淆。一种观点认为只需要求石油天然气公司遵守由特定的政治监管机构（如政府、环境机构，以及具有执法权的地方、国家、地区和国际机构）制定的约束性排放限制法则。这种狭隘的脱碳承诺取决于政府机构是否愿意制定和实施具有约束力的排放限制措施，而广义的脱碳概念则涉及更为复杂的与全球治理相关的行为和制度问题。另一个狭隘观点则认为只需要实现石油行业的脱碳目标即可，如减少全球办公的碳足迹。一些公司已经有所行动，其根本目的是"漂绿"这些公司以往的负面形象。比如第一部分中提到的美国石油学会，他们一直在否认气候变化事实、阻挠气候政策的实施。在过去10年里，该组织在维护公共关系和宣传其合作伙伴的石油产品方面花费6.63亿美元，这一令人咋舌的庞大费用远高于在此期间美国可再生能源贸易集团投入的9840万美元。

总而言之，从化石燃料行业为全球经济提供化石燃料能源及其产生的范围排放在行业排放中的高额占比（如前所述，大约为90%）来看，只对化石燃料行业进行运营脱碳（而不开展产品脱碳）显然是不够的。

正如第四章所强调的，从理论上讲，脱碳责任所要求负担分配应遵循正义分配的要求。由于公众普遍认为碳排放涉及气候伦理道德，因此从依据碳排放来制定石油巨头应该承担的脱碳负担完全是合情合理的。从这个角度来看，我们只有通过广泛而系统地缩减石油产品和整个石油行业运营过程产生的碳排放，才能实现去碳化。原则上，我们应该根据以累积排放量为基础的历史责任原则在相关石油公司之间分配脱碳责任，因为累积排放量是衡量石油产业长期以来的危害活动的合理方法。与累积碳排放量较少的公司相比，那些位居全球累积碳排放量前列的公司必须加快遏制其化石燃料相关活动的步伐。根据这一逻辑，分配给各家公司的所有碳配额都会逐渐减少直至为零。但在实际操作中，只有借助于经验性假设，才能详细阐明在各公司之间分配脱碳责任的方法，第三部分将对此展开深入探讨。

通过化石燃料行业脱碳行为来应对气候危机这个全球性

第二部分　石油巨头的责任和义务

难题存在着太多的不确定性，因此整个人类都应该是义务受让人，包括上文提及的石油行业工人和依赖石油生活的群体。这种观点以及本书所进行的分析都明显是以人类为中心的：这些分析没有深入到人类和人类内部关系层面，所有的道德考量都以人类为中心。刻意忽略其他不以人类中心的道德体系并不意味着无视其他观点。这项工作之所以采取以人类为中心的立场，是因为它的最终目标是建立一个道德规范框架，敦促石油巨头履行其在气候变化中应该承担的义务。换句话说，本书旨在为解决制度、政治、治理、经济问题提供理论基础，因为履行脱碳责任（实际上还有赔偿责任）需要社会经济体系中的制度、政治、治理、经济各个方面的积极参与。因此尽管人类中心主义存在着道德争议，但是我们认为非常有必要探究以人为本的道德范式，而且在面对赔偿责任和脱碳责任这些现实问题时，人类中心主义似乎更加可行。

▶ 石油巨头的脱碳行动：采取供给侧措施控制化石燃料生产

正如第一部分所述，化石燃料是迄今为止最大的人类碳排放源，而这些燃料大部分都来自石油天然气公司，因此这些石油天然气公司应该，或者更精确地说，如本书所建议的那样，遵守或执行对化石燃料相关运营和产品（即业务脱碳）的严格限令。这无疑是人类历史上一个前所未有的巨大挑战，对社会经济产生的影响之巨大仅有 19 世纪依赖奴隶制的经济体（如美国南部）废除奴隶制可以比肩。许多棘手的问题根本无法回避。

事实上，通过实施旨在限制化石燃料上游供应的气候政策更容易实现石油巨头的脱碳目标，因为气候正义运动也开始做出类似要求，呼吁社会摆脱过去仅仅专注于消费侧的传统策略（如排放税、法规和支持低碳密集型产品和服务要求的措施）。前几种措施旨在限制化石燃料的开采速度和地点，因此称为供给侧政策，是一种相对新颖，却未在实现气候目标的过程中完全发挥作用的方法。

供给侧政策的主要主体是石油天然气公司，因此供给侧措施应该主要应用于这些主体。如上所述，脱碳责任要求这些公司通过非碳密集型业务模式逐步淘汰化石燃料。这意味着石油巨头可能会因此采取完全停止运营的激进行为，也可能会选择以一种对全球经济影响较小，而且该行业也乐意接受的模式，向低／零碳密集型产品（如可再生能源）转型。采取供给侧措施似乎是实现这些目标最有效的手段，但这些措施在当前的主流气候政策讨论中被完全忽略了。事实上，有效的气候政策应该既包括供给侧手段，也离不开需求侧手段。本部分仅对前者进行重点论述，同时认为前者和后者互为补充。以化石燃料生产为目标，可以让石油天然气生产商更好地了解并履行其脱碳责任。

总体而言，化石燃料的下游消费会导致碳排放，因此供给侧措施目的是从产量和地点两方面限制和／或影响化石燃料

第二部分　石油巨头的责任和义务

的生产。相关研究文献认为，与消费侧措施相比，针对化石燃料生产的供给侧措施在效率/效力和政治领域方面具有独特优势。

供给侧措施的经济优势包括延缓石油天然气生产和运输所需基础设施的投资周期，可以减少第十章讨论的与化石燃料相关的碳锁定的风险。此外，正如绿色悖论设想的那样，惶惶不安的资源所有者可能会在短期内加速生产，以期在未来日益严峻的排放政策实施前抢占先机，而供给侧措施可以有效抵制这种风险。最后，针对化石燃料的供给侧措施具有管理成本和交易成本低，减排成功率高（因为其比较容易进行监测、报告和核查）以及行业覆盖率广等优点。

供给侧措施的政治优势主要在于其拥有发动民众、促进国际政策合作以及吸引化石燃料行业各部门参与的潜力。更广泛地说，这些措施会提升石油巨头的道德压力，因为这些公司的一举一动都成为公众关注的焦点，结果也自然更具预测性。这些政治优势有望推动反化石燃料规范的出台。

1988年到2017年，有106个国家和地区制定了1302项供给侧措施。在过去10年里，这些措施更是实现了经济的高速增长。根据国际气候变化专门委员会的原始类型学，这些与石油巨头化石燃料生产密切相关的供给侧措施可以具体分为：经济手段、监管方法，以及政府提供的产品和服务。本书认为最实用的便是那些旨在限制化石燃料供应的措施：碳定价、减少补贴、生产定额和供应禁令/暂停令。

碳定价包括碳税和总量管制与排放交易计划，这一措施

- 143 -

通常应用于化石燃料分销或最终消费阶段。然而，经济分析表明，从实现最大覆盖率和最低管理成本来看，将碳定价措施应用于上游的开采活动会更加有效（与数量庞大的消费者相比，生产商的数量极为有限）。2017 年，全球化石燃料补贴约占全球生产总值的 6.5%（5.2 万亿美元），这是一个非常惊人的数字，该补贴极大地提升了石油天然气公司的利润率。取消该补贴可遏制低效能源消费，为可再生能源创造公平的竞争环境，有利于更好地应对气候变化危机。

监管方法旨在以多种方式修改化石燃料的开采、生产和分配计划，从限制国有土地和水域的使用，到停止资源或基础设施的开发都是其常用方式。最有效的方法似乎是禁用化石燃料，禁止化石燃料的生产，以及禁止相关基础设施的未来建设。虽然这些禁令在经济方面效率极低，但其发出了明确信号，即某些与化石燃料相关的活动无法再继续。因此，禁令逻辑和反化石燃料运动的主张产生了共鸣，推动了反化石燃料规范的出台和推行。

其他措施还包括政府获得生产权，通过某种方式对不开发化石燃料储备或限制生产的行业进行补偿。政府也可以通过撤销涉及化石燃料产品公司的国家退休金和投资基金，鼓励多边金融机构从化石燃料行业撤资，积极推动无化石燃料经济的发展。

第二部分　石油巨头的责任和义务

▶ 赔偿责任和脱碳责任：相互依存，权衡取舍和巨大挑战

赔偿责任和脱碳责任是相互依存的，但两者间也存在权衡取舍。与此同时，这些责任（特别是赔责任）面临着多方面的巨大挑战。本部分将对此进行重点讨论，以便在第三章更加深入地研究这些责任的具体实施过程。

互相依存和权衡取舍

对人为气候变化造成的损害进行补偿消耗了大量本应用于脱碳的资源，而脱碳的经济成本也非常高昂，确实很难预留出用于赔偿的资金。简而言之，两种责任都有很高的资金要求，而且两者可能会互相竞争。因此两者间必须达到理想的平衡点：鉴于石油巨头义务间的相互依存和权衡取舍，两者可能会采取不同的发展路径。

原则上，最严重（也是最不可能的）的后果可能是石油天然气公司会因自身化石燃料相关活动的突然终结而倒闭。石油公司突然倒闭是阻止其未来损害行为的最有效的手段。然而，考虑到上述权衡取舍，这种方法同时也会剥夺气候变化受害者为过去所遭受的损害寻求公平补偿的权利。这种情况也会危及石油巨头中较为脆弱的股东，如养老基金投资者和个人投资者。因此，尽管从规避未来损害的角度来看这种做法确实很有吸引力，但从补偿过去损害（即赔偿责任）的角度来看，这种做法是行不通的。

对更脆弱的利益相关者进行经济补偿，是为了他们能在必要时提供纠正正义支持，也是为保持石油天然气公司正常运营和赢利提供充分的理由。对依赖化石燃料的全球经济体系（包括一些国家利益体，特别是一些国家石油公司和依赖石油的国家和其他依赖化石燃料的企业，比如化工和汽车行业）而言，逐步从运营和产品中淘汰化石燃料肯定比大规模关闭公司的破坏性小。然而，这并没有改变脱碳的最终目标，即要求该行业在未来几十年内逐步完全淘汰化石燃料。

这一转型在时间跨度以及赔偿、脱碳和照常营业等方面采取不同的形式和比例组合。转型过程大概如下：在最不理想的情况下，进行"漂绿"行动，正常营业但效率低下，无利可图；进行经济补偿，然后正常营业和创收；快速地淘汰化石燃料，转向其他非碳密集型业务模式，按比例减少赔偿责任。

总而言之，赔偿责任和脱碳责任间的权衡取舍不可避免。尽管石油巨头财力雄厚，但分给这两项义务的预算非常有限，因此应优先考虑在道德方面更可行的行动方案。从道德的角度来看，该行业有从多方面履行赔偿责任的潜力，而且不会对最脆弱的利益相关者造成危害，也不会像第八章阐述的那样扰乱全球金融体系，这可能就是不主张快速淘汰化石燃料的主要原因。

然而，需要明确指出的是，在未来某个时刻，石油巨头应该履行所有的脱碳责任，完全净化自身业务，转变为绿色能源巨头。石油天然气公司逐步淘汰化石燃料是大势所趋；在未来的二三十年内，将会为逐步引入清洁能源设定一个合理的时

| 第二部分　石油巨头的责任和义务

间表。借助这种方式，他们既不会延误赔偿工作，也不会侵害国家（国有石油公司）、股东（如养老基金）、其他企业（如化工和汽车等大幅依赖化石燃料的企业）、无法快速采用非化石燃料相关设备的个体，以及（范围更广的）受困于当前碳密集型社会经济体系的所有其他主体的合法利益。让石油巨头保留开发和创造资源的能力，可以使脱碳行为更有意义，社会也会因此受益良多。

第一部分所讨论的内容增加了这个问题的复杂性：就石油天然气公司单独而言，他们缺乏延续性，他们是惊人的异质群体。比如，石油巨头通常可以分为私有国际石油公司和国有国际石油公司，两者的战略和目标截然不同，其要承担的责任/责任等级必然也不同。因此，赔偿责任和脱碳责任的范围和深度也会因公司而异。第三部分对这个问题的影响进行了透彻分析，但本部分会引用几个重要示例做一个简单的区分。例如，其中一个不同之处便是各家公司需要承担不同的责任，即根据具体的累计排放量，采取不同程度的减排措施。或者说，在否认方面，虽然只有少数国际石油公司，在其余石油天然气公司不公正的默许下（包括国有石油公司）计划和部署了否认气候变化和反对气候政策的相关运动，但是这却意味着，这些活动的主要参与者即国际石油公司应该承担更大的赔偿责任，同样的逻辑也适用于深知化石燃料危害却依然我行我素的国际石油公司。

但是，我们很难仅凭抽象的定义判断这两个责任孰重孰轻：从道德角度来看，赔偿责任和脱碳责任都十分重要。正如引言所提到的，第三部分将根据不同的社会、制度、经济、政治和运营背景，从三个不同的层次详细探究世界排名前20位的石油巨头需要各自承担的赔偿责任和脱碳责任。第九章提及了一些因素分类，这些因素证明了按照赔偿责任要求，建立基金组织以便石油巨头通过经济手段补偿已有损害是合情合理之举。第十章为大型石油公司设计了一个详细的路线图，目的在于引导石油巨头们按照脱碳责任的要求，逐步放弃碳密集型商业模式。

重大挑战

如上所述，国际石油公司是私营企业实体，其业务范围涵盖石油产品勘探、生产、提炼到分销的整个过程。国家石油公司的架构也大体如此，但这些公司基本上是国有性质，或政府持有部分股权。在分析石油巨头履行赔偿和脱碳责任所面临的重大问题时，必须充分考虑这些差异，同时也要兼顾全面的包容性规划。其中遇到的第一个绊脚石可能便是这些对气候危机负有责任的石油天然气公司在此问题上的普遍共识与自我认知。可以这么说，常识道德表明其他产业（如汽车、化工或建筑行业）也应对气候变化负责，因为这些行业在对化石燃料危害性达成共识后，仍然继续使用化石燃料，而且进一步扩大发展规模。

为了应对这一挑战，必须进一步强调石油巨头在当前全球社会经济体系中的独特作用：对其他依赖化石燃料的公司而言，石油巨头一直是制定游戏规则的公司实体。20世纪90年

第二部分　石油巨头的责任和义务

代，石油巨头在意识到化石燃料的危害性后，仍选择继续勘探、提炼和分销化石燃料，此举让其他行业对石油产品产生了长期依赖性，而这些行业不得不围绕化石燃料构建自己的商业模式。因此，应将石油巨头视为主要的义务承担者。只在游戏规则制定者（即石油巨头）履行完自己的义务后，其他依赖石油巨头供给的行业，才需要承担相应的化石燃料义务。应将石油巨头定位为一个独立集团，该集团需要承担非常准确而独特的道德责任，这种定位对于推进应对气候变化的努力至关重要。

将石油巨头视为对自身行为负责的正义主体会产生破坏性后果，而这些后果构成了另一重大挑战。这个问题的本质在于问题的新颖性。几十年来，国家一直是应对气候变化的主要行动主体。根据损害行为，追究私有和半私有主体（即国际石油公司）的责任，通常都是国家法院和国际法院的职责。承认石油行业作为集团和单个实体对气候变化负有道德责任，明确其承担的责任和后续义务，将会开创先例，颠覆现有国际体系。现有体制结构无法适应新的情况，也无法督促这些公司承担相应责任。比如，创建一个可以收集和管理退还收益的全新全球结构，将在保障其正义和合法性、参与模式，以及私有主体、义务和权利范围方面提出新的挑战。但这似乎是唯一可行的解决方案。此外，当前以国家为中心，对商业实体施加具有约束力的制度，也将会对国家作用的主流范式发起挑战。即使气候变化终结了过去的经营模式，但国家在经济发展中发挥重要作用的观点在部分西方国家可能仍会受到抵制，而这种抵制会制约全球大型企业的正常运营。

这又带来了另一重要挑战,也可以说是动机问题。不难想象,出于自身利益的考虑,许多有影响力的股东和董事会成员会更倾向于采用传统的运营方式或漂绿行动来控制公司的行动和未来。这种行为在道德上应该受到谴责,因为它将少数人的财富和权力凌驾于众人的生命、健康和财富之上。然而,贪婪与美德和脆弱之间并不总是泾渭分明的。在许多石油公司中,私人利益、国家利益和所有权结构(即国际石油公司与国家石油公司)之间的模糊界限使问题变得更加复杂,因为化石燃料出口严重影响着自然资源依赖型国家的经济发展。石油公司是这些国家经济增长和财政收入的主要来源,任何让他们倒闭关门的做法必然会遭到抵制,这一点毋庸置疑,因为这么做将直接危及这些国家的经济命脉。

第三部分将会结合政治、社会和经济背景,以世界排名前 20 的石油天然气公司为例,重点探讨赔偿责任和脱碳责任的实施和履行,并从中寻求这些复杂局面的应对方案。

第三部分
石油巨头必须承担的责任

第三部分　石油巨头必须承担的责任

第七章　政治家如何才能说服石油巨头做出改变？

　　2021年4月，西班牙通过了一项计划，希望到2050年实现碳中和，计划中明确提出了温室气体减排的目标。该计划还指出，到2030年，可再生能源消耗比重将达到74%，这一数字远超同年欧盟所设定的32%的目标。欧盟在《绿色协议》（the Green Deal）中设定目标，将在21世纪中叶实现气候中和。目前来看，波兰是欧盟中唯一拒绝签署气候协议的国家。波兰目前正面临双重压力：一方面，欧盟不断向其施压；另一方面，产煤区空气污浊，民众对此群情激愤。

　　过去几年间，气候政治经历了重大变革，尽管如此，它仍像弹球游戏一样令人捉摸不透，在能否达成目标之间来回横跳，社会对于各种决策也是褒贬不一。《巴黎协定》的签署打破了多年来的僵局，该协定遵循自上而下的减排模式，允许各国设定自主贡献目标，并适时进行调整。在此背景下，气候变化相关的政治责任基本上都落到了国家身上,这种方法有利有弊,在获得新动力的同时也加剧了分歧,特别是在气候危机应对过程中产生的重大社会影响和经济影响等问题上。

直到前几年,气候政治的关注点还是放在能源分配问题上。为减少化石燃料的使用,国际社会上调能源价格,人们就谁应该为此付出更大代价展开了激烈讨论。当前,在全球环境危机的背景之下,气候影响变得更具杀伤力,不仅改变了挑战的性质,还平添了多重障碍。仅仅就如何分配资源达成一致,已经不再是应对气候变化的良方。人们已经将气候变化问题转化为存在主义问题,就人类采取哪种生活方式才能够在气候恶化环境中生存下来展开了激烈讨论。

一方面,如果气候危机急剧恶化,弱势群体(如发展中国家和沿海地区小群岛的居民,气候移民和难民等)、社区、工人以及企业(例如,农民、旅游业以及化石燃料产业链相关企业等)等将面临失去一切的风险。另一方面,如果化石燃料逐渐被淘汰,石油公司又没有进行成本昂贵且困难重重的脱碳处理,他们就将面临倒闭的风险。我们甚至还没考虑到,石油行业的大批工人将因此丢掉饭碗。预计以上两股力量将积极参与,投入大量资源,极力捍卫自身利益。例如,公民社会向石油巨头施压,要求他们摒弃当前以化石燃料为基础的非可持续性发展模式,但石油巨头仍然看重短期利益,而将长期可持续性发展置之脑后,使用各种手段阻碍相关气候政策的出台。

因此,气候政治的存在主义新特性将会不可避免地导致更多更激烈的冲突。然而,机会与挑战并存,在应对气候变

> 第三部分　石油巨头必须承担的责任

化的过程中，经济、社会和政治领域内形成了（不断变化）气候赢家和气候输家的联盟，进一步赢得了公众对气候行动的支持。借用美国著名政治评论家沃尔特·李普曼（Walter Lippmann）的话来说，气候政治的最终目的是让观点和目标存在冲突的人们携起手来共同应对气候变化，而不是单纯让他们的想法趋于一致。

当前，整个世界不确定性持续增加，敌对情绪高涨，本章将基于此背景，对石油和气候政治之间的相互作用以及这一相互作用对石油行业产生的影响进行探讨。我们的终极目标是开辟一条全新的发展道路，让石油巨头积极参与其中，承担相关赔偿和脱碳责任。政治、社会以及经济等方面的决定因素，以及各类影响其承担赔偿责任和脱碳责任的客观参数将会促成某种权利和治理动态，我们将据此把全球排名前20位的石油天然气公司划分为相应的同质组，从而评判和确认每家公司为承担这些责任而付出的努力。

▶ 气候动荡世界中的石油综合体和石油巨头

本节将对气候与石油政治之间的相互作用以及他们的政治经济框架进行分析（石油行业在此背景下开展业务），从而为探究石油公司切实承担其赔偿责任和履行脱碳责任铺平了道路。

石油世界浩大广阔、错综复杂：中央政府、地方政府、石油和天然气行业、其他行业、政府和非政府组织、经济和金融机构以及广泛的公民社会等都是其中的重要参与者。石油世界围绕其全球生产网络进行运作，该生产网络与外部世界之间存在广泛的政治和经济利益交叉。政府以及石油天然气公司（通过勘探、生产、精炼以及分销其产品而参与其中）是石油综合体中的主导力量，这些石油综合体以采取大型垂直一体化和多地经营模式的国际石油公司和国家石油公司为中心。当前，我们迫切需要厘清石油天然气公司彼此之间，与政府之间以及与气候变化相关的政治和经济因素之间的策略和关系。

在美国，除在非联邦土地内进行钻探之外，钻探所得的石油和天然气均归各州所有。石油进口商与出口商之间以及国与国之间存在供需失衡的问题，石油出口国之间存在激烈的竞争，资源寻求型公司与资源储备国之间存在一定的冲突，似乎把石油政治逼进了死胡同。然而，近年来，石油综合体饱受新势力的打压，这些新势力提出了气候正义、人权、能源转型、减贫以及气候中和金融等社会和道德问题，还对石油巨头所扮演的角色以及应承担的责任连连发问。气候变化动摇了现行社会经济体系的根基，使其各个方面都受到了影响，首当其冲的便是政治基础。

因此，我们亟待了解石油巨头将其最初想法变现的思路，对资源进行概念化处理的方法以及在权力结构和权力机构之间周旋的技巧。这些权力结构和权力机构是气候动荡世界中关系配置的掌舵人。我们应该将石油巨头与技术之间的关系放在更广阔的政治、经济和生态背景下进行细致研究。

第三部分　石油巨头必须承担的责任

首先需要强调的是，在当前社会中，碳化社会经济增长模型仍占据主导地位，在这种社会经济增长模式下出现了一批强大的既得利益集团，一提到"变革"二字，这群人便连连摆手拒绝。石油国指那些经济发展严重依赖化石燃料，靠出口石油资源发家致富的国家，对这些国家的石油巨头来说，按兵不动确实是上策。石油国即石油和天然气出口国，这些国家无力或不愿摆脱石油发展的多样化经济，石油和天然气的出口是其主要经济来源。从整体上来看，这些国家的经济动向可以大致反映出其国内和国际气候政策的发展情况。几十年来，以国际石油公司为首的石油公司，尤其是美国的石油公司，一直在极力抵制气候政策，阻碍气候行动，这种行为在全球范围内产生了深远影响。例如，由《联合国气候变化框架公约》和联合国政府间气候变化专门委员会的专家组成的专家团表示，上述石油公司的所作所为使得我们很难保证不突破 2 摄氏度的阈值。

石油巨头的投资数额巨大，需要长时间分期核销，因此，他们会为了保护自己的既得利益而使出浑身解数。这些石油巨头与政党、政治家以及政府机构的联系十分密切，如果任由他们自行其是，在未来几十年间，他们仍将保持现有经营模式，产生大量碳排放，同时抵制变革。从某种程度上来说，政府的利益与石油巨头的利益存在一定的关联性，从而进一步巩固了石油综合体的稳定性，同时限制了因外部冲击而导致的能源替代热潮。

在气候变化相关的讨论和谈判中，存在一个几乎被普遍认可的假设，即从化石燃料中获取的能源是经济增长的主要推动力。这一假设使得社会不敢轻易动石油巨头的奶酪，同时在很大程度上解释了石油行业的奋力游说为何如此奏效：政府希望在实现气候治理的目标的同时又不会影响经济发展，这与石油巨头的利益点不谋而合。经济增长问题仍是各国气候政策和政治亟待解决的棘手问题，有充分的证据表明，医疗服务、保险以及旅游业等行业将从脱碳过程中获利无数。然而，要想实现上述目标，离不开强有力的外部联盟的加持以及支持脱碳的民间社会机构的鼎力相助。

在石油综合体内部，化石燃料公司、政府、商业代表、机构以及国际管理精英筑造了一道密不透风的利益壁垒，意大利马克思主义哲学家安东尼奥·葛兰西（Antonio Gramsci）将这种利益壁垒命名为跨国历史集团（transnational historical bloc），他们可以借助工具性手段、话语性手段、制度性手段以及物质性手段来保证批准实施的政策不会动摇化石燃料的核心地位。事实上，权力是石油巨头在参与气候治理时的核心动力。本书认为权力可以看作是在政治经济学方法所强调的情况下，调配资源以抵制基本系统变革的能力。

从这个角度来看，为更好地了解石油巨头及其在霸权联合体中所扮演的角色，至少需要解决以下四个问题：气候政策中石油巨头结盟的方式、为其产业合法化所做出的努力、外部势力对该行业的打压以及治理的作用。

第一，政治经济学借用葛兰西学派霸权理论对联盟的形成过程进行了框定。根据该理论，跨国历史集团企图将各种从

第三部分　石油巨头必须承担的责任

属力量（例如，劳动力、民间社会、教育、媒体以及商业等）聚集在某种特定意识形态周围。霸权涉及概念层面等多个层面，从概念层面来看，霸权主义是维系联盟稳定的黏合剂。以石油巨头为例，霸权使其话语权垄断变得合理合法，并为其运营提供了社会许可证（Blondeel，2019）。以上这一点可以帮助人们更好地理解石油巨头与支持气候运动的公司之间的利益冲突，以及商业主体与积极推动气候变化相关行动的社会运动之间的矛盾。

一方面，石油巨头的财富积累机制旨在阐明和引导劳动体制、生产技术以及消费模式，以促成一个以化石燃料为基础，目标明确而且相对稳定的增长模式；脱碳行动迫在眉睫，但石油巨头却借助其威慑力，使能源增长意识形态依旧可以逍遥法外，我们在第一部分中也已经分析过，这些石油公司还采用非法手段来逃避脱碳责任。石油巨头生产的化石燃料产品对全球经济造成了严重危害，公众的讨伐声不绝于耳，但他们却可以借助同样的杠杆，实现完美脱身。另一方面，根据霸权的概念，支持修复和脱碳的利益集团也需要建立拥有足够政治影响力的力量联盟。

第二，政治经济学指出，一边是传统的积累逻辑，一边是消费者、政府机构以及雇员和股东所要求的气候变化应对措施，石油巨头只能在夹缝中生存。人们认为，后者有时就是单纯在"漂绿"，但是这些石油公司经常会对要求他们进行身份重建的复杂力量及其观点做出反应，所以某些情况下说他们在"漂绿"其实略显草率和片面。

第三，霸权主义的概念可以帮助我们更好地界定社会给石油巨头的反馈：如第八章所示，以反霸权运动为代表的社会运动对石油行业的批评声和反对声不绝于耳。尽管气候变化相关的社会运动由来已久，但直到 2009 年 12 月 7 日至 18 日在哥本哈根举行的《联合国气候变化框架公约》第十五次缔约方会议开始，才算是真正拉开大幕。人们追求气候正义，拒绝借助碳交易将气候危机商品化，以上两点是社会运动话语的出发点，也是其主要议题。1997 年，《京都议定书》进入筹备阶段，反对碳交易的运动也走上历史舞台。《京都议定书》的主要论点是，碳交易仅仅是新自由主义的版图上的一小块拼图，较为富裕的主体可以通过花钱来摆脱减排的困扰，其最终目的是建立新的环境歧视和殖民主义。

气候正义运动就在这种文化和社会背景下应运而生，该运动从政治经济学的角度出发，探索气候治理之策，拓宽了人们对当前事态的认知框架。他们据此制定和实施了反对石油巨头的策略，发起了"禁止开采"以及撤资等倡议。气候运动把矛头瞄准石油巨头，其目标从过去到现在一直都是倡导民主的经济控制。为此，气候运动倡导通过参与性实践而不是技术官僚的方法来应对气候挑战，因为技术官僚以石油巨头的利益为指南针，认为脱碳行动会使石油综合体发生颠覆性转变，还会使气候变化和石油行业本身遭到不公平的对待。

第四，从政治经济学的角度来看，石油巨头等主体在进行气候管理时经常采用政府性治理办法，即采取行动、发表言论以及发起倡议等行为，其主要目的是控制和改变舆论导向，

第三部分　石油巨头必须承担的责任

进而改变人们的行为和期望，使社会成为石油综合体赢利的沃土。石油巨头通过资助和组织气候否认气候正义运动，成功改变了人们的行为方式和身份认同。

例如，石油巨头依据绿色资本主义的理论，将公司和市场描绘成应对气候危机的唯一途径。如第五章所示，"乐善好施"的媒体选择助纣为虐，帮助石油巨头塑造可持续发展的形象，在外人看来他们似乎不会制造冲突也不用在利益和环境之间做出取舍。他们宣称自身可以在扩大化石燃料全球生产的同时积极有效应对气候变化。而实际情况则是，他们缺乏环保意识，将责任全部转移到了消费者身上。事实上，这些都是障眼法，通过熟练把控石油和气候之间的关系来浇灭气候运动的气焰才是其真正目的。这表明，那些与石油巨头针锋相对的气候运动首先要做的就是俘获人心，只有这样才能根除人们心中对科学事实的不确定感。

▶ 石油巨头在气候治理中的霸权地位

自 20 世纪 80 年代开始，西方世界，尤其是美国和英国刮起了一股新型经济增长模式的风潮，并逐渐席卷全球，这种经济增长模式彻底改变了社会对财富、商业以及工作的社会功能以及人们对此的认知。这种经济增长模式的运行需要一定的前提条件，即私有化、简政放权、减轻企业和富人的税收负担、赋予雇主和股东更多的权力，削弱员工和利益相关者的权力。

石油巨头在这方面使出浑身解数，将其描绘成历史洪流之下的必然趋势，并宣称其他替代方案都是无稽之谈。

当前的气候治理体系就是在这种意识形态背景下应运而生的。该体系相对松散，涉及国家、企业、非政府组织以及跨国机构之间的重大竞争与合作。在这一气候治理体系当中，国家作为一大主体，主要关注本国经济利益及其全球竞争优势；另外，企业不仅是主要的经济主体，还是具有重大政策影响力的政治主体。市场化手段（如碳交易、碳定价等）被公认为是应对气候危机的最佳途径。这些特征使得气候治理中松散性和灵活性并存，在推动气候治理进程的同时也暴露出了致命的弱点。

石油综合体，尤其是石油天然气公司，是气候治理的主要主体。有人曾大胆断言，"如果忽视了石油综合体的基本政治经济背景，认为石油天然气公司是应对气候紧急情况的可靠合作伙伴的话，简直是太天真了，而这种情况在'碳专家'的圈子内却随处可见"。因此，我们有必要从国家和其他权利来源的关系以及该行业自身出发，深入探究石油综合体在气候治理体系中扮演的角色。

政治经济学的相关方法为我们研究石油巨头打开了思路，我们可以借助利维（Levy）和纽厄尔（Newell）以及利维和伊根（Egan）所提出的环境治理的企业战略分析框架来更好地理解石油巨头所扮演的角色。这种方法实现了微观分析与宏观分析的贯通，认为治理是国家、跨国组织、企业及其行业协会以及环保团体及联盟等主体之间协商、妥协和结盟的过程。微观

第三部分　石油巨头必须承担的责任

层面的协商是搭建各种治理体系基本框架的必经之路，而物质能力和意识形态所构成的宏观结构则是治理体系发展的重要影响因素。现有的权力关系错综复杂，变化莫测，这些宏观结构利用这一特点，对治理体系内部的协商过程做出相关限制。

葛兰西学派在其气候政治和治理框架的基础上提出了战略性的权力概念，这一概念强调商业主体的作用，并指出民间社会才是政治斗争的主战场，同时还为复杂动态社会系统中的各个团体提供了辩论的空间。因此，这一框架可以更好地帮助我们从治理体系的角度来理解权力和冲突的过程，以及治理体系与更广阔的社会政治背景之间的联系。

从这个角度来看，葛兰西学派所提出的方法反映了治理的协商本质：即使是称霸一方的石油巨头也不能直接决定政府的政策或者直接改写气候治理的规则手册。然而，如下文所示，石油巨头手握技术权、话语权、制度权以及物质权等多项实质性权力，可以控制决策者的决策过程，因此，利益集团之间根本不存在平等的协商。

上述情况表明，围绕化石燃料形成了一个与石油巨头利益相一致的历史集团。石油综合体中的主体需要就气候变化科学的主要特征以及解决问题的政策方法达成一致，才能建立一个稳定的气候治理体系。石油行业可以从多个方面入手，实施战略性的经济、技术以及政治行动，从而在有关治理体系的结构和流程的协商中大展拳脚。这种协商模糊了政治战略和市场战略之间的界线：石油行业所经历的威胁自带双重属性，既是经济威胁，又动摇了霸权的稳定性。在应对这些威胁时，石油巨头也是左右开弓，同时采取经济措施和政治措施。新兴的治理体系反映了经济结构、组织结构以及话语结构层面的协商过程，这一协商过程迎合了主要主体的利益，并逐渐趋于稳定。

在这种大环境下，石油行业选择通过协商从而与政府机构、非政府组织、民间社会团体、媒体以及知识社群等组建霸权联盟，并为此做出了一定的妥协。该霸权联盟对相关政策、法规以及制度的起草和推广产生了深远影响，进而采取特定方式构建气候治理体系。本章不断出现"霸权"一词绝非巧合。在葛兰西学派看来，霸权一词强调物质层面、话语层面以及组织层面的实践、结构和策略的相互作用，使得石油巨头即使在气候危机面前都稳居主导地位，保持其合法性。这些公司积极采取策略以提升其市场地位和科技实力，加强其合法性，规范劳动力市场以及影响政府政策的制定。此外，我们在第一部分已经提到过，石油巨头成立并资助了全球气候联盟以及气候理事会等跨国行业组织。

简而言之，霸权为石油巨头提供了权力基础。因此，我们似乎可以有理有据地认为，石油巨头为维持和提升自己在气候治理体系中的权力地位，积极在霸权的支柱领域内开展地位争夺战。从物质层面来看，石油行业已经制定了相关策略以确保其当前和未来的市场地位。国际石油公司仍然拥有最先进的生产困难石油的技术——并与寻求市场的油气资源丰富的国家石油公司合作。而国家石油公司手握丰厚的石油资源企图进军国际市场，两者之间建立国际合作伙伴关系，可谓是强强联合。

第三部分　石油巨头必须承担的责任

　　从话语层面来看，某些"乐善好施"的媒体为石油巨头提供了发声的平台，这些公司否认气候变化的真实性，对于那些将气候变化归因于人类活动的科学的真实性也深表怀疑；他们还表示公司将关注可持续发展，不断加强管理，积极承担社会责任，并把自家的产品美化成绿色产品，宣称自身支持行业友好逻辑驱动的碳税征收政策，以此来操纵公众的心理。

　　从组织层面来看，行业巨头组建了多方联盟，这些联盟跨越了部门和政治的界限，能够深入民间社会以及政界核心。这类例子数不胜数。例如，石油巨头对文化领域（英国石油对大英博物馆的赞助饱受争议，伦敦科学博物馆受到了英国石油、挪威国家石油公司以及壳牌集团等多家石油巨头的赞助）和教育领域（很多美国大学舍友能源和气候研究中心）进行赞助。同样地，石油巨头公开承认，他们长期以来一直为支持他们的政党和候选人提供资金支持，还通过贿赂等方式绕过世界各国的问责体系。石油巨头拥有一套系统化的体系，能够在气候变化相关的政治协商和政策行动中如鱼得水，成功捍卫自身利益。首先，他们通常会与高级政策制定者搞好关系，通过这一层关系，石油公司可以顺利打入政策内部。其次，这一层关系背后隐藏了一种更微妙的机制，即政策制定者在制定政策时会将石油巨头的想法和利益也考虑在内。因此，商界精英和政界精英就某些问题所下的定义以及提出的可行性解决方案通常如出一辙。再次，石油巨头会巧妙地利用各种事实和信息。他们会有计划、有组织地进行施压，坚持不懈地进行游说，并敲开金库的大门，利用金钱刺激及其他手段来影响政策制定者的决策。

值得一提的是，石油行业内部的冲突是石油综合体中的重要组成部分，对石油综合体和气候治理体系之间的关系也产生了深远影响。在新多元主义看来，石油天然气公司并不是一个单一的整体，公司所具备的专业知识以及资源使得他们虽没有结构性权力，却也是气候治理体系中的重要参与者；反过来，针对气候变化所采取的相关举措对每家公司所产生的影响也不尽相同，他们也经历了严重的冲突。一方面，这些公司之间的群际冲突通常会对整个行业的权力和影响力产生影响和限制。另一方面，在这种情况下更为重要的一点是，这些冲突会使石油公司所承受的民间社会压力进一步加重，还会影响公司行为的改变。有些公司应用可再生能源的意愿较强而有些公司的意愿较弱，有些公司会对同一种资源进行竞争，这就会存在一些潜在的冲突，社会运动和活动家团体会巧妙利用这些分歧，拉拢与自己立场最接近的公司组成政治联盟。

▶ 国际石油公司和国家石油公司：赔偿和脱碳责任的决定因素

正如我们之前所强调的那样，石油巨头已经不再是同质化的群体：至少在当前看来，私营的国际石油公司和国有的国家石油公司在社会政治背景以及战略目标方面存在本质区别。有关权力和政治动态的研究由来已久，为了界定国际石油公司

第三部分　石油巨头必须承担的责任

和国家石油公司的生产活动与赔偿责任和脱碳责任之间的关系，我们需要将上述两项职责的相关特征置于这一大背景下进行研究。由此产生的分类方法可以帮助我们更好地了解不同组别的石油天然气公司的区别，从而督促他们行动起来，履行赔偿和脱碳职责。

然而，我们首先要强调一点，传统的二分法将石油公司分为国际石油公司和国家石油公司两大类，但本书并没有夸大这种分类方法的必要性。虽然参与方式和时间跨度不同，但这两类石油公司都是气候危机的主要元凶，也都承担了相应的责任和义务。我们可以根据其他不受公司类型（国际石油公司/国家石油公司）影响的特征对这些石油公司进行分类，从而使他们能够更好地履行赔偿和脱碳的职责。

前文已经提到过，国际石油公司属于私营企业，总部多位于欧洲或美国，他们的业务范围遍布全球，涵盖整个石油和天然气循环系统。国家石油公司的结构大同小异，但绝大部分都归国家所有。除挪威国家石油公司之外，其他的主要石油公司大多位于非西方国家，而且石油国和非石油国均有分布。本书这一部分将对全球排名前 20 位的石油巨头所承担的义务进行分析，但挪威国家石油公司并不在分析范围内。如第一章所示，目前，从资产总额、生产规模、营收情况以及资源储量等各方面来看，国家石油公司都是化石燃料企业当中当之无愧的佼佼者。国家石油公司通过开展社会项目，推动基础设施发展，加大地方采购力度以及开展新的私营部分业务等方式来提供公共服务，促进国家社会福利的发展，与国际石油公司存在本质上的区别。然而，我们应该对国家石油公司的参与度保持怀疑和审慎的态度，因为大多数国家石油公司的母国都存在严重的腐败现象。据"透明国际"称，一些国家石油公司的母国存在极度腐败的情况。例如，在受调查的 179 个国家和地区中，以下几个拥有国家石油公司的国家的表现似乎有点不尽如人意（排名越靠后，透明度越低）：在最新的 2020 年全球清廉指数（Corruption Perception Index）排名中，墨西哥位列第 124 名，俄罗斯第 129 名，尼日利亚第 149 名，委内瑞拉第 176 名。撇开可能存在的内部腐败情况不谈，国家石油公司为国家经济和社会发展提供了资金支持，保障了国家能源安全，拥护了国家政策，实现了社会财富的再分配，还创造了就业机会；然而从总体上来看，国际石油公司关心的只有利润这一点。

虽然上文列出了国家石油公司和国际石油公司之间的主要区别，但两类石油公司面临着相同的经济、社会政治以及道德约束。首先，石油行业的经济前景可能不容乐观。21 世纪 20 年代后期至 30 年代末，全球石油需求量将达到峰值，可再生能源技术的迅猛发展功不可没；发达国家的石油需求量已经见顶。石油峰值是一个理论上的临界点，届时化石燃料生产量将达到峰值，随后其需求量将开始逐步下降。人们过去常常担心石油供应不足的问题，但是石油峰值这一概念标志着新时代的到来，在新时代，石油供应充足，油价也大幅下跌，对人们的生活产生了深远影响。不过，这一问题当前还存在高度争议。康菲石油称，人们过分夸大了石油需求峰值的意义。道达尔能源在《能源展望 2020》中指出，石油需求将在 2030 年达

第三部分　石油巨头必须承担的责任

到峰值，到 2050 年预计会降到当前需求水平的一半以下。石油输出国组织发布的《2020 年世界石油展望》（OPEC，2020）中指出，世界石油需求将在 21 世纪 30 年代后期达到峰值。

尽管国际石油公司手握低成本的难采油生产技术，但是他们也都自身难保。国家石油公司结构成本相对较高，应用前沿技术和商业技术的能力较弱，一旦储量变得一文不值，他们将遭受致命的打击。

最后，我们可能需要各种不同的法律法规来限制化石燃料的生产。这对全球石油市场和主要的石油出口国来说算得上是致命一击，因为未来石油资源可能不再吃香，石油市场竞争愈发激烈，他们正在为此进行经济变革和调整。简而言之，石油综合体和石油巨头身上背负的压力将会越来越大，而这些压力主要来源于气候政策供给端。

人们逐渐意识到石油巨头是导致气候变化并使其持续发展的主要元凶，石油行业的声誉因此遭受重创。这就引出了威胁石油巨头的第二组因素（主要是社会政治因素），即石油行业的持续非法运营。国际石油公司好像对此更为焦虑，他们似乎已经预见到，人们会质疑他们的社会营业执照，各种撤资举措和激增的气候诉讼将会打破其财务稳定状态。至少在短期内，国家石油公司不会经历这样的风险。然而，尽管国家石油公司在一定程度上受到保护性政府的庇护，颇具攻击性的公众舆论也没有波及他们身上，但社会非法化的全球浪潮正在逐渐蔓延，可能会在某种程度上对他们的生存安全造成威胁。

此外，道德方面的考量（除石油巨头对气候变化应承担的责任外），尤其是与脱碳责任相关的考量，变得至关重要。事实上，要想保证政治可行性，我们需要从气候影响的角度出发，做出相关道德考量，不仅要保护弱势群体，还要为子孙后代留下碧海蓝天；采取保护措施使他们免受脱碳转型所带来的冲击；加大变革力度从而创造一个低碳社会。

这些经济、社会政治以及道德方面的因素对赔偿和脱碳责任的实现产生了深远影响。下文对四个广泛的决定因素进行了概述。这些决定因素属于定性背景条件，不能用量化的指标来规定，也不适用于二元识别（即是/否），也不是下一节中所介绍的全球排名前20位的国际石油公司和国家石油公司的实际分组依据。这些决定因素的主要作用是为下文所提到的国际石油公司和国家石油公司的定量分类方法搭建定性框架，为石油天然气公司履行赔偿和脱碳职责提供相关背景，第九章和第十章会对此进行深入探究。

这些决定因素涉及的范围十分广泛，而且会产生或积极或消极的影响，这些影响之间的关系以及义务的履行与否都会直观地展现出来，下文对每一项决定因素都做出了分析和评估。我们在第六章中已经对各种义务之间的权衡和取舍进行了详细的阐释，为了简单起见，此处并没有对所提到的决定因素的权衡和取舍关系进行考量：

（1）社会背景：包括谴责、阻碍和/或禁止化石燃料使用的社会、文化及道德因素。例如，反化石燃料规定的出现、化石燃料不扩散条约的签订、支持联盟以及反霸权势力的存在、对石油巨头在气候变化中所扮演的角色有了充分的了解，等等。这种社会结构越普遍,人们就越有可能采取行动推动赔偿和脱碳责任的界定。

(2)制度优势:在任何情况下,赔偿和脱碳责任的实现都需要政治权威的加持,公司总部所在国家的制度优势也会产生重要影响。制度背景越强大,石油巨头履行赔偿责任的概率就越大,就越有可能实现脱碳责任所要求的向低碳世界的转变。

(3)经济和政治形势:这些公司所在国家的经济越发达,对石油收入的依赖程度越低,石油行业对政府财政支出的贡献就越小,他们自由履行赔偿和脱碳责任的概率就越大。反过来,一个国家越专制,石油公司的自由度就越小,他们履行相关职责的能力就会被削弱。与之相关的是政府赋予国家石油公司的自主权和授权范围,事实上,专制国家的石油公司受到的限制会更多。

(4)资源可用性和资源性质:资源可用性主要是指该公司是以市场为导向还是以资源为导向,因为在不同类型的公司面前两种责任的相关含义会天差地别。市场导向型的公司更容易履行赔偿职责,因为他们坐拥大笔财富(至少在资源陷入危机旋涡之前的短期到中期时间内),有能力履行相关财务职责。与此同时,石油进口国的消费能力在稳步提升,这些国家的国际石油公司和国家石油公司受能源转型的影响相对较小,而其他国家的国家石油公司适应转型的能力可能会受到财政职责和/或社会目标的限制。

为了实现脱碳的目标,资源导向型的公司应更有效地开展低碳活动。说到底，资源丰富的国家的石油公司等于在为公司真正的主人（即东道国）卖命，而资源导向型的石油公司不用受到这种制约，可以自由开展生产活动。另外，资源导向型的公司会受到技术条件和基础设施条件的制约，进而严重阻碍脱碳进度，但市场导向型的公司所面临的这种压力相对较小（Erickson et al., 2015a）。从很多方面来看，石油天然气公司，尤其是国家石油公司，对本国化石燃料的依赖程度可以看作是一种资源型锁定效应。当能源系统对化石燃料的依赖程度降低时（因从传统意义上来看，他们对水电和地热能的依赖程度也很高），脱碳责任的实施就会变得更容易。与此同时，资源可用性也涉及技术和基础设施的锁定效应——我们会在第十章中进行详细阐述。考虑到化石燃料相关技术和基础设施的寿命周期相对较长，沉没成本也相对较高，尽管存在行之有效的低碳密集型替代方案，但是随着时间的推移，碳密集型系统仍会持续存在。

资源性质是指在开采某种化石燃料时所面临的地质和生产条件。通常来说，天然气的生产和销售难度要远高于石油。因此，相较于俄罗斯天然气工业股份公司来说，埃克森、沙特阿拉伯国家石油公司等（主要的）石油公司具有非常大的优势。从另一个角度来看，公司所在国稳定供应的可再生能源（如风能或太阳能）会推动其履行脱碳责任，因为这会大大降低他们进行低碳转型的成本。

从上述内容中，我们可以得出一条有价值的结论，这一结论可以在某种程度上将国际石油公司和国家石油公司按照其

第三部分　石油巨头必须承担的责任

可能实现的赔偿责任放在一起进行研究。国际石油公司履行这一职责的可能性更高，因为其内部的政治、社会、文化以及经济环境使得他们可以更好地遵守相关要求。只有第四点即资源可用性和资源性质展示了一种不同的模式：西方的国际石油公司多为资源导向型，与市场导向型的国家石油公司相比，他们手中的石油资源更少，开采难度更大，这就意味着他们很难靠化石燃料储备来履行其义务。反过来，大多数国家石油公司可以更为便捷地获得石油资源，进而促进其履行相关义务。

如果要进行更为详尽的分析，我们需要将每家公司的个体基础和具体背景也考虑在内（第九章和第十章会进行详细阐述），但是我们似乎可以肯定地说，在不久的将来，赔偿责任将会成为国际石油公司更为严格的气候政策实施途径。只有当发达国家的股份有限公司充分履行赔偿责任后，这一义务才会在国家石油公司和非西方国家的石油公司当中普及开来。后者在引入赔偿责任的同时，应注重社会、文化、政治以及道德因素的发展，从而构建一个更适宜的环境，我们在第一点中已经对社会环境进行了分析。

关于脱碳责任，首先要强调的是国际石油公司和国家石油公司的处境不同。很显然，前者并不具备后者的社会功能。它们摆明了主要（如果这不是唯一目的的话）是在满足股东的财务需求。因此，国际石油公司应该在最大程度上使脱碳责任和赔偿责任的实现程度保持一致。反过来，国家石油公司在履行脱碳责任时应充分考虑到它们对本国财政收入的影响程度，它们的脱碳之路应该走得更加谨慎，从而避免削弱其社会功能。因此，上述考量对国家石油公司产生的影响变得更加模棱两可。虽然当前的社会环境不利于脱碳进程的推进，但其他决定因素向我们展示了其他的可能性。一方面，我们可以直截了当地说，国家石油公司所在国家的制度优势越明显，财力越雄厚，这些国家的脱碳野心就越大。另一方面，市场导向型的国家石油公司在高度依赖化石燃料的社会经济体系中面临着巨大阻力，不太可能为低碳转型采取支持性措施。然而，资源导向型的国家石油公司可能更容易实现可再生能源转型。

尽管存在这些程式化的解释，但上述决定因素是否能够使国际石油公司和国家石油公司履行其赔偿和脱碳责任呢？我们还需要逐一进行审查。值得一提的是，我们进行分析，主要是为了提供相关背景，以便采用情景化的方式（详见第九章和第十章）检验主要的国际石油公司和国家石油公司履行赔偿和脱碳责任的程度。

▶ 以赔偿和脱碳责任为标准的石油巨头分类清单

本节根据公司内部的客观参数，将排名前 20 位的石油天然气公司进行了同质分组。我们在上一节中已经对相关决定因素进行了概述，这些决定因素中包含了社会、政治以及经济等要素。在上述影响要素的加持下，这些客观参数将直接影响着赔偿和脱碳责任的履行与否。分组是为了展示哪些公司应承担类似的义务。

第三部分　石油巨头必须承担的责任

第一个参数是公司的资产总额。石油行业的利润存在很强的波动性，因此，以资产总额作为衡量标准并不能完全反映出这些公司是否认真履行了赔偿和脱碳责任：资产总额越大，它们就越应该（按比例）承担起赔偿和脱碳责任。从道德层面来看，这一参数既符合负担能力原则，也符合受益者负担原则。

第二个参数也不容小觑：公司的温室气体历史排放量。原则上来说，排放量越大，应承担的责任（按比例）就越大。从道德层面来看，这一参数符合污染者负担原则。

在这一分析背景之下，我们认为第一个参数对于赔偿责任的意义更大，而第二个参数在脱碳责任中的影响力更大。

此外，为了确定每家公司应承担的义务限度，我们需要对其责任进行更广泛的道德考量。我们在考量公司对气候否认运动的资助、影响及组织情况时，避不开一个关键的道德问题：如果该公司在这些运动中起到了积极作用（或仍在起积极作用），那么他们应该承担的责任也就越大。这是一个二分问题，只能用简单的"是"或"否"来回答：这些公司要么长期参与气候变化否认运动，要么不参与。其逻辑在于，公司参与气候变化否认相关活动的次数越多，就越应该参与因为已经造成的危害而进行的财务整改，并通过履行脱碳责任防止未来再发生类似危害。本书第一部分对其他与危害相关的道德事实进行了分析（事实A，认知；事实B，行为；事实C，能力），这些道德相关事实也是界定公司责任等级的重要影响因素。原则上来说，一家公司所涉及的道德相关事实越多，应承担的责任也就越大，因为我们逐渐证明，这些公司应该为过去所造成

- 175 -

的危害以及未来可能造成的危害承担更大的道德责任。然而，这些道德事实不可能转化成客观参数，所以我们并未将其纳入分组参数中；相反，我们会在第九章和第十章关于赔偿和脱碳责任的运作和实践中加以阐述。

表 7-1 按照首字母的顺序，将二十家石油巨头关于上述三大参数的实际情况进行了排列。我们可以将表 7-1 中列出的数据分为三组，用以界定每家公司在履行赔偿和脱碳责任时应遵循的道德要求。然后，根据上文所提到的三个参数及其分析逻辑，对 20 家石油巨头进行综合排名。简而言之，资产规模和温室气体的历史排放量越大，气候否认运动参与程度越高，应承担的赔偿和脱碳责任就越大。值得一提的是，这是一种整体意义上的指示性评估方法。第九章和第十章中对全球排名前 20 位的石油天然气公司承担赔偿和脱碳责任的操作和实施步骤进行了讨论，而这种评估方法可以为其提供一些有益的参考。

表 7-1　石油巨头的分类参数

石油天然气公司	资产/亿美元[a]	排放量/万吨[b]	气候否认	类型
阿布扎比国家石油公司（阿联酋）	1537	1080	否	NOC
英国石油公司（英国）	2765	1380	是	IOC
雪佛龙股份有限公司（美国）	2538	1180	是	IOC
中国石油天然气集团有限公司（中国）	6081	1400	否	NOC
康菲石油（美国）	734	750	是	IOC
埃克森美孚石油公司（美国）	3487	1780	是	IOC
俄罗斯天然气工业股份公司（俄罗斯）	3527	3520	否	NOC
科威特国家石油公司（科威特）	1365	900	否	NOC

第三部分 石油巨头必须承担的责任

续表

石油天然气公司	资产/亿美元[a]	排放量/万吨[b]	气候否认	类型
卢克石油公司（俄罗斯）	896	670	否	NOC
伊朗国家石油公司（伊朗）	2000	2050	否	NOC
尼日利亚国家石油公司（尼日利亚）	560	650	否	NOC
委内瑞拉国家石油公司（委内瑞拉）	2268	1100	否	NOC
墨西哥国家石油公司（墨西哥）	1018	1680	否	NOC
巴西国家石油公司（巴西）	2297	690	否	NOC
马来西亚石油公司（马来西亚）	1395	620	否	NOC
俄罗斯石油公司（俄罗斯）	2096	590	否	NOC
壳牌集团（英国/荷兰）	4071	1500	是	IOC
沙特阿拉伯国家石油公司（沙特阿拉伯）	3983	4060	否	NOC
阿尔及利亚国家石油公司（阿尔及利亚）	952	900	否	NOC
道达尔能源（法国）	2568	850	否[c]	IOC

注：a 石油巨头的资产规模。

资料来源：《油气杂志》（2020a，2020b）；公司年报；自然资源治理研究所（2021），2017年的数据；阿布扎比国家石油公司：理查德·希德，美国气候责任研究所，邮件往来，2020年4月15日；卢克石油公司：维基百科；伊朗国家石油公司：维基百科；尼日利亚国家石油公司：阿曼泽·努瓦楚库（Amanze-Nwachuku，2007）。

b 石油天然气公司1998年至2015年的范围1和范围3温室气体排放量（按二氧化碳当量计算）。

资料来源：对碳巨头数据库2017年发布的数据集进行的整理和细化（CDP，2017）。

c 近期一篇文章指出，道达尔能源很早就知晓了其产品与气候变化之间的联系，但一直隐瞒这一真相（Bonneuil，Choquet，Frant，2021）。然而，与其他主要的国际石油公司相比，该公司对于气候否认运动的参与程度不高。因此，我们在本章和其他章节中，并没有将其列为一个完全意义上的否认主义者。

- 177 -

明确上述内容以后，我们可以将英国石油公司、雪佛龙股份有限公司、中国石油天然气集团有限公司、埃克森美孚石油公司、俄罗斯天然气工业股份公司、壳牌集团以及沙特阿拉伯国家石油公司划归为第一组，这一组属于高要求组；中等要求组包括阿布扎比国家石油公司、康菲石油、科威特国家石油公司、伊朗国家石油公司、委内瑞拉国家石油公司、墨西哥国家石油公司、巴西国家石油公司、马来西亚国家石油公司、俄罗斯国家石油公司以及道达尔能源；低要求组包括卢克石油公司、尼日利亚国家石油公司以及阿尔及利亚国家石油公司。

事实证明，对分组结果进行必要的观察研究，再结合上文中对决定因素的分析，可以帮助我们更好地理解赔偿和脱碳责任该如何操作和实施。

在高要求组和中等要求组中都可以瞥见国际石油公司的身影。根据我们的分析，不出所料，那些对道德相关事实响应程度更高的公司，都在高要求组。国家石油公司在三个组别中均有分布，主要的国家石油公司也都在高要求组。中东的石油公司多属于中等要求组，而非洲的国家石油公司都属于低要求组。然而，全球最主要的几家国际石油公司（英国石油、埃克森美孚石油公司、壳牌集团）和国家石油公司（中国石油天然气集团有限公司、俄罗斯天然气工业股份公司、沙特阿拉伯国家石油公司），都属于高要求组：人们普遍认为，这些石油天然气公司对气候变化产生了深远影响，应该更积极地参与到其后治理当中。最后，就义务等级来说，资源导向型的公司和市场导向型的公司别无二致。

第三部分　石油巨头必须承担的责任

事实上，表7-2中的分组属于定性分组，得出的结论并不绝对，也不能机械照搬到其他石油行业的研究当中。该结果仅代表一种尝试，即根据赔偿和脱碳责任的相关要求对全球最主要的石油天然气公司进行同质分组。我们也可以将其他公司也纳入这一分类过程当中；此处之所以选取排名前20位的公司，是为了进行举例分析，为将来更彻底的调查研究奠定基础。在进行更细致的分析时，我们不仅要考虑公司的财产形式（私有或国有，即国际石油公司或国家石油公司），还要结合上述决定因素中社会、政治以及经济等方面的要素（本章对此进行了重点分析，第八章中将进一步细化）和不同的责任等级进行分析。该分析将其他特定的情景因素也考虑在内了。例如，在分析赔偿责任时，我们将重点放在资产规模；而在分析脱碳职责时，则将重点放在温室气体排放量上。

表7-2　石油巨头的赔偿和脱碳责任的要求等级

要求等级	石油公司
高要求	英国石油公司、雪佛龙股份有限公司、中国石油天然气集团有限公司、埃克森美孚石油公司、俄罗斯天然气工业股份公司、壳牌集团、沙特阿拉伯国家石油公司
中等要求	阿布扎比国家石油公司、康菲石油、科威特国家石油公司、伊朗国家石油公司、墨西哥国家石油公司、巴西国家石油公司、马来西亚国家石油公司、俄罗斯石油公司、道达尔能源
低要求	卢克石油公司、尼日利亚国家石油公司、阿尔及利亚国家石油公司

我们将在第九章和第十章中对这些问题进行探究，在此之前，第八章为我们提供了一个广阔的视角，我们或许可以以

此为突破口动摇石油巨头和石油综合体的根基。相关主体可以借助一定的方法、工具和机制来要求石油巨头承担起赔偿和脱碳责任。第八章的分析可以帮助我们更便捷地衡量和分析这些方法、途径和机制。

第三部分　石油巨头必须承担的责任

第八章　动摇石油产业的根基

本章的主要内容可以概括为两点，一是引言中所提到的："权力不会无条件让步。过去不会，将来也不会。"二是"从很大程度上来说，只有公民社会才能稳定推进社会制度改革的步伐"。

尽管上面两句话的间隔时间久远，所涉及的主题也是天差地别，但它们互为补充，相得益彰，共同阐明了石油巨头履行赔偿和脱碳责任的途径。事实上，第一句话指出，我们必须对权力施压，只有这样权力才会让步，在此之前我们首先要确定施压的主体。第二句是联合国政府间气候变化专门委员会（IPCC）所发布的《IPCC全球升温1.5摄氏度特别报告》中的一句话，这句话指明了气候变化的相关主体：公民社会应发挥领导作用，做好掌舵人，引导权力变革。

与此同时，2017年签署的《罗弗敦宣言》中强调了停止化石燃料开发以及逐步减少生产的必要性。该文件指出，石油行业是权力系统的中枢神经，并且着重强调公众已经蓄势待发，打破碳密集型发展模式现状的行动一定可以得到广泛的民众支持。该宣言宣称"世界迫切需要财力雄厚的化石燃料生产商肩负起重任，承担相关道德义务，带头终结化石燃料的开发，逐步减少相关产量"。

本章旨在分析如何才能实现以小博大。通常来说，公民社会、地方政治系统、市场、研究社群以及其他相关机构和团体等规模较小的主体，权力范围也相对有限，但他们能够引导石油巨头这一强大主体从根本上改变其行为模式。

值得一提的是有人认为高瞻远瞩的实业家们能够引导化石燃料行业实现自发的内源性减产，但是本书对此持相反意见。本书认为靠石油巨头自我觉醒实现行为模式的转变简直是天方夜谭。上文中提到了几类能够打破石油行业稳定状态的主体，这些主体会施加外部力量，改变石油综合体与内部企业成员之间根深蒂固的关系及实践模式，继而引导真正意义上的变革。

石油综合体内部错综复杂变幻莫测，因此我们需要从转型研究的视角探究如何削弱石油巨头的势力。借助这一视角，我们可以将第七章所分析的政治和霸权的概念融入削弱石油巨头势力的相关研究之中。转型研究这一领域，将社会系统视为复杂的适应性系统，从跨学科和整体的角度出发，对该系统非线性和长期变化进行研究。换句话说，就是将企业和技术放到更广泛的社会和经济系统中进行研究。

社会技术体系中发生的变革通常较为彻底，而所谓的转型分析中的基本元素可以帮助我们对社会经济主体进行中介层

第三部分　石油巨头必须承担的责任

次的评估。因此，要想了解如何削弱石油巨头的势力，转型分析就是我们的不二之选。石油巨头的转型目的性很强，涉及实现共同利益等规范性问题，人们希望借此转型实现一系列的社会目标。简言之，我们可以借助转型分析，对不同社会力量的立场、策略以及资源进行探究，继而评估出社会政治偏离当前状态后的接受度和可行性。气候变化相关政策最后能否有效实施，与这些社会力量的联盟和协商结果息息相关。

事实上，转型研究这一概念最初是为了探索如何避开脱碳陷阱实现低碳转型（此处指石油巨头成功履行脱碳责任）而提出的，至今仍是该领域的专属研究方法。下文指出，石油巨头为应对气候变化进行了重大改革，在履行赔偿责任时进行财务整顿就是改革内容之一。上述研究方法也可以扩展到该领域的研究当中。转型研究相关研究方法背后的主要逻辑是，此前关于霸权和权力的研究可以帮助我们找到突破口，更好地研究脱稳主体的策略方法和斗争情况。经过这一系列的操作，石油巨头可能放弃抵抗，或者说至少能削弱他们的抵抗心理。事实上，本章的主要目的是找到脱稳研究的突破口，挖掘相关的脱稳主体，帮助他们将各种方法付诸实践。

▶ 直面石油综合体和石油巨头的反抗行为

如果石油巨头受到攻击，他们会据理力争，进行反抗。要想削弱石油巨头的势力，就要浇灭他们这股反抗热情。石油

- 183 -

巨头在资源、话语权以及组织方面都一手遮天，据理反抗是他们保住地位的重要手段。戴维·J. 赫斯是一位人类学家，同时也是一位社会学教授。他指出在低碳转型过程中，"现行工业体系中的政治辩论组织精良，以至于我们应该把它摆在分析框架的中心位置"。

相应地，要想动摇石油巨头的根基，就需要推动他们朝着特定目标进行转型。石油天然气公司的内生激励不足以支撑他们为实现社会目标而主动进行改革，因此我们需要靠社会运动、地方政府、公众舆论以及更广泛的公民社会等外部势力来向其施压，督促他们进行改革，此外，技术进步也发挥了关键作用。我们需要动用社会、政治以及经济等各方力量，找到外部势力动摇石油巨头在石油综合体中的地位的突破口，继而削弱石油巨头的势力。

石油公司多为财力雄厚，政治背景强大，高度集约化的企业集团。除此之外，他们还拥有数不尽的辅助性资产，例如技术、科学知识、专业制造能力以及游说技巧等。外部要求改革的声音不绝于耳，石油公司损失惨重，但他们也能灵活周旋其中，使自己得到缓冲。一方面，他们被碳密集型商业发展模式套牢，在技术、工艺以及人员等方面砸下重金，但同时他们也意识到，改革的风险系数很高，有可能会削弱他们当前的势力。另一方面，正如第七章所强调的那样，石油巨头成功组建了石油综合体这一稳定的霸权历史集团，其目的是维持社会发展模式现状。石油公司和政治当局都认为，石油行业的稳定运行能够刺激经济增长，在共同利益的驱使下他们携起手来共同

第三部分　石油巨头必须承担的责任

采取措施保障石油行业的稳定发展。事实上，石油巨头需要政府为其提供常规的运行环境（产权、交易规则、公司的治理结构）以及资金补贴、关税保护、税收优惠、信息和研究服务等方面的支持。同样地，政府和社会经济体系严重依赖经济增长（至少大型石油公司所在的国家都是如此），因此他们会系统推动相关主体的利益上扬（此处指石油行业），相应地，这些主体会创造更多的就业岗位，增加政府的税收收入，提升整个社会的活力。

石油综合体和媒体之间联系密切，他们十分善于借助媒体进行发声，过去40年间合作无数。石油巨头的势力之所以这么强大，上文所提到的新自由主义亲商言论功不可没，该言论强调自由市场、私有化以及放松管制的重要性，设法达成共识合法性，同时为应对社会和环境监管，维护公司利益，展开了更为严苛的政治动员。总而言之，石油综合体和石油巨头"在物质资源、组织和话语权方面采取了一系列措施，这些措施形成了特定的组合方式，从而稳定和再生产其生产和意义的关系"。

因此，赔偿和脱碳责任要求石油巨头从根本上转变其行为模式，石油综合体这一核心政治联盟对这种根本性变革激烈反抗，因此在探究其实现途径之前，我们需要了解如何才能浇灭石油综合体的反抗热情。

要想有效应对气候危机，就不得不开展政治行动，与石油行业的强大势力做斗争。在气候危机的应对过程中，石油巨头需要承担很多责任，外部要求改革的声音也一直不绝于耳。

在石油综合体内部，石油巨头可以利用多种权力形式来回击这种要求改革的声音，这与第七章中所概述的葛兰西学派的霸权维度（组织、话语权、物质资源）不谋而合。

第一，石油巨头手握组织霸权，他们可以利用媒体、游说技巧以及网络等工具性权力与其他主体实现正面交锋，从而维护自身利益并实现其发展目标。

第二，组织霸权催生了另一种权力，即制度性权力，这种权力植根于政治文化、意识形态和治理结构当中，极大地助长了石油巨头的反抗气焰。尽管碳社会成本（SCC）的中位数为 80~100 美元 / 吨，但作为气候治理中流砥柱的新自由主义亲商言论认为，市场本身才是低碳选项的最终决策者。不幸的是，石油行业仍然是一个暴利行业，即便是对每吨石油征收 200 美元的天价碳税，石油生产热情也依旧不减，全球碳排放仅仅降低了 4%。同样，碳信用支持的项目就算没有碳信用的加持也能顺利实施，根本没有带来任何的环境效益。联合国清洁发展机制下 85% 的项目都是这种情况，该机制将发展中国家减少的二氧化碳排放量转化为碳信用额度，允许发达国家通过投资的方式向其购买额度。石油行业的综合能力、财政资源以及市场地位大家是有目共睹的，因此市场价值法看似中立，实则为石油行业开后门。地理学家埃里克·斯温格道指出，石油综合体繁荣发展，其内部的政治因素被伪装成了后政治叙事；这表明气候变化问题完全可以通过技术手段和经济手段来解决，不需要进行广泛的政治和文化辩论，最终还会对现行的制度产生积极影响。

第三,石油巨头拥有话语霸权,他们高度依赖话语权,并借此引导和影响化石燃料和气候变化相关的舆论风向。在利己主义盛行的商业世界,这种做法似乎已经屡见不鲜。然而,如果这种做法的大前提本身就是错的,那么就会导致道德问题。本书第一部分已经阐明,石油巨头不仅一手遮天,还十分擅长通过各种手段构建框架:诊断性框架,用于识别和定义问题;预测性框架,用于提出问题的解决方案;动机性框架,用于提供行为动机。例如,石油巨头凭借着上述权力资助了致力于气候否认运动的智库和网站,其目的是浇灭人们应对气候变化的热情,或者营造出一种根本不存在气候变化的假象。

第四,石油巨头的物质霸权赋予了他们强大的科学、技术和财政实力。他们动用了物质权力,以减轻公众对于其技术和生产活动的争议。大多数时候,石油巨头会打出一记组合拳,同时行使其物质权和话语权,宣称石油行业已经准备好应对气候变化的万全之策,其目的是摆脱不利监管,吸引更多的潜在投资者。

烟气脱硫装置、超临界煤粉技术以及煤炭气化等技术创新是话语权和物质资源共同作用的结果,这些技术创新加速了清洁煤以及碳捕获和封存技术的问世。尽管这些技术既可行又有发展潜力,但其应用规模和商业可行性仍有待进一步探索。自 2019 年年初,一些石油巨头公开宣布,他们将与一些掌握碳去除技术的初创公司建立合作伙伴关系。上述例子也提醒我们,这种权力形式会引发根深蒂固的道德问题,石油巨头需要在发展新技术和延长化石燃料使用寿命以维护自身利益之间做出权衡。

在气候危机的大背景之下，外部的文化和社会政治环境以及市场和技术革新要求我们削弱石油巨头的势力。反化石燃料规范、气候诉讼以及石油行业补贴的削减/取消等种种迹象都表明，石油行业在第一范畴的合法性正在下降。来自市场的压力引发了撤资潮，"把石油留在地下"等倡议以及消费者个体行为方式都发生了变化。

不管怎样，从广义上来看，公民社会活动引导了政治走向，要求削弱石油巨头的相关势力。本书第二部分已经给出了间接司法主体的定义，按照本书的辩证逻辑，这些主体就是脱稳主体，他们的任务是动摇石油巨头的权力根基，引导其做出变革。石油输出国组织秘书长穆罕默德·巴尔金都（Mohammad Barkindo）的一句无心之谈，即"气候活动者的'非科学'攻击才是阻碍石油行业发展的真凶"（Meredith, 2019），道出了事情的真相。

▶ 石油巨头的权力以及脱稳主体

目前来说，石油巨头可谓是一手遮天，但与此同时他们也逐渐变得"摇摇欲坠"，这一切都离不开相关主体的努力。他们采取各种措施动摇石油巨头的权力根基，并为后续的脱稳过程积蓄力量。

政治脱稳的相关研究表明，脱稳的方法主要有三种：逐步减少外部资金流；合法性降低导致社会许可证被吊销，外部社会政治环境的支持也大打折扣；公司自身对所属政治势力的承诺逐渐减少。本书承认，上述几点在石油综合体的脱稳过程中均有涉及，因此这一脱稳过程可谓是困难重重。但是迄今为止，所有的相关研究都指明了发展新的社会规范以及推广新的道德准则的重要性，这些手段可以帮我们找到脱稳的突破口。脱稳主体可以搭建跨国组织网络，从这些突破口入手，逐步瓦解石油巨头的权力根基。

事实上，脱稳主体的特点和本领各不相同，在削弱石油巨头势力的过程中各司其职共同努力。本节将对脱稳主体进行分析，以确定石油综合体内部的哪一类主体才是抵抗这些权力形式的最佳人选。该分析对石油巨头义务能否履行（一阶）责任意义重大，因为它消除了脱稳主体二阶责任中的不确定因素。第四章指出，这些不确定因素会影响脱稳主体履行责任的效率。

在探究脱稳主体引发所需干预时的作用和潜力之前，我们需要共同回想一下脱稳主体指的是哪些主体。如上所述，要想使石油巨头按照责任要求做出变革，最好的办法便是对其所处的社会、政治、道德以及法律环境进行调整。为动摇石油天然气公司的权力根基而开展的各项行动需要在合适的外部环境（相关规范和实践得到广泛传播，反对变革的声音得到有效抑制）、政治条件、市场现状以及技术水平（对其进行财务施压，推动清洁能源技术的研究和推广）的加持下才得以顺利进行。

浇灭石油巨头的反抗气焰，削弱石油综合体的霸权本性是社会的重要命题。通常来说，石油巨头在能源市场和技术发展中占据主导地位，而国家则为其提供了必要的政策和法规支持。脱稳主体能够促进相关规范的推广，打击石油巨头的反抗气焰，因此对其作用的分析变得尤为关键。

上述分析的优先级远高于其他与石油巨头脱稳相关的研究；我们只有先搞清楚这些主体所扮演的角色，才能更好地探究他们是如何在财务施压和新技术研发等操作任务中大展拳脚的。后者主要靠政府扶持（如提供财政补贴、颁布监管条例、制定行业政策、提供法律援助以及研发资金等）和市场举措才得以实现，正如本书第二部分所言，社会背景越成熟，这些举措就更容易实现。然而，要想达到这一成熟度，就必须潜下心来推广相关规范，浇灭石油巨头的反抗气焰。

我们首先来明确一下两种力量的区别，主要力量是指脱稳主体，他们可以参与到规范推广和反抗镇压当中；操纵力量是指那些动用监管手段、市场手段、法律手段以及（或）金融手段来引导/改变石油巨头行为模式的相关主体。尽管这两股力量之间的界限模糊不清，但他们有一个共同的目标，那就是找到动摇石油巨头权力根基的突破口。主要力量倾向于通过改变石油行业的行业规定和发展方向（例如，核心价值观和社会经济政治相关机构）来实现整个石油体系的颠覆性发展模式，而操纵力量倾向于改变行业底层逻辑或者引入新的发展模式来指明石油行业新的发展方向。

主要脱稳主体选择采取自下而上的策略，从基层入手，

第三部分　石油巨头必须承担的责任

逐步打牢基础，进而使社会各界承认和接受，化石燃料已经不再是人们追捧的对象，未来将逐渐被其他清洁能源所取代。社会"戒烟"是一个循序渐进的过程，脱稳主体也想借鉴这一思路，先让国内外民众了解化石燃料燃烧对人体造成的危害。当前的大环境非常适合操纵型脱碳主体大展身手，他们应该采取适当措施，动摇石油巨头的权力根基。

脱稳主体可以通过对石油综合体施压来动摇石油巨头的权力根基，还可以使他们明白，自己才是导致气候危机的真正元凶。本节将对脱稳主体的基本概念进行概述。接下来的两节将从突破口以及两类主体的脱稳策略出发，对削弱石油巨头势力的原因及最终目标进行分析。

石油巨头的权力具有多样性，间接主体肩负二阶责任，需要确保石油巨头履行赔偿和脱碳责任，考虑到如上这些因素，有影响力的个体或社会运动似乎是瓦解石油巨头工具权、话语权以及制度权的不二选择。研究机构和金融机构是挑战石油巨头物质权力的主力军。

在攻击石油巨头第一种权力形式（工具权、话语权、制度权）时，有影响力的个体功不可没，他们积极呼吁不同社会背景和文化背景的人们携起手来共同应对气候危机带来的各种挑战，还制订出了恰当的制度反应方案，做好了万全的准备。这些挑战对人们来说十分新奇，所以他们很容易被有影响力的圈外人牵着鼻子走：这些霸权集团对外部世界的干预和干扰需要维持在一定的限度内，因此有影响力的个体只能是圈外人，这样才能避免被指控为破坏现有秩序的罪魁祸首。

总的来说，一旦遇到化石燃料危害环境（如教皇方济各和格蕾塔·通贝里）、石油巨头鲁莽行事以及撤资潮（如环保活动家比尔·麦吉本）和气候紧急情况，这些拥有气候话语权的排头兵将会冲锋在前，让更多的人关注到这一问题，并积极采取应对措施。这些主体为监督石油行业履行赔偿和脱碳责任做好了充足准备，他们的独特之处在于他们可以聚集并发酵公民社会所施加的压力，将其转化为一股蓬勃喷涌的新生力量，以挑战石油巨头在资源、话语权和制度方面的权威。

这股新生力量通常指社会运动，即"一群拥有共同集体身份的个人、团体和组织为参与政治或文化冲突而组建的松散组织网络"。社会运动是公民社会、私营部门以及公共部门的个人和组织为实现某种实际目标而组成的联盟。社会运动中的集体行动是推动人类系统、社会系统和经济系统变革的关键力量（Della Porta and Diani），也是浇灭石油巨头反抗气焰的排头兵："只有社会运动实现广泛而持续的发展，我们才有底气对化石燃料历史集团宣战，动摇他们的权力根基，从而使地球系统保持在一个相对稳定的状态"。例如，2020年1月14日，一份名为《英国石油创意工作坊》(*BP Creative Workshop*)的简报流出。简报中指出，气候运动是英国石油产业当前所面临的主要威胁，这些运动会降低石油公司运营的社会认可度。

然而，集体运动并不是石油综合体本身或其内部出现结构紧张的必然结果。集体运动的形成与否是由很多因素共同决定的。其中最主要的一点便是，是否具备足够的组织资源以及能否实现这些组织资源的有效利用。组织资源的应用能力指的

第三部分　石油巨头必须承担的责任

是为当前所关注的问题创设适宜的意识形态和实践表述的能力以及为其提供合适的社会环境的能力。石油巨头历史集团的顽强反抗和坚决抵抗是横亘在石油综合体面前的一道大坎。

如第七章所述，大多数致力于气候变化的社会运动都将气候变化描绘成人类公敌，以此来树立自身的反霸权形象。石油天然气公司是社会运动讨伐的主要对象，在人们看来，他们只关心自己的利益，而他们的利益往往又与大众利益相违背。经此一事，石油巨头的统治地位开始受到威胁，一家独大的局面已经一去不复返了。

社会运动的反霸权力量主要通过以下三种途径瓦解石油巨头的工具权、话语权和制度权：首先，从社会、政治和经济多方面对其进行施压，支持各机构撤回为投资石油公司而购入的股票、债券以及其他相关金融工具；其次，要求石油公司即刻停止新的化石燃料开发项目——不管该项目已经进展到生产阶段还是仍在基础建设阶段——要求石油行业进行低碳转型；最后，传播气候变化共识——本书第一部分已经提到，石油巨头会通过修辞性话语和行动来否认气候变化相关事实——气候变化正在悄然发生，如果不及时采取应对措施，将在全球范围内造成严重后果。

研究机构是技术革新和社会革新的发源地，石油巨头物质权力的瓦解离不开研究机构的鼎力相助。他们主要通过开发新产品、新服务和新的商业模式，为新技术创造市场以及推动技术的传播等方法来击垮石油巨头的物质权力。研究机构还应从以下各个层面出发，进一步将石油巨头击落神坛，比如引导社会舆论、搭建问题框架、为特定政策和法规展开游说攻势、制定行业标准、使新技术合法化以及引导公众预期心理等。

另外，养老基金、国家主权基金以及中央银行、投资银行和商业银行等金融参与者应该改变其目标和实践方式。他们最近加大了对石油行业的投资，使得石油天然气公司的数量出现井喷式增长。在瓦解石油巨头物质权力的漫漫征途中，金融机构需要迈出简单的第一步，即停止所有化石燃料相关的投资。从更大的层面来看，他们还应采取一系列内部措施，例如加强气候相关财务风险的评估和监管，在制定投资策略时充分考虑可持续性发展目标，与其他利益相关者共享气候相关财务风险的管理方法等。

石油巨头的权力和脱稳主体之间的关系还不明确，了解它们的关系的确可以帮助我们更好地进行后续分析。例如，特定脱稳主体可能主攻某种特定的权力形式：尽管有影响力的个体和社会运动对石油巨头的组织权、话语权和物质资源权都会产生重大影响，但金融主体主要在组织权的瓦解上大展身手。或者说，各种权力形式是相辅相成的，需要各路脱稳主体多管齐下才能动摇石油巨头的权力根基：通常来说，物质资源权和话语权互为补充，需要社会运动和金融主体同时开弓，才能削弱其势力。另外一个关键的问题是，不管是主要脱稳主体还是操纵性脱稳主体都很难或者说几乎不可能动摇专制政权的权力根基：不幸的是，大多数国家石油公司的母国都是政权高度集中的国家。

第三部分　石油巨头必须承担的责任

主要脱稳主体

在当前这一历史关头，气候变化一跃而上成为全球新闻的头版头条，这也意味着彻底解决这一问题的时机已经到来：气候变化对于全球的影响日益显现，人们对气候变化的担忧已经上升到了政治议程的最高层面。然而，在过去30余年，各国的领导人已经多次站在认真解决气候变化问题的风口上。只可惜，他们一次又一次地让机会白白溜走。但现在跟过去已经有了质的差别，过去，人们只有在意识到环境危机正在不断加剧以后才开始采取措施应对气候挑战；而现在，尽管联合国多方谈判缺乏实质性进展，但人们积极加入削弱石油综合体和石油巨头势力的队伍当中，行动的呼声越来越高。

为了动员民众参与其中，并为其提供条件和资源，使他们能够动摇根深蒂固的权力根基，就必须改变人们在气候变化方面的价值观和文化世界观，也就是所谓的谈判筹码。在所谓的后真相时代，在气候变化这一政治问题面前，政治文化更多地靠情感共鸣来拉拢民众，而不是基于事实解决实际问题。事实上，事情的真相对公众来说已经无关紧要了。简言之，主要脱稳主体的主线任务就是，重塑与气候变化相关的价值观和世界观，为民众和其他脱稳主体创造条件，使政策制定者能够听到他们的心声。

在这场危险重重的冒险当中，有影响力的个体和社会运动扮演着规范倡议者或拥护者的角色，并取得了傲人的成就。2009年，哥本哈根第十五次缔约方会议宣告失败，从此，公民社会中有影响力的成员开始扮演起规范倡议者的角色。例如，著名活动家比尔·麦吉本揭露了化石燃料公司的恶行，从而引发了民众的道德愤慨。同样，教皇方济各（2015）在其关于气候变化的通谕中呼吁社会逐步淘汰化石燃料。近期，他开始要求"世界放弃使用化石燃料"，并宣称"人类活动是导致气候紧急状态的罪魁祸首"；鼓励世界各国政府和企业采取紧急措施以应对气候变化；敦促天主教徒从化石燃料行业中撤资。

公民社会其他有影响力的个体也开始崛起。国际知名律师波莉·希金斯（Polly Higgins）一直致力于将生态灭绝罪纳入国际罪行当中。乔乔·梅塔（Jojo Mehta）是"停止生态灭绝"运动的发起人，这场运动旨在推动全球范围内的文化转向，改变人们对于自然危害的看法。生态灭绝罪将迫使石油公司的首席执行官和高管以及国家元首和部长等行为发起者对其所造成的危害负责。希金斯将壳牌单拎出来，想确定该公司是否可以被判处生态灭绝罪。

瑞典青少年活动家格蕾塔·通贝里成功号召全球数百万年轻人参与到"未来星期五"的抗议行列当中。她告诫世人，气候变化会使人们，尤其是我们的子孙后代面临生存危机，我们所采取的应对措施却寥寥无几，并敦促政策制定者多听听科学家的建议。

大部分社会/道德规范都是由规范倡导者和脱稳主体所提出的——主要是我们上文所提到的个人——他们致力于解决当前遇到的不公平现象/问题/障碍，非政府组织、社会运动以

第三部分　石油巨头必须承担的责任

及国际组织等平台是他们大展身手的舞台。规范倡导者致力于建立一种全新的、为国际社会所广泛接受的行为标准。既得利益者通常会紧紧团结在不公平现象/问题/障碍周围，规范倡导者只有采取创造性措施打破现行的运行逻辑，才有机会解决他们的心头大患。规范拥护者包括政治主体和非政治主体两大类，他们会迅速遵守新规范，并通过国内和国际渠道施压，使其他人也加入新规的遵守行列当中。跨国倡议网络将规范倡导者和拥护者聚集在一起，从多个层面入手推动变革的进程。

总的来说，宗教领袖、电影演员、作家以及其他有才华、有奉献精神的沟通者等有影响力的规范倡导者是动摇石油巨头权力根基的决定性力量。借这些有影响力的个人之口向公众宣传气候变化相关内容，既踏实可靠又行之有效。来自德国、澳大利亚和瑞士的科学家发起了"未来科学家"倡议，这些能够用通俗易懂的语言传达气候变化本质的气候科学家以及为大众出版物撰写文章的科学记者也是不错的人选。"无关政治"（Apolitical）是一个专门为全球公共服务和政府领域的人员搭建的网络平台，该网站发布了"气候行动100+"人员名单（气候政策领域最有影响力的人物），很多领域的权威人士都位列其中。从广义上来说，这一名单为我们研究单个的主要脱稳主体提供了有趣的新思路。同样地，环境倡议组织以及可靠的调查媒体也是重要的脱稳主体，他们既可以扮演规范倡议者的角色又可以扮演规范拥护者的角色。

忧思科学家联盟（the Union of Concerned Scientists，UCS）、国际环境法中心（the Center for International Environmental Law，

CIEL）以及国际石油变革组织（Oil Change International）等非政府组织积极倡导石油行业承担责任，赔偿因气候变化而造成的环境危害。例如，2017年国际环境法中心发布了一份名为《烟雾和烟气：让石油巨头为气候危机负责的法律和证据基础》（Smoke and Fumes: The Legal and Evidentiary Basis for Holding Big Oil Accountable for the Climate Crisis）的报告，该报告基于法律责任的基本原则对石油天然气公司的相关证据进行了评估，并得出结论——石油和天然气应该为气候危害负责（CIEL, 2017）。

与此同时，权威的报纸和杂志［如《卫报》、《纽约客》（The New Yorker）］经常发表自家记者［例如，乔治·蒙贝尔特（George Monbiot）和伊丽莎白·科尔伯特（Elizabeth Kolbert）］和外部专家［例如，彼得·弗鲁姆霍夫（Peter Frumhoff, UCS）、比尔·麦吉本以及科学史家内奥米·奥利斯克斯］撰写的文章，这些文章均赞同石油巨头应承担相应的责任以及金融负债。同样地，调查性新闻报道机构［如气候调查中心（the Climate Investigation Center）、环境新闻网站 Desmog 以及内部气候新闻网（Inside Climate News）］在揭露石油世界不为人知的一面的同时，也在反复重申金融整顿的必要性。《卫报》已经全面禁止刊登化石燃料行业的广告。

《英国医学杂志》（BMJ，旧称 British Medical Journal）是顶级的同行评审医学期刊。化石燃料撤资潮看起来跟医学期刊毫无关联，但事实上该期刊却是一个非常重要的规范倡导者，其行动非常具有象征意义。他们针对医务人员和医疗机构发

第三部分　石油巨头必须承担的责任

起了一场撤资运动——此前该期刊发起过一项名为"投资于人类"运动——并借助道德论据来证明该运动的合理性。在同一篇社论中,《英国医学杂志》还宣称,他们将不再投放化石燃料公司的广告,也不会再发表受这些公司资助的研究。

无化石燃料撤资运动（Fossil Free divestment movement）是一项全球性的社会运动,是倡导规范的社会运动的典范,它走在了公民社会倡议的最前沿,其主要目标是借助石油行业撤资潮这一契机,增强公众意识,让他们意识到社会经济体系脱碳的必要性。上文已经提到过,根据该运动的官方网站通报的数据,截至2021年9月,1335家机构已经从石油行业撤资,撤资总额高达1.65万亿美元；与此同时58000名个人投资者也加入了撤资大潮,撤资总额为52亿美元（Fossil Free n.d.）。

本书中多次提及"把化石燃料留在地下"这一运动,该运动与化石燃料行业的关联性更大。然而有趣的是,《华尔街时报》称"几年前支持这一倡议的人会被当成左翼激进派,而现在这一倡议竟然摇身一变成为社会主流思想"。还有一些比较重要的社会运动：弃用煤炭发电联盟（the Powering Past Coal Alliance）,该联盟的成员承诺逐步淘汰化石燃料；350.org,该气候环保组织的目标是终结化石燃料时代,确保未来不会再有不顾及生态环境和社会影响的公司,地球也不会遭受气候变化所带来的破坏性影响；Stop the Money Pipeline环保联盟,根据该联盟的要求,银行、资产管理公司、保险公司以及机构内的投资者不得再向化石燃料行业的基础建设项目提供资金支持,不得为其提供保险服务,不得对其进行投资。

上文中已经提到过"未来星期五"这一国际性运动，有趣的是，该运动虽然兴起时间不长，但其影响力却十分深远。2018年8月，格蕾塔·通贝里举着一个牌子站在瑞典议会大楼前，牌子上写着"Skolstrejk för klimatet"（青年气候大罢课），该运动由此开始兴起。该运动最初由一群周五没课的青年学生发起，他们走上街头参与示威，要求政治当局采取措施，防止气候变化进一步加剧。这一运动很快便风靡全球，数百万名来自各个年龄段、各行各业的抗议者纷纷走上街头，加入抗议大军当中。通贝里是一位极具影响力的规范倡议者，她把矛头对准了那些在化石燃料公司和政治机构中担任要职的成年人，因为在通贝里看来，这些人应该为碳排放负责，但他们却无动于衷。与之类似的还有美国的日出运动（Sunrise Movement），这同样是一场由青年人领导的政治运动，该运动倡导社会针对气候变化采取相应的政治措施。

反抗灭绝倡议（Extinction Rebellion，XR）是2018年5月兴起于英国的一项社会政治运动，其影响力也在逐步扩大。截至本书交稿日，该运动已经在83个国家和地区开展过相关活动，地方团体总数高达1196个。反抗灭绝运动打着"公民不服从"和"非暴力抵抗"的旗号对气候危机发起抗议，他们把自己定义为"一个去中心化的、国际性的、不倾向于任何政治党派的社会运动，并指出该运动以'非暴力直接行动'和'公民不服从'为行动宗旨，劝说政府在气候和生态紧急情况（Climate and Ecological Emergency）下采取公平公正的措施"。

现在，我们把视线集中到脱碳任务上，反化石燃料规范

第三部分　石油巨头必须承担的责任

有望推动文化和道德支柱的形成，使人们认识到化石燃料相关活动所造成的危害，从而推动社会经济体系的低碳转型。因此，这些规范旨在借助科学事实和道德价值观左右人们的态度，使他们意识到化石燃料所造成的危害并不符合道德标准，进而推动当前社会经济体系的转型。在脱碳责任方面，"禁用化石燃料"应该被写进这些规范的道德篇当中。

简言之，个体规范倡导者在脱碳进程中大放异彩，但国家层面和国际层面的政治行动却寥寥无几，因此社会运动便摇身一变成为反化石燃料规范最坚定的拥护者，进而有效推动低碳转型。第六章中所提到的供给侧气候政策的相关方法为这些社会运动提供了理论基础，他们的目标是限制化石燃料的供应，构建无碳社会。不管怎样，社会运动以及更广泛的非国家行为者为减少全球碳排放做出了巨大贡献。

主要脱稳主体对石油巨头、气候政策以及政治具有重要的规范意义和实践意义。从规范的角度来看，这些脱稳主体揭示了供给侧气候政策的必要性，如前文所言，这些气候政策会使石油巨头也加入气候变化斗争行列之中。从实践的角度来看，这些主体（尤其是社会运动）来自各行各业，包容性极强，应对气候变化的斗争也因此变成了各个社会阶层广泛参与的全球性运动。

总而言之，一方面，大多数由有影响力的个体规范倡导者所发起、组织和领导的社会运动能够为动摇石油巨头的权力根基奠定坚实基础，这些社会运动还有一个更远大的目标，即叫停毫无成效的实践和政策，消除社会不平等，在推动低 / 零碳技术发展的同时也积极倡导其他可替代方案。另一方面，社会运动将此前分散各处的个体和组织整合到了一起，提高了他们的行动效率。总而言之，主要脱稳主体拓宽了决策制定和政策推广的准入门槛，鼓励各大联盟也参与其中。他们借此成功向石油天然气公司施加实质性的脱稳压力——社会运动能够显著影响选举中的选票走向，动员广泛的街头抗议活动——并为随后采取有力措施以敦促石油巨头履行其赔偿和脱碳责任铺平了道路。

▶▶ 操纵性脱稳主体

石油综合体中最典型的操纵性脱稳主体非各级政府莫属。主要脱稳主体已经打好坚实基础，这些操纵性脱稳主体要做的就是采取必要措施来打破石油巨头现有的商业模式，从而推动变革的发生。例如，政治当局可以借助监管手段和市场手段来限制化石燃料的供需总量，取消对石油行业的补贴，继而全面取消化石燃料的使用：本着这一初衷，美国总统拜登于2021年1月签署了一项行政命令，要求联邦机构取消对化石燃料的补贴。

尽管我们在分析政治当局在气候变化中所扮演的角色时不可能做到严丝合缝、面面俱到，但如果能阐明地方政治主体的作用，也会对后续研究石油行业的转型大有裨益。很多国家层面的行动与各类石油天然气公司的赔偿和脱碳责任息息相

第三部分　石油巨头必须承担的责任

关，接下来的两章将主要就这一点进行分析。地方政治主体是反化石燃料规范的坚定拥护者，他们不仅禁止石油公司在辖区内利用水力压裂技术进行化石燃料的开采，甚至还雄心勃勃地准备逐步淘汰化石燃料。夏威夷已经制定了逐步淘汰化石燃料的目标，加利福尼亚州前州长杰里·布朗（Jerry Brown）在其所签署的法案中也强调了这一点，他认为美国其他各州也应纷纷效法，包括但不限于内华达州、密歇根州、纽约州以及华盛顿特区。

在美国，地方政治当局可以向各州联邦法院起诉石油巨头，指控他们未明确告知消费者和投资者相关气候风险（Drugmand 2019a，2019b），同样是操纵性脱稳主体，他们的举措似乎覆盖面更广也更有效。这一举措让我们不禁回想起1999年美国46个州的总检察长对烟草行业发起的联合公诉。哥伦比亚特区和夏威夷茂宜县（Maui County）对英国石油、雪佛龙、埃克森美孚以及壳牌等大型石油公司提起诉讼，指控他们未向消费者全面披露气候变化的相关风险，并在此后数十年间共同策划并执行了一场运动，试图误导大众。明尼苏达州则对埃克森美孚、三家科氏工业集团（Koch Industries）的子公司以及美国石油学会提起诉讼，指控他们不仅存在消费者欺诈行为，还存在其他违规行为。

有意思的是，主要脱稳主体竟是发起这些法律倡议的主力军。例如，纽约（一个次国家政治单位）市长比尔·德·白思豪（一个颇具影响力的人）代表纽约市，向五家石油巨头（英国石油、雪佛龙、康菲石油、埃克森美孚和壳牌）提起诉讼，其诉讼理由是石油巨头们导致气候变化所带来的负面影响日益加剧，这些公司应支付数十亿美元，用于改善纽约市的基础设施，从而保障纽约市民免受气候变化所带来的影响。在新闻发布会上，他明确表示，石油行业应该为气候变化所造成的危害负责，并承担相应的经济责任。

全球范围内的气候诉讼数量激增：37个国家和地区共受理了1500多起气候诉讼案件，很多诉讼的被告都是政府或者企业；除了美国之外其他国家的气候诉讼案件数量也在不断增加，包括南半球在内的其他地区共受理了58起相关诉讼案件。整个社会正在开展各项运动，积极探索合法追究石油巨头责任的新方法。大批股东利用美国法律的漏洞，对石油天然气公司提起诉讼，控诉这些公司的高管、董事以及董事会成员没有采取适当措施保护他们的投资，而且使公司暴露在气候风险之下。事实上，石油行业已经逐渐意识到，气候诉讼案件会影响到他们的正常运营。壳牌集团在其2018年年报中这样写道："一些国家的政府、监管机构、组织和个人已经拿起法律的武器，要求化石燃料公司承担与气候变化相关的各种成本。在我们看来，这些诉讼案件并没有法律依据，但如果我们败诉了，则会对我们的收益、现金流以及财务状况产生实质性不利影响。"

并不是所有诉讼都能胜诉：第五章中提到的纽约总检察长的案子就被法官驳回了，法官裁定，该公司并没有虚报气候变化监管的真实成本，诱骗投资者进行总计16亿美元的投资更是无稽之谈。不管怎样，世界各地的气候诉讼数量正在逐步攀升是一个不争的事实，这些诉讼的主要目的是让化石燃料公司为气候变化的相关影响负责。废除奴隶制、消除种族隔离、要求两性平等都是历史上具有决定意义的社会变革，法院在这些社会变革中都发挥着重要的推动作用。因此，人们要求他们也参与到气候危机的应对当中也就不足为奇了。

经济领域的操纵性脱稳主体一直活跃在对抗石油综合体的前线：麦吉本（McKibben，2019）在《纽约客》上发表了一篇题为"金钱是氧气，助长了全球变暖的气焰"的文章，这一题目直截了当，引人注目。科学界和政界甚至提出了一些原则来切断石油行业赖以生存的氧气——牛津马丁气候意识投资三原则（the three Oxford Martin Principles for Climate-Conscious Investment）、净零排放承诺、净零商业模式以及定量中期目标——以评估投资是否符合长期气候目标。

投资者越来越关注气候风险的相关事实，全球金融业将成为气候变化应对新阶段的重要推动力量；这些投资者为了维护自己的利益，正在转换赛道，转投更环保的企业，从而增强气候的稳定性。欧洲中央银行和美联储表示，他们计划将气候因素归为金融决策的核心考量内容。2020年11月，英格兰银行前行长、现任联合国气候行动及融资特使马克·卡尼（Mark Carney）呼吁银行、保险公司以及投资基金披露他们的业务选择和投资决策与气候目标之间的关联程度，这是整个经济体系向净零排放目标迈进的一大步。

有人警告称，我们不应该过分夸大金融机构的作用，因为他们有时会为了收取更高的费用而向客户推销所谓的环保项目，而且糟糕的是2018年用于支持减少碳排放倡议的投资出现回落，其中很大一部分又重新回流到了化石燃料行业。

商业银行、发展银行、保险公司、养老基金以及国家主权基金等经济主体是化石燃料行业营业资产增长的主要推动力。他们必须加快资本市场工具的开发脚步，将风险、回报以及资产配置策略进行整合，使投资组合和低碳转型保持步调一致。联合国贸易和发展委员会在其2019年的报告中指出，全球金融体系应该进行深入调整，以应对气候变化的冲击。

商业银行也开始加入这一行列。作为全球最大的化石燃料投资商，摩根大通（JPMorgan Chase）承诺，他们的贷款业务将与《巴黎协定》所规定的气候目标保持一致。此外，他们还承诺，2021年至2030年，公司将通过融资或者其他方式提供超过2.5万亿美元的资金，用于支持气候行动和可持续发展。同样地，德意志银行（Deutsche Bank）、花旗集团（Citigroup）和巴克莱银行（Barclays）等130家银行都签署了联合国为应对气候变化而颁布的《负责任银行原则》，该原则要求各大银行不再向化石燃料行业提供贷款服务。裕信银行（UniCredit）是意大利最大的银行集团，该银行承诺到2023年将终止所有针对煤炭项目的贷款。就连美国投资银行巨头高盛（Goldman Sachs）也宣布，将不再为北极地区的石油钻探或勘探以及全球范围内的煤炭开采和煤电项目提供融资服务。

但不幸的是，现实仍然非常严峻：自《巴黎协定》签订以来，全球最大的60家银行为化石燃料公司提供了共计3.8万亿美元的融资，甚至连新型冠状病毒大流行导致的能源需求下降也没有阻止其连年攀升的趋势，因为2020年的融资额仍

第三部分　石油巨头必须承担的责任

高于前几年。事实上，全球最大的几家银行的董事都与化石燃料行业存在利益关系。

非洲开发银行（African Development Bank）、亚洲开发银行（Asian Development Bank）、亚洲基础设施投资银行（Asia Infrastructure Investment Bank）、欧洲复兴开发银行（European Bank for Reconstruction and Development）以及世界银行（World Bank）等全球各地的发展银行也在计划从化石燃料行业撤资。欧洲投资银行（European Investment Bank）自称是"欧盟的贷款机构"以及"全球最大的多边金融机构和气候融资供应商"，该银行也宣布，将从2021年年底开始停止为化石燃料能源项目提供融资服务；并表示，其未来的融资活动将主要面向清洁能源创新、能源效率提升以及可再生能源等领域；从现在开始到2030年，他们将向气候行动和可持续发展领域投入1万亿欧元（合1.13万亿美元）。欧洲投资银行发布了"气候银行路线图"计划，按照该路线图，到2025年，该银行针对气候行动和环保活动的融资总额将占总融资活动的一半以上。与此同时，欧洲中央银行也表示，将逐步取消对气候变暖的投资，转投绿色债券。

同样地，机构投资者也发挥着越来越重要的作用。由投资者发起的"气候行动100+"（Climate Action 100+）倡议，现有成员企业360余家，所管理资产总额超过34万亿美元，该倡议的主要宗旨是，与他们占股的碳排放企业加强合作，以应对气候风险。"气候行动100+"倡议的成员要求英国石油证明他们的策略与《巴黎协定》所规定的气候目标保持一致，英国

- 207 -

石油巨头董事会已经通过了该请求，该请求现在已经具备了法律约束力。英国圣公会（Church of England）的不动产部门和财政管理委员会是"气候行动100+"倡议中影响力较大的两大投资者；值得注意的是，信仰机构和宗教团体是全球撤资潮中最主要的参与者。同样地，保险业也是撤资大潮中的主力军之一，承诺撤资3万亿美元。此外，保险公司还在密切关注气候变化所带来的危害对其商业利益的影响，他们似乎已经准备好对石油行业提起诉讼，试图追回他们向保单持有人所支付的与气候灾害相关的赔款。

美国股票大师吉姆·克拉默（Jim Cramer）曾断言"我将不再投资化石燃料领域，这个行业已经是夕阳产业了"。他宣称，撤资潮迫使人们大量抛售化石燃料行业的股票，继续买入这个行业的股票已经没有什么意义了。的确，多年来，一些股东提出了大大小小的各种倡议，但基金内部一直犹豫不决，也没有采纳，但现在，他们也开始从石油市场中撤资了。国家主权基金和养老基金也在从化石燃料行业撤资：爱尔兰的主权发展基金承诺从化石燃料行业撤资，撤资总额高达89亿欧元（合101亿美元）。挪威的财富基金已从150家从事石油和天然气勘探和生产的公司中撤资，撤资总额高达1万亿美元。丹麦的MP养老基金也从24家石油巨头中撤资，撤资总额为1.339亿美元。100多家全球顶尖的金融机构也纷纷加入撤资大潮。全球排名前40位的银行中，有40%的银行已经从煤炭行业撤资。同样地，20家全球知名的保险公司也纷纷撤资。一家全球顶尖的资产管理公司甚至警告称，石油巨头的董事们必须采取措施以应对气候变化；否则，他们很有可能被投票罢免。资产管理公司励正集团（Legal and General Investment Management）曾试图说服埃克森美孚（励正集团是该公司的股东，且排名在前20位以内）采取相关措施以更好地应对气候风险，却以失败告终。2019年6月，励正集团宣布，他们已经抛售了总价值约3亿美元的埃克森美孚公司的股票，他们仍持有部分该公司的股票，其目的是凭借剩余持股比例来投票反对继续任命达伦·伍兹（Darren Woods）为公司的董事长和首席执行官。黑岩集团（Black Rock）是全球最大的资产管理公司，过去十年间，该公司因忽视投资化石燃料公司所带来的严重金融风险而损失了900亿美元。他们对英国石油、雪佛龙、埃克森美孚以及壳牌等石油巨头投资了数十亿美元，这才是导致这些损失的主要原因。此外，2020年年初，黑岩集团宣布，他们将不再向热煤领域进行投资，后来他们又宣布将抛售那些污染最严重的公司的股票，即便他们当时手中还管理着850亿美元的煤炭资产，所投资的煤炭生产企业中有投资计划的企业所占的投资额超过240亿美元，他们还是准备这样做。与此同时，从化石燃料行业中撤资的投资基金实现了名利双收。

撤资是通过侵蚀其物质权力来动摇石油巨头权力根基的有效策略。20世纪80年代，南非兴起了撤资运动并大获全胜，其主要目的是向南非政府施压，迫使其废除种族隔离制度。当前的撤资行动可能也是受这一运动的启发。撤资会引发多种次生效应，市场和政治层面也存在很多不确定性，撤资能否真正促成减排还是个未知数，因为我们必须明确发起化石撤资运动的目标是什么。大多数人都以为撤资会改变企业的资金总额，但其实这一举动只是使（上市）公司的所有权发生了变动；因此，就算是大张旗鼓地撤资，短期内，公司的经济状况也不会存在很大的波动。如果公司没有经历严重的财务损失，原则上来说，他们将继续按照原有的策略制订发展计划。简而言之，公司市值在撤资后一段时间内都不会有很大波动，因此短期内对石油巨头和减排的影响十分有限。撤资对化石燃料公司产生的直接影响（尽管有所减弱）可以从市场行为的变化和债务市场受限中略见一斑。第一种情况是指撤资会切断石油企业资金来源，进而对公司股价造成下行压力。第二种情况是指在运行效率低下的市场以及金融体系发展不完备的国家，撤资会导致石油巨头债务融资的资金池变小，而折现率会直线上升。

然而，将撤资看作是一种使石油行业臭名远扬的长期策略似乎更容易理解，该策略主要有三大目标：强制石油公司停止使用化石燃料；迫使他们进行结构性变革，从而大幅降低碳排放；敦促政府出台相关法规，如禁止进一步的钻探或征收碳税等。撤资这一举动使石油天然气公司饱受污名化的困扰，并带来了几个负面影响。撤资会使消费者、供应商以及那些掌握高精尖技术且未来有志于进入石油行业工作的人才感到恐慌。经此一事，政府和政治家为避免遭受牵连影响其连任，也会选择只与清洁能源公司合作。股东可以要求公司进行管理层变更；这些被污名化的公司在公开投标时将四处碰壁，也无法获得商业扩展所需的许可证或产权，在和供应商谈判时的气势也会被压制，对方可能会因此拒绝签约/并购。更重要的是，污

第三部分　石油巨头必须承担的责任

名化可能会促使政府出台新的法律从而影响石油巨头的发展：几乎所有与化石燃料无关的撤资运动都成功游说政府出台了相关限制性法律，以此来影响被污名化的企业的发展。

上述因素使得这些公司未来现金流的不确定性大大增加，进而使其市值出现大幅下跌，最终甚至会影响公司的运营能力：这才是长期惩罚的真正意义所在。从整体上来看，撤资运动并没有直接对减排产生显著影响，但作为一种制度战略，撤资可以为气候协议和中长期的气候政策争取必要的支持。石油企业的高管也为此慌了神，他们开始整合公共资源关系，以应对全球范围内数量激增且态度坚定的撤资运动。前文中已经提到，投资专家吉姆·克拉默主张从化石燃料行业撤资，他将石油行业和烟草行业的投资进行了对比，并指出，石油行业如今已是"穷途末路"，还补充道，"石油行业的命运与烟草行业如出一辙"。

最后，我们也不能忘记那些开发低碳技术，或者说更广泛一点，走在燃料和能源生产创新前沿的主体，他们也为动摇石油巨头的权力根基做出了自己的贡献。传统的创新研究坚信，创新成果会产生热烈反响。这些创新主体可以为我们提供颠覆性的低碳技术，其成本与当前的化石燃料技术相差无几，甚至更低，这并不是在夸大其作用，而仅仅是在陈述事实。或者说，这些创新主体可以借助技术创新，由内而外对石油行业产生颠覆性影响。1000多名澳大利亚的工程师和90多个组织联合签署了一项宣言，要求工程公司不再承接化石燃料项目，尤其是处在舆论中心的煤炭项目。

外部冲击与石油公司的脱稳行动：气候变化与金融危机

根据 2021 年《原子能科学家公报》（the Bulletin of the Atomic Scientists）公布的末日时钟，"近年来，核武器和气候变化所带来的生存威胁不断加剧"。1945 年 7 月 16 日，美国在新墨西哥州的"三一点"（the Trinity Site）进行了首次核试验，同年八月，美国在广岛和长崎投下了原子弹，后来美国还在大气层、水下、地下以及外太空进行了多次核试验。人们还没有从切身体验核武器的致命威力里缓过神，内心仍惶恐不安。1968 年 7 月 1 日，苏联、美国、英国等国分别签署了《不扩散核武器条约》。这一条约在冷战陷入僵局之际，仍在持续发挥作用，阻止了冷战双方的核武器升级和核技术发展。

不幸的是，尽管人们已经切身体验了气候危机所带来的影响，对气候变化的认识也越来越深刻，但人类社会中并没有产生与核武器威胁类似的情感反应，气候决策者也没有因此重视气候变化的相关问题。频发的极端天气事件可能会促使人们采取适当措施来动摇石油巨头的权力根基：要想对气候变化做出有力反击，就需要普通民众、技术人员和政治家携起手来共同努力，只有这样才有可能在最大程度上缓解气候变化所带来的影响。然而，这一科学研究还没有得出最终定论。一项研究发现，如果过分强调气候变化与自然灾害（飓风、野火、暴风雪）的联系，会在（美国）人群中产生意料之外的影响，人们会对新闻产生抵触心理，对危害严重程度的感知能力也会减弱，这就是所谓的"同情疲劳"（compassion fatigue）和"末日疲劳"（apocalypse fatigue），即过度接触骇人听闻的新闻、事件或应对气候变化的呼吁，会使人们的情感关注和同情心被过度消耗，人们开始出现"以前都见过"的心态，最初的沮丧情绪开始渐渐消散。另一项研究（Boudet et al., 2020）证明，任何单一事件对气候变化相关讨论或集体行动的影响都是有限的，但党派之争和气候归因对动员民众和开展各项运动来说至关重要。进一步的研究表明，气候灾害亲历者（该研究主要关注飓风厄玛对佛罗里达州居民产生的影响）会在内心无限放大气候变化的负面影响，并且越来越坚信气候变化就是这些灾害背后的真正元凶，还会鼓励人们为保护环境做出自我牺牲。

我们需要进行更多的研究才能确定气候变化当前所产生的影响和未来预期会产生的影响是否能够动员公民社会参与到动摇石油综合体和石油巨头的权力根基的斗争之中。如果不幸发生了一场重大的全球气候灾害，自然平衡会被打破，世界秩序也会因此发生翻天覆地的变化。

从另一个角度来看，气候变化可能会使世界经济重蹈覆辙，再次陷入像2007年12月那样的金融危机。这种金融崩溃属于外在因素，会极大地动摇石油综合体和石油巨头的权力根基。

美国商品期货交易委员会（US Commodity Futures Trading Commission）在一份报告中告诫世人，气候变化会对金融市场的稳定性构成严重威胁，如今这一说法已经被大多数人所认可。金融市场的稳定性遭到冲击以后，会产生巨大的公共成本，金融监管机构（例如中央银行和政府金融稳定机构）应该采取相应措施，使金融系统可以逃过气候变化所带来的影响。总的来说，气候变化会使极端天气事件的预测难度加大、出现的频率更高，还会造成财产损失，打乱贸易秩序。减少温室气体排放，支持绿色能源技术发展的相关政策一旦出台，某些行业的资产价格就会出现暴跌。金融产品的提供者不能轻易地利用投资组合来规避上述风险，因为一旦这样做，整个金融体系的稳定性就会面临极大挑战。与此同时，如果人们最终决定终止化石燃料的使用，而彼时资本力量最雄厚的石油行业还没有做好准备的话，那该行业可能就会随着社会对其产品需求的逐渐减少而走向破产。从某种意义上来说，这是一把双刃剑：如果气候变化对金融世界的冲击过于猛烈，随之而来的就会是一系列的连锁反应，给石油巨头的生存带来毁灭性的打击。但反过来，如果在一个行业还没有做好相应准备的情况下就急匆匆推进低碳转型，金融体系会因此受到极大冲击。

这把双刃剑的另一面主要涉及搁浅资产的相关问题。此处的搁浅资产主要指化石燃料以及利用化石燃料发电的设备，在低碳转型过程中这些资源将不再具备回报能力。搁浅资产是碳泡沫的核心元素，人们一旦认定石油天然气公司手中的储量在环境上不可持续，再对这些公司进行投资就变得毫无价值，因为不知道什么时候他们就可能宣告破产了。目前，这些上市公司的股票定价是基于所有储量都可以被消耗殆尽而计算出来的，因此在公司股票市值评估时，并未将二氧化碳加剧气候变化而造成的真实成本考虑在内。事实上，如果世界实现低碳转型，石油行业中有 2.2 万亿美元的资产将变成搁浅资产。埃克

第三部分 石油巨头必须承担的责任

森美孚是搁浅资产风险最高的公司,到 2030 年,该公司超九成的潜在资本支出将不符合国际能源机构所提出的 1.6 摄氏度路径,而壳牌的风险指数为 70%,道达尔能源为 67%,雪佛龙为 60%,英国石油为 57%,埃尼集团为 55%。视线转向国家石油公司,专家认为,委内瑞拉大部分碳密集型原油混合物将不再进行开采。

不管怎样,金融世界都应该为应对气候变化做好充足准备,正如国际货币基金组织主席兼总裁克里斯塔利娜·格奥尔基耶娃(Kristalina Georgieva)所强调的那样:"气候变化是一种生存威胁,我们必须严肃对待,因为在处理经济事务的机构看来,这些风险会阻碍经济的发展。"

但是到目前为止,金融世界还没有做好万全的准备来迎接这一挑战。要求中央银行和国际金融机构采取措施帮助社会经济体系扛过气候变化这一关的呼声越来越大,但是人们并不清楚这些主体在避免/预防/应对气候变化引起的金融危机方面应该扮演什么样的角色。人们敦促中央银行实施"绿色量化宽松"(green quantitative easing)政策,增持绿色债券,然而,英格兰银行却公开承认,世界资本市场正在为一项可能会使地球温度升高 4 摄氏度的项目融资(Partington, 2019)。由雨林行动网络(Rainforest Action Network)牵头,全球 60 多家气候组织共同签署了"《与〈巴黎协定〉对标的金融机构原则:气候影响、化石燃料以及森林砍伐》",该文件算得上是及时雨,为金融业脱碳提供了具体的操作步骤,使其能满足《巴黎协定》的相关规定。

绿色金融体系网络（The Network for Greening the Financial System）是由各国中央银行和监管机构组成的全球联盟，倡导建立可持续性更强的金融体系。该联盟敦促其成员提高数据收集的质量，从而更好地衡量气候风险的等级，鼓励他们进一步增强投资组合的可持续性。克里斯蒂娜·拉加德（Christine Lagarde）承诺将气候变化问题列入欧洲中央银行的议程，她在欧洲议会委员会召开前的一次听证会上表示"气候变化是当今社会所面临的最紧迫的全球挑战之一。在我看来，任何机构在明确自己使命的同时，也要将气候变化风险和环境保护这两件事铭记在心"。这一提议得到了欧盟财政部部长的支持，他极力主张完全切断化石燃料行业的融资渠道，随后欧洲投资银行也宣布从2022年开始不再为化石燃料项目提供融资服务（这一点我们在上文中已经提到过），世界各国的商业银行也开始逐渐减少对化石燃料项目的投资。

这些倡议的最终目标是防止资产价格出现暴跌。此处不得不再次提到凡事都具有两面性这一点，两种情况都像达摩克利斯之剑一样，悬而未决：金融危机可能会剧烈动摇石油巨头的权力根基，但是石油天然气公司的总市值仍然居高不下，所以不能贸然进行财务收缩，否则就有可能目睹整个金融体系的崩塌。渐进式转型方案是指，逐渐淘汰化石燃料行业的业务和产品，而激进式转型方案是指即刻终止所有与化石燃料相关的生产活动，继而解散整个行业。第六章已经提到了部分原因，此处是对前文的补充，进一步阐明了渐进式转型方案的优点。

第三部分　石油巨头必须承担的责任

第九章　通过气候赔偿进行补偿

全球规模最大的资产管理公司——黑岩集团的数据显示，气候变化引发的损害会引发美国金融体系的动荡，造成4万亿美元的损失，约相当于美国国内生产总值的五分之一（BlackRock Investment Institute，2019）。里奇团队（2018）的研究显示，从全球视角来看，气候变化将会导致超过16万亿美元的损失，这个数字着实令人震惊。

抛开经济灾难不提，气候变化给人类带来的危害和环境退化问题更加严重。气候相关灾害的数量已由1980年至1999年的3656起飙升到2000年至2019年的6681起（UNDDR and CRED，2020）。2018年夏天，席卷日本全国的热浪导致了96人死亡。2017年10月加利福尼亚州北部的野火肆虐，至少造成了44人死亡，2020年夏天的野火造成了31人死亡，这两起野火事件带来的经济损失均超过了100亿美元。2017年8月至9月的飓风"哈维"（Hurricane Harvey）引发了大范围的洪水，给休斯敦地区造成了至少1250亿美元的损失，93人死亡。同一年，飓风"厄玛"导致佛罗里达州的财产损失高达500亿美元，而飓风"玛利亚"（Hurricane Maria）给波多黎各（Puerto Rico）带来了900亿美元的损失，至少有60人直接丧生。2021年夏天欧洲多国洪水肆虐，至少夺走了242人的生命，其中大部分是德国人。

科学家研究发现，人为气候变化加剧了多种极端天气事件，出现的频率和强度，例如高温、寒潮、干旱、极端降水（IPCC，2021a）、飓风（Trenberth et al.，2018），同时也导致了澳大利亚和美国大部分地区，特别是森林地区的野火数量激增、规模升级，例如肆虐加利福尼亚州和俄勒冈州的野火（Abatzoglou and Williams，2016）。联合国世界气象组织（United Nations World Meteorological Organization）2021年的《全球气候状况声明》（*Statement on the State of the Global Climate*）显示，仅仅2020年上半年，失业人口高达980万人，而水文气象灾害是失业问题出现的主要原因（WMO，2021）。全球最大上市财产保险公司——安达保险（Chubb）的首席执行官宣称，2008年是气候变化灾害"横行"的一年，这些灾害在全球造成了高达1600亿美元的经济损失（Chubb，2019）。总而言之，物种大灭绝、健康状况恶化和气候巨变的"可怕未来"正威胁着人类的生存。

气候变化引发的所有极端天气事件和非极端天气事件，如粮食减产、保险索赔和生产力下降等都给社会带来了经济和非经济负担。总体上看，气候变化带来的经济负担日益繁重，未来需要承担的义务也更加艰巨，之前气候变化争论中刻意忽

第三部分 石油巨头必须承担的责任

视的问题也日益得到关注。谁应该为人为气候变化引发的危害、破坏和死亡来买单？纳税人（如通过国家赈灾资金负担），受影响的个体、家庭、私企，还是那些通过某种方式推动人为气候变化的主体？

到目前为止，国家仍是这些灾害的主要负责人，国家主要依托税收，为有利于本国公民的行动或其他饱受气候灾害肆虐的国家提供资金支持，或做出一些承诺。但其他主体——石油天然气公司也在这些成本累计中发挥了重要作用，因此，他们在应对气候影响冲击方面也应承担一定的经济责任。现有研究表明，石油巨头需要承担赔偿责任，本章将探讨该行业如何实施和履行这一职责。

▶ 赔偿责任的道德优先性和法律制裁的不可回避性

本书的核心道德观点以石油巨头违反不造成损害原则为基础，该原则以赔偿责任和脱碳责任的形式将积极的道德责任分配给了行业内的各家公司。脱碳责任基于数量庞大的科学分析，是社会公众普遍关注的热门话题（特别是在低碳转型和持续性方面）；相比之下，赔偿责任通常都会被忽视，甚至引发争议，其详细研究自然也乏善可陈。事实上，本书有关赔偿责任的相关研究最具原创性，因为还没有哪一个与气候危机相关的石油行业分析报告试图全面阐释这一责任的理论基础，并将该责任付诸实施。

- 219 -

事实上，根据本书的道德宗旨，赔偿责任至关重要。从严谨的道德角度来看，赔偿责任比脱碳责任更为重要，因为虽然前者能为利益受损的人提供支持，但后者的目标却是减少未来的损害。

当然，赔偿责任具有道德优先性，并不意味着脱碳责任不重要。事实上，从该行业的规模及其在塑造和维护以化石燃料为核心的全球社会经济体系中所发挥的核心作用来看，脱碳责任对地球而言无比重要。由第二部分的理论分析可知，观点很简单，即为那些利益受损的人提供支持（赔偿责任）比减少未来损害（脱碳责任）更加重要。

从理论上讲，石油巨头在努力完成这两项职责过程中的（运营）健康状态变化并不是本书的关注点：单纯从道德角度来看，石油天然气公司要么立即停止运营，要么转型经营低/零碳密集型产品，并净化自身运营流程，同时要在一定科学而合理的期限内做出令人满意的经济补偿。在这两种情况下，他们都会履行自身的脱碳责任。事实上，这更应该被称为理想的全面脱碳责任。这项义务可以解读为，如果石油天然气公司想要继续运营，那在当前科学证据认可的时间框架内，石油巨头迟早要通过缩减碳基产品和相关流程转变为绿色能源巨头。从理论上讲，石油公司终会做出决定是立即停止运营，还是逐步淘汰化石燃料，以及后续的具体措施。

然而如第六章所述，从过往经验来看，赔偿责任和脱碳责任间的权衡不仅意义重大，而且无法避免。上层施加过于严厉的脱碳方案不仅会阻碍石油公司履行自身赔偿责任，还会侵

第三部分　石油巨头必须承担的责任

占他们在全面脱碳目标下投资低碳项目所需的初始资金。因此，从本章的务实角度来看，该行业不应追求过快的脱碳速度，否则其将面临过早终止运营的现实风险，并会因此无法履行赔偿责任。为了履行赔偿责任，这些公司应该制定规划，在兼顾自身能力和情况的时间段内逐步淘汰化石燃料，同时还要充分考虑石油危机的窗口期，保护更脆弱的利益相关者，并在初期获得足够进行低碳投资的营业额。

如上所述，赔偿责任的目标体现了一系列明确的社会期望和利益，这些期望和利益与石油公司的不同，因此敦促这些公司实现这一目标的过程也极具挑战性，正如本书第二部分阐述的那样，这些公司并不会主动推进该职责的实施。为了满足其破坏气候行动引发的道德要求，让任何一家石油公司（无论是国际石油公司还是国家石油公司）放弃大部分收入都绝非易事。需要进一步说明的是，在（不远的）将来，石油天然气公司会发现，在日益激烈的公众舆论批判下，自己早已无路可走，因此决定通过经济手段纠正一些气候破坏行为，这确实是极有可能实现的。出于同一原因，这些公司的道德责任可能还可为法律追究提供必要的触发理论，由法院裁定，这些公司需采用适当的补救措施弥补自身的错误行为。

与"石油巨头"责任有关的气候变化诉讼数量激增，这充分体现了政府和有组织的气候政策破坏分子是如何借助法律程序自行决策解决碳排放问题及应对其负面影响的。政治当局正努力让该行业为所造成的损害承担责任，方法便是将该行业的部分保护成本转嫁给企业：这实际上是对已有损害行为的一

- 221 -

种经济纠正手段。然而，鉴于这种损害纠正行为与道德因素无关，以及由此导致从责任角度发起的倡议范围有限，因此该方法并不符合赔偿责任的道德要求。事实上，该责任要求石油公司弥补其所造成的道德层面的部分损失（关于损失的具体是否符合赔偿责任的道德规定这一关键点将在下一节讨论）。

正如反复强调的那样，尽管有这些法律支持自主性举措，但石油巨头仍然可能不会完全自发地履行其赔偿责任。石油天然气公司作为代表股东和所有者追求特定行业目标的集体实体，通常无权也没有理由出资提供行业范围外服务，也就是说不需要从经济方面纠正对地球和整个人类造成的损害。

脱碳责任也面临着类似的情况。最后，如果该行业坚守低碳密集型业务模式，并致力于提供（全球）公共利益——气候稳定性（尽管对此有很多表态，但这依然不是其行业目标），那该行业就必须承担一些成本。然而，一项谴责使用有害产品的化石燃料规范的出台，推动了大量反化石燃料倡议的出现，再加上现有可再生资源技术突破提供的行业机会，以及碳负方式的大规模发展，石油行业可能会迅速（可能是部分）向低/零碳产品和流程转型。因此，就像众多石油天然气公司日益宣称的那样，这些外部压力和可能性有利于石油行业业务模式内在转型，使其更加契合脱碳责任的要求。

反之，也可以说，赔偿责任在机会/共同利益方面仍有不足；这种不足，加上在注资解决外部不相关主体所遭受损害方面权利和激励措施的欠缺，几乎可以肯定石油巨头履行赔偿责任的自主行动一定会受到限制。

第三部分　石油巨头必须承担的责任

由此推测，外部行动是无法规避的。反之，此类行动主要由第八章定义的主要不稳定主体实施。它们的作用和目标是提前做好准备，这些准备会推动社会接受和承认化石燃料的未来不可行性。在这个资金雄厚的行业，各级政府会拥有更多权力推行必要而适当的法律政策，以确保公司能从经济方面对化石燃料相关损害做出纠正。正如下一节所阐述的，没有哪一条法律规定可以以明确已有损害的具体赔偿金额；但通过反复校准，法律可能可以给出近似的目标金额。无论如何，实施赔偿责任的最有效的方式莫过于要求政治当局通过法律规定强制石油巨头做出经济补偿。

石油行业不仅在否认危害性方面，同时在很多方面都可以借鉴烟草行业的发展。烟草行业的案例遵循的法规是1998年达成的《烟草大和解协议》（*Tobacco Master Settlement Agreement*）。最初的被告是美国最大的四家烟草公司［菲利普·莫里斯公司（Philip Morris）、雷诺烟草控股公司（R. J. Reynolds）、布朗威廉姆森公司（Brown and Williamson）、罗瑞拉德烟草公司（Lorillard），这些原始参与制造商也被称为"巨头"］，来自美国各州的46位检察总长以各种理由发起了诉讼；特别是，有关各州为治疗吸烟诱发的各种疾病所支付的医疗费用的索赔。筹集的资金还资助了反吸烟倡议组织——美国传统基金会（American Legacy Foundation），该组织后更名为真相倡议（Truth Initiative）。在不涉及该司法案件技术细节的情况下（这在很大程度超出了当前争论的范围），很明显我们必须严格执行类似法律条款，才能敦促石油巨头履行自己的赔偿职责。

为了使该法律选择更具优势，特别是在全球主权国家之间产生连锁效应，各国政府以及相关国际政府和非政府组织可以构建并达成声明，或做出类似安排。这项协议应阐明那些不具约束力的原则，以此确定在石油公司履行赔偿责任时如何进行支付赔偿金。

1998 年，针对犹太人大屠杀时期的财产问题召开的华盛顿会议便达成了这样一项倡议，该会议通过了《关于纳粹没收艺术品的华盛顿原则》(Washington Principles on Nazi-Confiscated Art)，该原则有时也被称为《华盛顿宣言》(Washington Declaration)，该宣言旨在促进纳粹政权在第二次世界大战前和第二次世界大战期间从德国犹太人手中掠夺的艺术品的归还工作，帮助这些犹太收藏者的继承人追回被掠夺的艺术品。尽管《华盛顿宣言》施加的责任未采用退还利益形式，而是选择了偿还形式，但就第六章概述的赔偿责任的具体形式而言，此处关注是该方式的内在逻辑。换言之，达成一致的类似国际性努力会敦促石油天然气公司履行赔偿责任，在这种努力中，各国政府以及国际政府性和非政府性组织会就追缴资金的条件达成协议，可能还会根据各家公司的具体情况进行调整。

然而如下文所示，个别行业主体赔偿责任的实施和履行在很大程度上取决于政治、社会背景和本国不稳定主体的效力。

第三部分　石油巨头必须承担的责任

▶ 需要纠正的道德相关损害：最重要的运营问题

本节旨在从经验角度界定道德相关损害，政治当局会通过法律法规督促石油巨头从经济方面对这些损害进行纠正。正如上文提及的，化石燃料公司面临的诉讼数量的激增和《联合国气候变化框架公约》下有关损失和损害谈判数量的激增都表明，新兴研究领域聚焦的是主体对气候变化（应追究的）引发的社会损失和损害的责任。

赔偿责任要求的经济补偿要先弄清楚哪些影响是自然产生的，哪些影响可归因于人为气候变化。显然，石油巨头不会为前一类别的任何损害承担道德责任。

一般来说，可通过前文提及的归因科学的不同方法来说明从人类对气候变化的影响到对自身、社会经济和自然系统不同影响的因果链，通常会通过基于风险的系统和叙事方式来实现，前者有一定概率解决这一点，后者则能确定引发事件各因素的作用，并明确确定其归因性。

第一步是变化检测，证明某一特别变量在统计数据上呈现的显著变化。第二步是因素归因，包括识别可能的诱发因素，从而确定某个或多个驱动因素在检测到的变化和后续损害方面的作用。最后一步是来源归因，即试图将所有变化都归因到特定的主体。

从经营角度来看，有关石油巨头的归因科学需要先将影响归因于气候变化，然后再将损害归因于气候相关影响。在论证实例中，纠正行动的目标可能比较狭隘，它仅仅关注可确实归因于人为气候变化的影响。其实,纠正行动的目标也可以比较广泛,与气候变化相关的所有影响都是其关注范围。很明显,当前分析更关注纠正影响的狭隘目标,即那些可确实归因于人为气候变化的影响,以便明确行业责任与其对问题推动作用间的关系,为纠正行动提供可靠的参考规范。更为复杂的是,我们需要提供将损害归因于气候相关事件的证据。如前所述,归因科学为化石燃料使用和气候变化相关影响间的因果链提供了新证据。

然而,目前尚不清楚气候归因研究如何在当前发展水平上为气候政策和司法辩护提供依据,特别是在已有损害纠正方面。气候政策和气候谈判尚未明确进行财务补偿索赔需要什么类型的证据,即使在进一步追究责任的情况下也是如此,如补救气候变化负面影响的法律责任。

为了进一步揭示其复杂性,我们需要注意的,有些事件会给人们带来根本无法接受和适应的伤害。一般来说,缓慢发生的(人为)气候变化并不能归入此处论述的损害形式,因为其假设人类有能力适应气候的变化速度。然而,人们无法适应这些缓慢发生的气候影响,如全球海平面的上升。同样地,极端天气事件可以作为气候快速变化的证据,适应这种变化几乎是不可能的,因此,其对人类和地球的损害也是不可避免的。这似乎是一个合理且被广泛接受的假设:其基本原理是,在过去10年里,科学家越来越擅长识别和量化人为气候变化在多大程度上加剧了各种极端天气事件出现的频率和强度。与此同时,与缓慢的气候变化以及损害(由气候变化与包括社会经济因素在内的其他风险驱动因素交互造成的损害）影响相关的归因科学也正在快速发展。

例如，美国国家科学院（US National Academy of Sciences）指出，就人为气候变化对天气事件发生强度或概率的影响程度而言，现阶段有望做出定量说明，并进行论证。无独有偶，自 2012 年以来，《美国气象学会公报》（*Bulletin of the American Meteorological Society*）每年都会发布气候检测和归因报告，该报告重申，随着科学的进步，我们可以用特定精度检测任意给定事件的气候变化痕迹。有充分的证据表明，极端高温、由风暴潮和定期涨潮事件引发的沿海洪水、包含飓风暴雨在内的超强降水都与气候变化存在密切的因果关系。事实上，气候变化对这些事件的影响非常明显。例如，上文提及的 2019 年 7 月打破西欧历史记录的热浪，高温天气因为人为气候变化而加剧，如果没有这些人为气候变化，这场热浪不会达到如此规模。有关飓风、雷暴和某些类型干旱的科学证据尚不充分，但有关野火的科学证据却在不断涌现。此外，最近几年的科学研究已经能识别气候变化在个别极端事件，如高温天气、干旱、极端寒潮和飓风强度中的作用。

不仅如此，信息来源归属法还能用于识别气候影响，并确定其产生的根源；这个根源可能是某个特定主体（如某个国家或公司）、某个部门或某项活动。来源归属手段有利于我们进一步明确石油天然气公司人为破坏气候所带来的损失和危害。此来源归属法以该公司化石燃料对全球大气成分变化的影响比例、对局部事件的因果比例和这些影响引发的实际损失量为参考依据。换言之，人为气候变化和气候变化带来的危害及其对应的经济成本，再到碳排放者（如石油巨头）之间似乎存在着明显的因果关系链。

这种方法正广泛应用于与石油巨头有关的损失诉讼案件中，同时此方法也被视为应对气候变化的创新之举。例如，加利福尼亚州的三个地区——马林县（Marin）、圣马特奥县（San Mateo）和因皮里尔比奇市（Imperial Beach）——对37家石油、天然气和煤炭公司发起诉讼，指控这些公司对公共财产（如海滩和公园）造成了气候相关损害，诉讼理由是这些地区的一些居民可能会因为这些极端天气状况失去家园，流离失所。2020年，马里兰州（Maryland）首府安纳波利斯（Annapolis）的洪水持续了65天，而到2030年，其遭遇的洪水天数可能会上升至200天；到2040年，每年的洪水持续时间将会达到350天，该州已经对26家石油天然气公司提起了诉讼，这些石油公司包括英国石油公司、雪佛龙股份有限公司、埃克森美孚石油公司、壳牌集团以及美国石油学会。

艾克乌兹团队和利克团队的开创性研究表明，科学证据有助于分配碳生产者应承担的气候变化相关责任和义务。正如第一章所强调的，这些研究量化了海平面上升、全球地表温度攀升以及全球海洋酸化等事件，而这些事件背后的根源都可以追踪到具体排放公司身上。例如，三大投资公司——英国石油公司、雪佛龙股份有限公司、埃克森美孚下属公司的相关碳排放造成全球海平面上升了6%以上；而同一时期，加利福尼亚地区起诉的20家公司的排放量使全球海平面上升了10%。此

第三部分　石油巨头必须承担的责任

外,美国航空航天局推出了一种通过直接卫星监测计算近期气候变化个体驱动力的方法;而且现在还出现了一项高科技自主技术,其可通过卫星数据、机器学习和人工智能追踪特定国家、工业设施和发电厂的二氧化碳和甲烷排放量。

在此科学背景下,归因科学确实拥有重要的政治和道德意义,这些复杂的意义往往难以理解,同时还要确保其可以利用受影响主体的相关弱点。将具体损害归因于碳排放可以明确排放者的责任和义务,这些碳排放者涉及各个国家、地区、部门、个体以及缔造了石油行业的各家公司。当然,如第二章所述,归因科学也有不足之处,而且它并未以明确碳排放者的道德责任为目标,这是一个远远超出气候科学范围的多元化问题,涉及研究主体的意图、知识、自愿性和掌控性等各个方面。换言之,到目前为止,谁来为气候变化造成的损失买单以及如何界定这些损失,在很大程度上仍是一个社会政治问题。

如上所述,原则上来说,石油巨头需要修复的气候危害应当是人为行为带来的气候危害,这部分危害可归因于有科学证据的不断累积的碳排放,而且多数是由无法适应的极端天气事件和缓慢发生的气候变化(如海平面的稳步上升)导致的。毋庸置疑,这是待修复气候危害的一个具体定义;这个定义拥有坚实的理论基础,自当毫无争议,而且获得了广泛认可。但是在实践中,对碳排放危害进行归因的做法尚缺乏充分的理论依据和论证。尽管如此,这些方法在确认责任方面迈出了可行的第一步,为造成气候危机的群体和受其影响的群体之间实现和解提供了可能性。因此，这一框架有望从理论方面明确石油巨头应该进行经济补偿的道德性损害。

但令人遗憾的是，以过往经验来看，即便是最先进的归因科学也无法提供如此详细的公司信息，而且在未来几年也不太可能做到这一点，特别是在该行业的碳排放属于更加难以识别和计算的第三类排放的情况下，即这些碳排放来自全球经济体系中化石燃料产品的下游燃烧。因此，在期待归因科学在评估道德相关损害无可争议的货币价值方面大展宏图的同时，我们迫切需要找到一个实际可行的过渡方案来估算石油巨头的赔偿责任。

换句话说，鉴于当前气候突发事件和石油巨头在这些事件中的重要作用，石油公司迫于道德责任不得不做出经济补偿的气候损害比例需要一个估值。下文将介绍一种可行性方案，该方案以该行业碳排放量相关的碳社会成本为基础，为排名前20位的石油天然气公司提供履行赔偿责任的模式。

▶ 履行赔偿责任的详细流程

我们从理论上明确了石油公司需要进行补偿的道德伤害的具体内容后，还需对其全面运作进行进一步的详细说明。特别是在符合第六章概述的赔偿责任的实用导向性规范的情况下，需要特别详细说明赔偿行动为有效满足义务受让人的要求而应该采取的形式和具体手段；另一合理规范要求明确这些受

第三部分 石油巨头必须承担的责任

让人的身份,以及这些受让人会获得赔偿的可能性。

赔偿责任要求石油巨头进行的经济补偿,可通过一个名为石油赔偿基金(FOR)的全球基金来完成。具有约束力的国际法律倡议应将石油赔偿基金打造成一个独立的全球法律实体和投资工具,从而进一步推动和监督石油巨头退还的收益的汇集和分配。

理想情况下,石油赔偿基金的管理者应该是气候变化、科学和教育、环境问题、司法、和平和安全、发展、国际法、金融事务和科学等领域的公民社会、政府和非政府组织成员中选出的受托人。为了监测石油赔偿基金的行动,保障其效能,规避可能出现的贪腐或渎职现象,这些受托人要遵守一项监督机制(本节稍后会分析该机制)。这些受托人或基金管理者应该获得长期任命,因为定期改选会使长期纵向目标难以获得持续性关注,反而会使管理者将注意力投向短期解决方案。作为一个不断有巨额资金流动的机构,石油赔偿基金必须做好接受公众和媒体严格审查的准备,以确保其在资金分配方面公平合理。因此,石油赔偿基金必须拥有财务公开政策、保障第三方问责的协议、吹哨人保护机制以及其他方式以保持机构廉洁,使其免于遭受贪腐指控。

石油赔偿基金管理者会获得明确的长期授权,在充分保障气候系统为今世和后代造福的同时颁布其筹资机制。这种财务机制可推动战略聚焦,严格项目管理,进行可靠的检测与评价,还可保持高度的透明性。其结构与偿债基金类似,其全部本金和投资收入会在相当长的一段时期内支付——以石油巨头为例，其起步支付年限可以设定为 30 年——随着时间流逝，资金会逐步支付，直至全部支付完成。其资本化和资源动员战略完全依赖于石油天然气公司退还的收益。

所有地方性碳排放源都与大气中温室气体浓度的全球增长一致，因此，从石油巨头遍布全球的生产工艺和产品对气候变化的主要推动作用来看，石油赔偿基金覆盖的范围应是全球性的。在资金补充和资金使用方面，无须考虑区域/国家/地方/部门差异。

石油赔偿基金应包含三个部分：一个核心单位和两个附属单位，前者为最容易受到气候变化（损害单位）影响的人群提供资金支持，后面的两个单位，一个旨在通过解决脱碳责任的社会负担来推动低碳转型，并为清洁能源技术和项目等提供支持（转型单位），另一个则旨在为石油巨头脱碳的直接受害人，即失业工人和一线群体（工人和群体单位）提供帮助。因此，转型单位以及工人和群体单位将会为有利于社会和环境的行动、倡议和项目提供支持，从而推动低碳转型，并为依赖化石燃料价值链的工人和社区提供支持（Healy and Barry，2017）。

石油赔偿基金的资金筹集和使用流程的运营方式应以所有相关的利益攸关者决定的社会商定方式构建，借鉴现有类似金融机制模型，如《联合国气候变化框架公约》绿色气候基金（UNFCCC Green Climate Fund）和将来实施的欧盟公正转型基金（European Union Just Transition Fund）。因此，本节其余部分将阐述三个单位在义务受让人准入方面的主要特点，并概述

第三部分　石油巨头必须承担的责任

监测该基金活动的机制。图 9-1 展示了拟议的石油赔偿基金。

```
                                    ┌─────────────────────┐
                                    │      受损单位        │
                              50%   │ 为易受气候变化影响   │
                         ┌──────────▶│ 的人群提供资金支持   │
                         │          └─────────────────────┘
┌──────────────────┐    │          ┌─────────────────────┐
│                  │    │    25%   │      转型单位        │
│ 石油赔偿基金(FOR) │────┼──────────▶│ 脱碳和清洁能源项目   │
│                  │    │          └─────────────────────┘
└──────────────────┘    │          ┌─────────────────────┐
                         │    25%   │     工人和群体单位    │
                         └──────────▶│                     │
                                    └─────────────────────┘
```

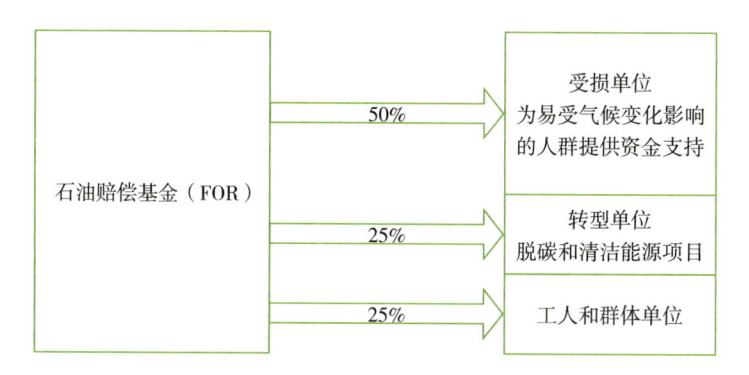

图 9-1　拟议的石油赔偿基金

石油赔偿基金的唯一宗旨应该是在全球范围内纠正赔偿那些最容易受到气候变化影响的社会群体所遭受的损害。然而正如下文石油巨头退还收益实施模型所示，要赔偿所有道德相关损害是不可能实现的，有希望得到赔偿的也只是一小部分。无论是从其制定赔偿责任要求的严苛目标、道德重要性，还是易受气候变化影响人群所面临的紧张局面来看，石油赔偿基金的作用毋庸置疑。理想情况下，应将追缴资金的半数分配给利益受损单位，剩余半数可平均分配给转型单位以及工人和群体单位。从石油赔偿基金损害单位获得资金支持的机会，应与受让人的社会脆弱程度成反比。

对相对较小的转型单位而言，拨付的资金应优先用于支持低碳转型的高效行动、倡议和项目，其规划必须囊括关闭全球数千口油气井的资金安排，从而在最大限度上减少这些油气井被再次开发的可能性。过去关闭这些废弃海陆油井的费

- 233 -

用（包括拆除上层设施和油井本身封顶的费用），一直由油井所属公司的未来收益负担，但在直接面向低碳技术和保留化石燃料的情景中，这种收入渠道的逻辑性就有些不合时宜。由英国海上石油和天然气行业协会的数据可知，2020年仅拆撤英国石油天然气井的预估费用就会达到11亿英镑（合14.8亿美元）。

就工人和群体单位而言，所有失业工人和群体都应享有获得赔偿金的权利，该赔偿金额将根据这些工人以前的收入或福利计算，以该国的中位收入为上限。事实上，引入石油赔偿基金的这个单元，可为失业工人和通过化石燃料生产谋生的群体提供保障，为其提供收入支持、再培训以及其他公共服务和污染场地的修复支持，这对于提升反化石燃料倡议的接受度和可行性至关重要，并且应与国家和地方管理机构密切合作。例如，伯尼·桑德斯（Bernie Sanders）在2020年竞选美国民主党总统候选人（以失败告终）时提到的气候计划："这个计划优先考虑化石燃料工人，一个多世纪以来，他们是促进我们经济发展的动力，但他们往往无法获得企业和政治家的重视。失业工人将享有五年当前水平的工资、住房保障、职业培训、医疗保健、养老金支持和优先就业安置等保障，此外，那些不想或无法再继续工作的工人，还可享受提前退休的保障。"

值得强调的是，量化指标（即下一节提及的模型）显示，这两个分支单位——转型单位以及工人和群体单位——将在2020年至2050年获得大约6000亿美元的资金支持。欧洲绿色政策投资计划（European Green Deal Investment Plan）的公正转型机制（Just Transition Mechanism）与石油赔偿基金的工人和群体单位和转型单位的目标大致一致，即预计在 10 年内调动 1430 亿欧元（合 1613 亿美元）为严重受到转型影响的欧盟地区提供支持。为低碳转型提供支持的这两个资金来源，虽然涵盖的地域范围不同，但规模相似。

最后，从整个赔偿过程的核心环节和敏感度来看，对石油赔偿基金的功能和效力进行定期检查和全面审查至关重要。为了推动这一监测过程，石油赔偿基金应设定一些涉及认知品质的总体交叉性校准和调整机制，该品质可为实现其最终目标提供证据，即为最容易受到气候影响的主体处理气候相关损害提供支持。在这些认知品质中，与石油赔偿基金的性质和目标最相关的两个突出特点便是问责制和透明度，前者要求该基金遵守某些行为准则，并判断该基金是否真的符合该行为的预期；后者则指监督基金运行以规避违法行为的可能性。这些要求可以使我们更好地解读和评估石油赔偿基金行为和其使命之间的一致性。

▶ 赔偿责任的履行范例

从石油赔偿基金履行赔偿责任的角度来看，必须先确定每一家具体的石油天然气公司造成气候损害的碳排放量数值。1990—2015 年排名前 20 位的石油天然气公司在范围 1 和范围 3 温室气体累计排放方面的数据已在表 9-1 中呈现：事实上，人们普遍认为气候变化在 1990 年这一年才获得了广泛认可，但从支持道德相关事实 A——认知（第二章对此进行了阐述）的证据来看，这种认可是对石油巨头的巨大妥协。表 9-1 的数据来自碳巨头数据库（Carbon Majors Database）发布的数据——《2017 年数据发布报告》(*2017 Dataset Release*)。然而，该报告计算的是石油天然气公司在 1988—2015 年的碳排放量。该数据库假设在 1988—2015 年，这些公司对气候变化的年碳排放量保持不变，并以此为基础测算了本表的排放量（1990—2015 年的计算数据）。

表 9-1 排名前 20 位的石油天然气公司范围 1 和范围 3 温室气体排放量（1990—2015 年）

石油天然气公司	排放量/亿吨	占比/%
沙特阿拉伯国家石油公司（沙特阿拉伯）	361	14.8
俄罗斯天然气工业股份公司（俄罗斯）	313	12.9
伊朗国家石油公司（伊朗）	182	7.5
埃克森美孚石油公司（美国）	158	6.5
墨西哥国家石油公司（墨西哥）	149	6.1
壳牌集团（英国/荷兰）	133	5.5
中国石油天然气集团有限公司（中国）	124	5.1
英国石油公司（英国）	123	5.0
雪佛龙股份有限公司（美国）	105	4.3
委内瑞拉国家石油公司（委内瑞拉）	98	4.0
阿布扎比国家石油公司（阿联酋）	96	3.9
阿尔及利亚国家石油公司（阿尔及利亚）	80	3.3
科威特国家石油公司（科威特）	80	3.3

第三部分　石油巨头必须承担的责任

续表

石油天然气公司	排放量/亿吨	占比/%
道达尔能源（法国）	76	3.1
康菲石油（美国）	67	2.7
巴西国家石油公司（巴西）	61	2.5
卢克石油公司（俄罗斯）	60	2.4
尼日利亚国家石油公司（尼日利亚）	58	2.4
马来西亚国家石油公司（马来西亚）	55	2.3
俄罗斯石油公司（俄罗斯）	52	2.2

资料来源：节选自碳巨头数据库2017年发布的详细报告（CDP，2017）。

应当指出的是，表9-1中使用的数据，或更广泛地说，与赔偿和脱碳责任实施相关的所有数据，都只是以严谨而科学的方式来说明所涉问题的规模。它们并非只有通过具体案例调查才能得到的确凿数据，只是为了让人们了解具体石油天然气公司的参与程度。

由表9-1可知，排名前20位的碳排放者承担了有关气候损害的所有经济责任。例如，全球排放量第一的沙特阿拉伯国家石油公司，其在1990年至2015年共排放了361亿吨，损害度为14.8%，而俄罗斯石油公司的碳排放量最少，其55亿吨排放量对应的损害度仅为2.2%。

根据前文提及的碳社会成本测算的碳排放量比例，每家公司为石油赔偿基金提供的资金金额应不相上下。此金额是衡量气候损害的一种指标，表示每吨碳排放产生的全球变暖累计经济影响的美元价值。通过对多个可靠数据源数据的整理发现当前碳社会成本的可靠估值约为 90 美元/吨（Pindyck，2019），这个碳社会成本估值争议极大（Wagner et al.，2021）。例如，美国总统拜登成立的跨部门小组设定的碳社会成本临时价值约为 51 美元/吨，但其实际价值可能会高达 125 美元/吨（IWG，2021）。里奇团队（2018）估算的碳社会成本中间值为 417 美元/吨，而托尔（Tol，2019）却强调各国的碳社会成本中间值差异巨大，人口众多的贫困国家的数值往往最高。与此同时，据说在 2040 年之前，埃克森美孚石油公司在发达国家内部使用的碳社会成本值（该公司称其为"碳估算成本"，该公司会使用该数字来估算气候变化和不断变化的能源需求为其项目带来的风险）为每吨二氧化碳 80 美元。

此处采用的平迪克（Pindyck）碳社会成本估值，不仅借鉴了模型，还听取了在气候变化、政策及其影响研究方面经验丰富的专业人士（气候科学家、经济学家和其他社会科学家）的意见。以这种耦合建模/调查方法为基础的平迪克碳社会成本均值的估算价格为每吨 200 美元。他进一步"剔除了异常值，专注于对自己答案高度自信的专家"（Pindyck，2019：140），并得出了每吨 80~100 美元的较低碳社会成本值，因此此处使用的碳社会成本均值为 90 美元每吨。

照此算来，沙特阿拉伯国家石油公司在 1990 年至 2015 年的累计排放所造成经济损失约为 32480 亿美元，而俄罗斯石油公司造成的经济损失额约为 4720 亿美元（见表 9-2）。

第三部分　石油巨头必须承担的责任

表 9-2　以碳社会成本（碳社会成本 90 美元每吨）衡量的排名前 20 位的石油天然气公司的损害额

石油天然气公司	道德相关损害额/亿美元
沙特阿拉伯国家石油公司（沙特阿拉伯）	32480
俄罗斯天然气工业股份公司（俄罗斯）	28160
伊朗国家石油公司（伊朗）	16400
埃克森美孚（美国）	14240
墨西哥国家石油公司（墨西哥）	13440
壳牌集团（英国/荷兰）	12000
中国石油天然气集团有限公司（中国）	11200
英国石油公司（英国）	11040
雪佛龙股份有限公司（美国）	9440
委内瑞拉国家石油公司（委内瑞拉）	8800
阿布扎比国家石油公司（阿联酋）	8640
阿尔及利亚国家石油公司（阿尔及利亚）	7200
科威特国家石油公司（科威特）	7200
道达尔能源（法国）	6800
康菲石油（美国）	6000
巴西国家石油公司（巴西）	5520
卢克石油公司（俄罗斯）	5360
尼日利亚国家石油公司（尼日利亚）	5200
马来西亚国家石油公司（马来西亚）	4960
俄罗斯石油公司（俄罗斯）	4720
合计	218800

表 9-2 呈现的数字令人震惊，这些惊人的金额远远超出了石油天然气公司的总资产额。因此，当使用碳社会成本测量时，

- 239 -

石油巨头不可能负责所有的道德相关损害，或者大部分损害。

鉴于这一证据以及世界最大石油天然气公司的勘探与生产资本支出——用于勘探和生产石油天然气的资金——在2019年达到了5460亿美元，要制定可行而又有道德说服力的赔偿责任，应先将这些支出设置为零（在与不同固定资产的行业和经济义务兼容的最短时间内），然后再将其实际转化为对已有损害的经济补偿。此外，该行业的任何一家公司都不应再在化石燃料方面有任何资本支出。然而，为了保持与赔偿责任道德基础的联系，其实施应涵盖表9-2中碳社会成本评估的部分道德相关损害。为了在全面履行赔偿责任的伟大目标和石油巨头的财务能力现状间取得平衡（该平衡虽受经验主义限制，但具有重大的道德意义），应对这些金额进行大幅度调整，同时也要考虑到其与脱碳责任间的权衡取舍。

为此，我们可以根据第七章介绍的赔偿和脱碳责任的潜在要求以及石油巨头在这方面的规划，制订一个符合赔偿责任要求的简单整改方案。该规划将石油天然气公司按照不同要求等级划分为三组：高等要求（高等要求公司包括：英国石油公司、雪佛龙股份有限公司、中国石油天然气集团有限公司、埃克森美孚石油公司、俄罗斯天然气工业股份公司、壳牌集团、沙特阿拉伯国家石油公司），中等要求（中等要求公司包括：阿布扎比国家石油公司、康菲石油、科威特国家石油公司、伊朗国家石油公司、委内瑞拉国家石油公司、墨西哥国家石油公司、巴西国家石油公司、马来西亚国家石油公司、俄罗斯石油公司、道达尔能源），低等要求（低等要求公司包括：卢克石

第三部分　石油巨头必须承担的责任

油公司、尼日利亚国家石油公司和阿尔及利亚国家石油公司）。因此应根据此划分将相应的经济纠正重担分配给这三组石油巨头（高等要求公司、中等要求公司和低等要求公司）。高等要求公司的预期贡献最大：比如，他们将承担表 9-1 中碳社会成本相关损害责任的 3%，以这些公司根据同一计算标准计算的贡献量为基础，这一数额在 2050 年前将以每年 0.1% 的速度增长，为了使结果更直观，不采用复利计算。因此，2050 年的最高贡献额将达到与其排放相关的碳社会成本的 6%。中等要求的石油天然气公司也需要遵照高等要求公司的出资程序，但初始支付金额为其碳社会成本的 2%；在接下来的 30 年里，每年递增 0.1%，最终在 2050 年达到其碳社会成本的 5%。低等要求公司的初始支付比例为 1%，并在 2050 年达到其碳社会成本的 4%。

　　选择这些特定百分比的原因（虽然是主观的）有两个。一方面，这些真实数字反映了石油天然气公司的经济和财务规模，同时又能够为石油赔偿基金提供大量资金资源。另一方面，他们依照石油天然气公司义务所要求的不同等级要求，对这些义务进行权衡取舍；也就是说，他们找到了一种令人满意，但又不会阻碍石油巨头履行脱碳责任的渐进赔偿方式。

　　表 9-3 呈现了谨慎实施财务纠正的指示性概览，通过不同公司的部分道德相关损害的石油赔偿基金实施，并按照其要求等级进行分组。如上所述，任何已承诺的持续资本支出都应计入这些庞大的金额。总体来说，可将这些数字视为基准，也可将其视为石油巨头在理想的特定情景和背景下应该追求的理想目标。

表 9-3 排名前 20 位的石油天然气公司在 2020 年至 2050 年的退还金额（单位：亿美元）

责任等级	石油天然气公司	道德相关损害	初始退还金额（2020 年）	后续年度退还金额（2021—2050 年）	累计退还金额（2050 年）
高等要求公司（初始退还比例 3%）	英国石油公司（英国）	11040	331	11	662
	雪佛龙股份有限公司（美国）	9440	283	9	566
	中国石油天然气集团有限公司（中国）	11200	336	11	672
	埃克森美孚石油公司（美国）	14240	427	14	854
	俄罗斯天然气工业股份公司（俄罗斯）	28160	845	28	1690
	壳牌集团（英国/荷兰）	12000	360	12	720
	沙特阿拉伯国家石油公司（沙特阿拉伯）	32480	974	32	1949
合计退还金额					7114

第三部分 石油巨头必须承担的责任

续表

责任等级	石油天然气公司	道德相关损害	初始退还金额（2020年）	后续年度退还金额（2021—2050年）	累计退还金额（2050年）
中等要求公司（初始退还比例2%）	阿布扎比国家石油公司（阿联酋）	8640	173	9	432
	康菲石油（美国）	6000	120	6	300
	科威特国家石油公司（科威特）	7200	144	7	360
	伊朗国家石油公司（伊朗）	16400	328	16	820
	委内瑞拉国家石油公司（委内瑞拉）	8800	176	9	440
	墨西哥国家石油公司（墨西哥）	13440	269	13	672
	巴西国家石油公司（巴西）	5520	110	6	276
	马来西亚国家石油公司（马来西亚）	4960	99	5	248
	俄罗斯石油公司（俄罗斯）	4720	94	5	236
	道达尔能源（法国）	6800	136	7	340
合计退还金额					4124
低等要求公司（初始退还比例1%）	卢克石油公司（尼日利亚）	5360	54	5	214
	尼日利亚国家石油公司（尼日利亚）	5200	52	5	208
	阿尔及利亚国家石油公司（阿尔及利亚）	7200	72	7	288
合计退还金额					710

- 243 -

国际石油公司和国家石油公司都需要按照这三个等级向石油赔偿基金缴纳资金，这一点十分重要。为了彻底研究赔偿责任的实施，下节不再沿用上文一直使用的图解法（尽管其可能有助于利害关系问题的定量分析），而是采用更精细的定性视角，从赔偿责任的实施角度出发，聚焦与石油巨头分组和内部个别公司相关的典型政治、社会和经济特征。深入了解不稳定主体可能发挥的不同作用会让这些考量获得更多关注，从而推动赔偿责任的实施。

▶ 赔偿责任的实际履行情况：政治因素、社会背景和潜在的不稳定主体

正如第二部分所述，如要规避不确定的风险，提升赔偿责任的现实影响，应将其大部分实施定义为明确的不稳定主体在特定社会背景下实施的政治行动。鉴于气候危机的紧迫性，下文将对实施过程进行概述，在近期政治演变的现实框架中讨论赔偿责任。当然，行业巨头国有化的生态社会主义未来确实会让赔偿责任的实施变得更加容易。另外，虽然在联合国全球升温 1.5 摄氏度的报告发布后，全球气候行动有了突飞猛进的发展，但仍然过于理想化，至少从本书适度激进的目标来看过于理想化。本书旨在为石油巨头制订履行其责任的路线图，而这些责任源自其以渐进、民主和非暴力形式承担的气候危机责任，以及相关环境（因为当前的世界政治仍然深陷高碳密集型

生产和消费模式的泥潭)。

这也是第七章的主要观点,即富裕国家(多为西方国家)的国际石油公司履行其赔偿责任的可能性更高,而非西方国家的国家石油公司可能更愿意观望,等待有利的社会、文化、政治、道德因素和规范获得更广泛的社会认可。此外,贫困石油出口国国家石油公司应该承担较低的赔偿责任,此举也让这些国家和公民拥有更多的发展机会。这也是为其提供援助的一种方式,可以减轻这些国家在气候稳定过程中必须承担的重担,当然,这也是摆脱贫困或劣势的一种普遍权利(Armstrong,2020)。

基于这些考虑,为了摆脱上一节所讨论的赔偿责任所要求的简要但严格的退还收益计划,我们有必要根据该义务的显著特征和影响实施的决定因素对石油天然气公司进行分类。为此,赔偿责任更为精细化的定性预估需要在高等要求、中等要求、低等要求三个层次中考虑国际石油公司和国家石油公司的区别以及第七章中阐述的影响决定因素。正如之前所强调的,我们还应更加重视石油巨头的资产目标参数。

对于实施赔偿责任,创建三大行业巨头集群似乎最为适宜。第一集群包括符合高等要求和中等要求的国际石油公司,第二集群由符合高等要求的国家石油公司组成,而第三集群则涵盖符合中等要求和低等要求的国家石油公司。

第一集群中的国际石油公司,如英国石油公司、雪佛龙股份有限公司、康菲石油、埃克森美孚石油公司、壳牌集团和道达尔能源,必须在极短时间内履行赔偿责任。需要指出是，鉴于这些公司在违反不造成损害方面的系统性行为以及本书第一部分描述的道德相关事实，本书认为这些公司需要承担最大的道德责任。此外，由于参与程度不同，他们曾经，甚至其中一部分现在仍是否认气候变化运动的先锋，这些运动严重阻碍了气候运动的开展。事实上，北美国际石油公司在否认气候变化方面最为积极。与此同时，正如诉讼激增、主要不稳定主体开展的深入而有效的基层工作，以及一些经营主体举措有效性所证明的那样，美国似乎已做好准备——可能从州一级开始——要按照赔偿责任要求，引入必要法律文件建立具有约束力的退还收益机制。美国的国际石油公司——雪佛龙、康菲石油、埃克森美孚——似乎也具备手段和能力承担表9-3所示的退还资金，这与资产目标参数一致。总而言之，本书提出的理论和实证考量表明，总部位于美国的国际石油公司应立即毫无拖延地履行赔偿责任。

欧洲的国际石油公司——英国石油公司、壳牌集团和道达尔能源公司的情况略有不同。一方面，这些公司的道德责任感要比美国的国际石油公司低：英国石油公司和壳牌集团在否定机制方面没有那么牢不可破，而且比他们的美国同行更早放弃这种观点，道达尔能源在其中发挥的作用相对有限，比如在气候政策方面不再考虑包括美国石油学会在内的贸易团体的意见。另一方面，可能也是最重要的一方面，可能是因为文化差异，与大西洋彼岸的同行相比，欧洲人似乎还不愿意，或确实不太愿意推行具有法律约束力的举措。因此，履行赔偿责任需要不稳定主体的深度参与。然而，由于欧洲国际石油公司总部

第三部分　石油巨头必须承担的责任

所在国家（特别是英国和荷兰）对化石行业在气候变化中的作用和责任的认知和敏锐性已经有所提升，并大体达到了与美国一致的水平，因此对主要不稳定主体而言，进一步的大幅努力不是必选项。应该继续努力的是那些能将石油天然气公司告上法庭的行动主体，如民间团体、非政府组织、社会运动和各级政府机关。正如第八章所述，基于针对消费者和投资者在气候风险方面的欺诈行为的举措实际上最能推动政府采取具有法律约束力的行动来促使石油巨头履行赔偿责任。要实现这一政治环境目标，至少还需要几年的时间。一旦达到最优状态，英国石油公司和壳牌集团就必须履行表9-3中的退还资金基准。鉴于道达尔能源在道德方面的妥协相对较少，其履行赔偿责任的期限应较为宽松。

　　第二集群涵盖高等要求的国家石油公司：中国石油天然气集团有限公司、俄罗斯天然气工业股份公司和沙特阿拉伯国家石油公司，这些公司及其背景各不相同，但此处涉及的关键问题可能没有人们想象的那么多，他们履行赔偿责任时应考虑到这些不同。就影响石油巨头履行赔偿责任（第七章强调的）的因素来看，这三家公司除了拥有庞大资产和需要承担高额赔偿金外（表9-3），还处于不利于开展反化石燃料行动的社会环境：这些公司所属国家拥有非常稳固高效的制度体系；这些公司所属国家的政体不同，但都有相对可接受的经济状况。不过，他们在资源可用性方面也有所不同：中国石油天然气集团有限公司注重资源开发，而俄罗斯天然气工业股份公司和沙特阿拉伯国家石油公司则注重开发市场，但俄罗斯天然气工

- 247 -

业股份公司主营产品为化石燃料（天然气），这种产品比沙特阿拉伯国家石油公司的产品——石油更难处理。此外，沙特阿拉伯国家石油公司拥有大量权限，其主要目标基本上就是赢利，而俄罗斯天然气工业股份公司除了商业目标外，还兼具政治和社会功能，如为本国提供享受补贴价格的天然气（Victor, Hults, Thurber, 2012a）。因此，从某种角度来看，以开拓市场为重心的沙特阿拉伯国家石油公司和俄罗斯天然气工业股份公司更有可能去履行赔偿责任，因为他们可以依靠自身的化石燃料储备（至少在中短期）来履行赔偿要求，特别是沙特阿拉伯国家石油公司。由于按照国内生产总值计算，俄罗斯和沙特阿拉伯分别属于中等偏上收入国家和高收入国家，因此他们的赔偿责任并未因为其石油出口国的身份而减轻。另外，这些公司面临的主要障碍之一便是，这些公司归国家所有，而这些国家的社会环境明显有利于石油行业的发展。

第三集群包括各种各样的国家石油公司：阿布扎比国家石油公司、卢克石油公司、科威特国家石油公司、伊朗国家石油公司、尼日利亚国家石油公司、委内瑞拉国家石油公司、墨西哥国家石油公司、巴西国家石油公司、马来西亚国家石油公司、俄罗斯石油公司和阿尔及利亚国家石油公司。首先，出于对国家发展权的尊重，在为这些公司制定退还基准时应给予尽可能多的空间（参见表9-3），特别是那些位于贫困国家的企业，如伊朗国家石油公司、尼日利亚国家石油公司和阿尔及利亚国家石油公司。这些公司在影响赔偿责任实施的决定因素方面的多样性，阻碍了履行赔偿责任的类似政治途径的制定。此

第三部分　石油巨头必须承担的责任

外，由于缺乏同质性，也不能期望不稳定主体在激发必要法律举措方面共同发挥作用。与此同时，详细分析有关国家和地区在化石燃料、气候变化方面的政治和社会经济背景的可能演变以及石油公司在其中的作用已经远远超出了本书研究范围，甚至本书可能完全不会提及。用一句话概括便是，主要不稳定主体发挥着重要作用，尽管以上提及的大多数公司在所属的集权政权中要应对诸多困难。

这些公司分布在五个截然不同的区域：非洲、波斯湾、拉丁美洲、俄罗斯和东南亚。就俄罗斯和波斯湾的潜在不稳定主体而言，前文提出的考量也适用于第三集群的国家石油公司：简言之，该社会背景对支持和实施赔偿责任的举措非常不利。类似的考量也适用于阿尔及利亚国家石油公司和尼日利亚国家石油公司。然而在拉丁美洲和东南亚，主要不稳定主体确实可以发挥作用，而且会更有效：巴西、墨西哥和马来西亚的民间团体对化石燃料的危害性更为敏感［但自2020年年底以来，墨西哥国家石油公司不再积极参与石油行业的主要气候组织——油气行业气候倡议组织（Oil and Gas Climate Initiative）的活动］。与此同时，拉丁美洲开发银行（Development Bank of Latin America）和亚洲开发银行也明确表示，它们将不再为化石燃料项目提供资金支持。简言之，它们将成为推行气候行动主义的新前沿阵地，因此从中期发展来看，这些地区的国家石油公司可能会面临各种要求，要求他们担负起赔偿责任所要求的经济重担。

更有趣的是，根据墨西哥国家石油公司、巴西国家石油公司和马来西亚国家石油公司当前的非生产性角色，即政府赋予他们的非化石燃料生产商的角色，简单强调他们的赔偿责任可能会对社会产生一些影响。根据维克托（Victor）、霍尔特（Hults）、瑟伯（Thurber）的说法（2012b），国家石油公司在供应社会公共产品（有利于整个社会的重担）和私人产品（有利于少数群体的重担）两方面可能要承担不同程度的重担。墨西哥国家石油公司在提供社会公共产品方面负担沉重（收入被政府广泛用于公共用途的高税收），在私人产品（对工会的赞助）供应方面的负担也处于中上水平，而巴西的巴西国家石油公司在公共社会产品（用于能源自给自足和满足国内市场需求的工具）方面的负担处于中下水平，私人产品的负担也很低。因此，与墨西哥国家石油公司相比，巴西国家石油公司所受的约束和金融限制要少很多，原则上其更会迫于各种压力履行自身的赔偿责任。与巴西国家石油公司类似，马来西亚国家石油公司承担的负担规模较小，一旦社会为推行法律奠定了基础，其有望更加迅速地履行赔偿责任。

第三部分 石油巨头必须承担的责任

第十章 绿色未来

金融界大师吉姆·克拉默在第八章对石油巨头股票吸引力下降的可怕描述并非毫无依据。有三个有力证据表明，不仅石油本身有可能成为过去时代的化石遗迹，赚钱的超级明星即石油天然气公司如果不蜕变，可能很快也会成为过时的老古董。2020年3月底，标普500指数能源板块的权重跌至了3.8%的低点；2020年8月末，在道琼斯指数上存在了92年的埃克森美孚退出了，而化石燃料生产商发行的股票价值在2012年至2020年蒸发了1230亿美元，在MSCI国家指数中的表现也欠佳，落后了52%（CTI，2021c）；2021年1月，特斯拉的股票市场价值（即使其中有一部分是泡沫）超过了英国石油公司、雪佛龙、康菲石油、埃克森美孚、壳牌和道达尔能源市值的总和，也就是说特斯拉的市值更高。

过去以石油为中心的世界开始崩溃。例如，波澜壮阔的技术革命正在改变自己的命脉——能源体系，这个过去完全依赖化石燃料的能源体系，正以前所未有的惊人速度开发着各种可再生能源：风能和太阳能的总装机容量将在 2023 年超过天然气，并于 2024 年超过煤炭。

面对迫在眉睫的气候危机，低碳转型——全面降低社会经济体系的碳排放——可能是当前有关社会、经济和自然的讨论中最有说服力的方法之一，要实现这一转型，我们需要快速而深刻地改变态度、行为、规范、激励机制和政治环境。

总的来说，这场科学、政治和社会经济辩论讨论的是如何从数量有限但容易获取，且价格更为低廉的化石能源主导的系统，转变为逐步弃用化石能源并转向可再生能源的系统。正如第八章所指出的，这种情况下实用的社会科学方式是转型研究，该研究解释了不同战略和资源如何影响社会力量的接受度和对现状的偏离。本章从这一观点出发，论述了正在研究的特定社会经济力量——石油行业的低碳转型。由于石油行业对气候变化具有道德责任，因此其需要承担脱碳责任，该责任要求石油行业逐步减少并最终淘汰产品和流程中的化石燃料，从而将其色调从陈旧的黑金色转变为全新的绿色。因此，在低碳转型背景下，限制流程碳含量是所有部门不可规避的广义目标，但这一特定行业产品——石油和天然气——的脱碳具有特定而鲜明的特征：这是一个关键变量，是全球社会经济体系脱碳链条上的第一张多米诺骨牌，因此本章将致力于研究这一观点。

基于以上考虑，本章不对低碳转型进行分析，也不会试图对其进行总结；本章更深层次的目的是研究侧重于特定主体部分的可能发展，即如何通过脱碳责任逐步淘汰石油巨头提供的化石燃料。正如第九章所强调的，这种分析以政治演变

第三部分　石油巨头必须承担的责任

的现实环境为背景。从实现公正转型的四种实用的代表性方法——现状改善、管理变革、结构变革和转型来看，石油巨头的脱碳责任要求属于公正转型的结构变革方法，需要通过改善治理结构和更广泛的参与来实现制度变迁和结构演变。如第八章所述，此分析单元位于社会技术系统的中观层面，是宏观层面（如改变资本主义或自然与社会的交互性质，即变革型公正转型）和微观层面（如改变个人选择、态度和动机，从本质来看，其是现状改善和管理转型方法）的补充。

此外，需要澄清的是，尽管本书考虑了相关的国家和国际政治因素，特别是与国家石油公司相关的政治因素，但本书并不涉及石油巨头脱碳的广义地缘政治分析。事实上，在一些石油国家，如果其国家石油公司因脱碳过程无法获取维持社会经济体系所需的收入，那这些脱碳过程将会引发混乱，造成政治动荡，从而引发不同的地缘政治情景。例如，在未来 20 年里，石油国家可能会因为低碳转型损失 51% 的石油天然气收入，而那些没有做好低碳转型准备的国家会因此而变得动荡不安。此外，如果转型太快，从石油依赖地区向西方国家的移民数量可能会增加，国内外的热门问题也会加剧。可能还会引发骚乱、进一步的极端主义和内部冲突，致使国家的基本结构分崩离析，造成具有潜在危险性的地区和全球后果。事实上，低碳转型的地缘政治影响十分微妙、复杂和违反直觉：例如，石油国家可能会暂时从中获利，但随着需求高峰的到来，成本最低的生产商——如波斯湾的国家石油公司——销售自身石油产品的时间最长。

鉴于地缘政治的整体复杂性及其对国家、地区和全球社会经济体系的影响，仅仅关注石油巨头脱碳绝非易事。例如，石油行业必须大幅削减总产量，将排放量保持在国际气候目标范围内，并努力打造拥有理想碳认知的宜居世界。一些统计数据显示，七大投资者所有石油公司（英国石油公司、雪佛龙、康菲石油、意大利埃尼集团、埃克森美孚、壳牌和道达尔能源）如果想实现国际能源机构设想的控制在 2 摄氏度以内的水平，就必须在 2040 年之前减产 40%。

一个价值 16 万亿美元，拥有至少 1000 万名员工的行业，不论想通过什么方式缩减规模，都需要付出巨大努力。截至 2019 年，该行业已经消耗了总碳预算的大约 82%，却只有 50% 的机会将全球的升温幅度控制在 1.5 摄氏度之下。由于很多国家的公共服务所需资金都源自庞大的石油租金，23 个国家和地区超过半数的出口收入都来自化石燃料的出口，而且未来仍会供应一些化石燃料，因为某些产品——主要是石化产品（如医用塑料）——和某些工业过程尚未实现脱碳，或者说其无法实现脱碳。

与此同时，国际能源机构的报告称，2019 年石油天然气行业在能源领域的化石燃料资本投资额占总投资的 99.2%，而可再生能源以及碳捕获和存储方面的投资仅占 0.8%，事实表明，全球最大的 50 家石油公司计划在 21 世纪 20 年代每天向全球额外提供 700 万桶原油，因为在 2018 年至 2030 年，他们的预期产量会增长 35% 以上，这些增幅比过去大得多。这一点不仅印证了页岩油气的过度开发，也展现了这 10 年的大量

第三部分　石油巨头必须承担的责任

开采，虽然这些开采技术几乎完全无利可图，但在 2009 年至 2019 年，仅美国便开采了 24.5 万口矿井。此外，巴西、加拿大、圭亚那和挪威（这个斯堪的纳维亚国家于 2021 年 1 月将 61 个项目的海上勘探权授予了 30 家石油公司）还会增加石油产量，预计从 2020 年开始，这些国家的石油产量将在目前每天 800 万桶的基础上每天再增加 100 万桶，而俄罗斯和苏里南在 2020 年又发现了新的石油天然气资源。鉴于化石燃料价格的长期下行趋势和最终陷入困境，此类投资优先考虑可在短期内产生效益的化石燃料储备，而不是开发造价高昂的偏远地区的储备。

此外，该行业还试图通过扩大塑料生产来延续碳密集型的未来：根据国际能源机构的计算，到 2050 年，石油需求的近半数增长源自石化产品的需求。虽然石油天然气公司将赌注押在了塑料上，但随着经济从线性塑料体系向循环塑料体系转型，对塑料的需求可能很快也会达到峰值。

在石油行业流程和产品脱碳这一艰巨而复杂的挑战面前，这项伟大事业充满了各种对比鲜明的庞大利益以及政治和经济斗争，不让该行业在可控的情况下走向没落至关重要。本章以上文的分析为基础，尝试在脱碳责任要求范围内构建任务框架，第一步便是探索当前化石燃料密集型行为和模式中所谓的锁定动态，以及摆脱这些碳锁定的不稳定主体和工具。本章将继续探讨排名前 20 位的石油天然气公司脱碳责任的执行和实施，并在结尾部分阐述了让该行业通过脱碳努力转变为绿色能源巨头的途径。

▶ 石油巨头和碳锁定

从第三部分前几章的分析来看，低碳转型很容易被解读为政治和道德问题，而不是一个单纯的技术或制度问题，在这个问题上，霸权、权利动态、资源的分配和获取、更普遍的政治经济问题，以及有关弱势人群、团体和群体的道德考量都很重要（Patterson et al., 2018）。政治当局，特别是政府，到目前为止都还没有为低碳转型扫清阻碍；恰恰相反，他们继续通过石油和天然气基础设施补贴和支持等方式为化石燃料行业提供支持（Roberts et al., 2018）。与此同时，政治和公平建议重新定位了低碳转型的上游方向，也就是（或实际上主要）通过供给侧措施解决化石燃料生产商问题，而不是通过需求侧规定限制消费者行为。事实上，石油综合体才是权力、政治和政治经济的真正归宿，应对其公正转型进行重点关注，该转型涵盖化石燃料生产对人类和劳动力以及对代际和代内公正问题的影响。

如前所述，石油天然气公司是石油综合体政治权力引擎的掌舵者，对政策有着巨大影响力。因此，要挣脱这种权力和政策影响创建和保护的各种碳锁定，我们需要制定一份政治条件蓝图。例如，国际能源机构在其 2020 年的《2020 年世界能源展望》中指出，如果已投产和在建的能源基础设施在淘汰前都按照以往的方式生产，那它们产生的排放量会导致气温持续上升 1.65 摄氏度。

对化石燃料基础设施的持续投资，以及机构、个体和社会行为的惯性，通过打造多样的资产、结构和模式，为未来的化石燃料开采和不可避免的相关排放提供必要保障，并借此将社会同碳密集型能源体系和模式联系在一起。这进一步降低了低碳能源替代品和挑战者的竞争优势，为实现气候保护目标制造了巨大的障碍。解决碳锁定问题需要打破石油综合体对政治体系、制度和能源文化的掌控。此外，当政府和其他相关主体通过创造经济赢家，阻止/弱化经济输家反对行动来解决脱碳问题时，石油综合体的稳定性更容易遭到破坏。

越来越多的人要求政府采取有力措施，以消除不平等现象，保护最弱势群体。这些措施包括为失业工人提供保障、失业保护、安置支持和重新安置补助金，为主要经济来源为化石燃料的一线群体提供资助，以及保护养老基金等弱势投资者的合法权益等。另外，石油公司对脱碳运动的抵制加剧了碳锁定现象。碳游说团体和其他在公司管理或运营层面势力庞大的团体，可能会全力阻碍或减缓脱碳进程。而只有内部阻力越小，脱碳进程才可能越顺利。

相关文献归纳了三种类型的碳锁定：技术/基础结构锁定、制度锁定和行为锁定。技术/基础结构锁定基本上取决于碳基技术、基础设施和实践相关的先前决策所施加的限制，以及对未来碳密集路径的支持，这令后续对更适合（甚至可以说是难以实现的）的低碳社会经济体系的探索更具挑战性。

制度锁定是指在任何给定时间所做的制度选择对后续制度选择的影响。这类锁定展现了从现有经济、社会和文化部署（有利于碳密集型社会经济体系的部署）中获益的主体与受益于脱碳社会体系的主体之间的政治冲突。事实上，从石油行业的影响力，以及政府与主导性石油综合体中各公司间的密切关系出发，这些制度往往会做出有利于石油行业的选择和行动，从而深化加强制度锁定的恶性循环。

行为锁定取决于人类的行为模式，可分为基于个人认知过程（与当前分析的目的无关）中的个人决策的碳密集型行为锁定，以及依赖于社会结构和实践的锁定，此类锁定会受到更广泛的社会技术环境中嵌入的惯例和规范的影响。

这些锁定行为为石油巨头提供了庇护，以至于要想实现石油行业的脱碳，必须先应对衍生出的这些锁定难题，并会继续推动其发展的政治动力。而问题在于：要解除碳锁定，亟须颠覆性地改变社会、经济和政治创新的游戏规则，这些政治创新既包括自下而上的参与性方式，也包括自上而下的中央集权式技术措施：这似乎是两种不可调和的方法。但通过不稳定主体解除石油巨头锁定可能会一举两得，这种方式不仅可以满足社会对参与度的要求，还兼顾了在不同层面以不同方式运转的其他不稳定运营主体协调实施的广泛行动的有效性。

事实上，技术/基础结构锁定、制度锁定和碳行为锁定是相互依存的：技术/基础结构系统、治理制度，以及与能源相关产品和服务相关的行为和服务之间的综合作用引发了这些锁定。然而，为了分析石油巨头脱碳责任的实施，我们需要对这三类锁定进行详细的分析。不稳定主体高效解除上述锁定可以使用的工具将在下节呈现。因此，是有望为所有选择路线奠定基础的，这些路线会实现石油巨头脱碳责任提出的低碳要求。

第三部分 石油巨头必须承担的责任

需要再次强调的是，低碳转型现在已开启，与赔偿责任相反，石油巨头可主动选择以更快的速度转向更加绿色的商务模式，这些模式与脱碳责任具有一致的目标。换言之，石油巨头的行业目标本身就可能导致碳锁定的破裂。这一预期影响不应过分强调，而且在任何情况下，都应将其视为石油综合体的不可知内生变化，这些变化可能会强化将在下节分析的已知外生扰动。

▶ 脱碳责任的履行：不稳定主体和摆脱碳锁定的工具

若要履行脱碳责任，我们首先要做到一点，即要清楚如何规划攻破石油巨头化石燃料堡垒的合适方式。更具体地说，要履行脱碳责任，必须先确定其实施框架。可以通过挖掘不稳定主体的潜力，以及它们用于摆脱碳锁定的工具来实现这一点。可以说一旦找到了摆脱锁定的路线，便可以实施排名前20位的石油天然气公司（按照这些公司的不同等级，以及第七章所述的决定因素进行的排名）的脱碳责任模型。因此，本节试图通过挖掘不稳定主体和能有效削弱碳锁定的工具来实施石油巨头的脱碳责任，并将在下一节介绍如何实现这一目标。

请谨记主要不稳定主体和经营主体的区别，前者通过创造新的社会/道德规范和削弱抵抗而占据一席之地，后者则旨在通过不同的工具改变石油天然气公司的行为，后者在技术/

基础结构锁定和制度锁定方面更具价值。当然在这些情况下，主要主体知识的增加，其对化石燃料不可接受性认知的提升，以及逐步淘汰化石燃料的方式多样化，都进一步补充和提升了经营主体的行动效力。

相反，行为锁定（个体行为和社会行为锁定）是不稳定主体的主场：那些对行为和心态具有影响力和催化作用的主体，即所谓的规范企业家，如宗教领袖、作家、银幕演员和播音员、有影响力的人、善于交流的人、科学家，以及包括环境倡导团体、可靠的调查媒体源和社会运动在内的规范拥护者。第八章已对要采用的工具和战略进行了介绍，因此此处不再详述：为了抵抗石油巨头的普遍破坏性，规范传播过程和削弱抵抗力的方式要符合解除行为锁定的要求。

可以说，解除石油巨头行为锁定的最佳行动应以削弱化石燃料使用自然化为目标（第五章介绍的内容），尽管科学界一致认为这些自然化具有危害性，但这种自然化仍一直存在。此外，这些行动还应努力去削弱那些捍卫化石燃料的反动论调，这些论调通常都会围绕放弃化石燃料的可怕经济影响、供给侧气候政策和撤资的潜在破坏性，以及低碳消费主义和生活方式的重要性展开。事实证明，这些规范传播行动同样适用于其他碳锁定现象：在资源如此丰富的领域，经营主体可以更加轻松有效地采取行动，来削弱保护石油巨头的技术／基础结构锁定和制度锁定。

摆脱碳陷阱仅向低碳技术转型，或构建必要的基础结构是不够的，但技术和基础结构锁定仍是第一步。鉴于气候危机

第三部分　石油巨头必须承担的责任

的紧迫性，应借助非连续方式解除本锁定状态，这种方式旨在快速转型到以彻底变革为特征的不同技术/基础结构系统。正如国际能源机构近期权威报告显示的那样，技术方面的潜力和诀窍已找到。

由于气候安全体系要求到 2050 年在能源领域投资 110 万亿美元，但目前已拨付的 95 万亿美元的大部分都投向了化石燃料，仍需做出大量努力将这笔巨款重新投向清洁技术。因此，在这方面，不稳定经营主体似乎都是经济主体，多为商业银行、开发银行、保险公司、养老基金和主权财富基金等金融部门。如第八章所示，他们应该更倾向于逐步停止对化石燃料项目的资金支持，转而支持低/零碳项目。供给侧气候政策极大地推动了这一趋势，这些政策禁止某些化石燃料生产方式（如水力压裂法），也反对完全淘汰化石燃料，一些地方政府已经开始推行相关政策，或已将相关计划提上了日程，如美国夏威夷和加利福尼亚州（Roth，2019），以及哥斯达黎加和丹麦等，这些国家和地区正在建立一个终结石油天然气生产的联盟——超越石油和天然气联盟（the Beyond Oil and Gas Alliance）。

研究机构是与技术锁定相关的另一个破局的重要机构。他们可以开发新的产品、服务和商务模式，为这些技术创造市场，使这些技术得到推广。在另一层面上，研究机构也应努力成为主要的突破创新者，来引导和塑造社会话语、问题框架和有关新低/零碳技术的综合展望。需要重申的是，在这种情况下，这些打破常规的运营主体的成功很大程度上取决于其在宣传化石燃料撤资上的意义，以及促使和组织社会 / 正义运动强烈要求撤资方面所做的重要而有效的工作，正如第八章阐述的那样。

金融主体在这种锁定的基础结构方面也发挥着突出作用。但这仍是一个棘手的问题：例如，仅在美国，石油产品和天然气管道行业就分别获得了 884 亿美元和 788 亿美元的投资。鉴于这种不利趋势，政府颁布了禁止新化石燃料基础设施开发（主要是供给侧措施）的禁令，此禁令会极大推动石油巨头们向低碳能源转型。

要想从最广义的角度摆脱令人窒息的化石燃料和碳纠缠，需要集中精力解决制度锁定，特别是要解决好政府和石油行业间的权力关系。这里的制度可以解读为以权力为导向，并受权力约束的分配工具。因此从本书角度来看，很容易理解为什么说制度锁定是石油巨头涉及的最根深蒂固、最难摆脱的碳锁定。正如第七章所阐明的，制度锁定是霸权石油综合体有意识地努力创造和维持其权力和影响力的结果。组成综合体的这些公司下意识建立了一个弹性制度，该制度通过专门的协调努力构建政策、规则、规范、工具和约束，保护并维持碳密集型现状，从而为其目标和利益提供保障。然而，在这种背景下，回顾不稳定主体发挥的所有作用十分重要，这些作用可使其借助足够"激发利益相关者注意力"的举措，努力挣脱制度锁定（Seto et al., 2016：435），例如，上述魅力型规范企业家（如方济各和格蕾塔·通贝里）和倡导者（如撤资和气候正义运动）所实施的举措。

第三部分　石油巨头必须承担的责任

从本质上讲，制度锁定主要展现在从碳密集型现状中获得压倒性利益的石油巨头与从脱碳社会经济体系中获益的主体间的斗争。摆脱这种碳锁定需要让那些从脱碳中受益的主体成为经济赢家，保障他们的利益不受石油巨头的剥削。石油巨头即使没有真的成为经济输家，也会在一定程度上滑向输家的一侧。

说到底，这些主要的破局机构是各级政府，其通过一系列不同的目标需求和很多限制性供给侧工具和政策来实现这一点，这些工具和政策包括碳定价、减少补贴、生产配额、供应禁令/暂停，为清洁能源研究和开发提供支持，提供税收、补贴、退税、贷款担保和可再生能源的部署权。

要想扶持从脱碳世界获益的主体，使其免于现有石油行业的抵制，政府面临两大挑战。首先，他们要制定政策，将经济机会扩展到其他部门，建立对低碳倡议的长期政治支持，从而建立一个能够打破化石燃料依赖性，由企业、工人和个体组成的互相支持的联盟。为了充分调动庞大的利益，并以低碳能源体系为核心，产生更加可靠的反馈动态，应积极寻找脱碳机会。其次，政府必须解决脱碳给石油行业带来的直接和间接成本，从而规避或限制退化行动，此举措应在各级政府和多个经济社会部门内施行。例如，石油天然气公司在利润损失方面首当其冲，因为它们将损失一部分市场份额。因此，政府应注重成本控制，并采取措施抵制或削弱石油行业可能会提出的反对意见。

为了进一步推动脱碳进程，政府还应在新的脱碳轨道上推动积极的制度锁定。其中一种可能的方式便是通过采取上网电价补贴政策，提升能源部门的竞争性，以便各个严守脱碳目标的化石燃料公司积极参与未来的低碳活动。

▶ 脱碳责任的履行：石油巨头对低碳转型的贡献

一项重要研究表明，要想在 21 世纪结束时，将变暖幅度控制在 2 摄氏度以内，全球排放量需在 21 世纪 30 年代末在当前的基础上减少一半，并在 2065 年左右实现零排放。要实现 1.5 摄氏度的温控目标，需要在 21 世纪 30 年代初缩减一半的排放量，并在 2050 年实现零排放。这些估算源自尚未证实且尚未大规模应用的负排放技术。如从其他角度分析，减排进度还需大幅提前。

无论借助什么方式实现这些目标，化石燃料的使用、开采和生产规模都必须以大致相同的速度缩减。例如碳追踪计划的一项研究，该研究根据《巴黎协定》的目标设定化石燃料公司的限额，七家主要国际石油公司——英国石油公司、雪佛龙股份有限公司、康菲石油、埃尼集团、埃克森美孚石油公司、壳牌集团和道达尔能源——在 2040 年前必须缩减 40% 的排放量和 35% 的产量，才能将公司的碳预算控制在要求范围内，该范围根据国际能源机构控制在 2 摄氏度以内的目标设定，符合国际政策的快速脱碳路径。

为了实现这些目标，科学界、政策界和商界在起草无数假设脱碳方案方面进展迅速。国际能源机构在其《2019 年世界能源展望》（World Energy Outlook，2019）中提出了可持续发展情景（Sustainable Development Scenario，SDS），这种情景"在不依赖全球净负温室气体排放的情况下，以 66% 的可能性将气温上升幅度控制在 1.8 摄氏度以内；这相当于以 50% 的概率将气温上升幅度控制在 1.65 摄氏度以内。全球温室气体的排放有望从 2018 年的 330 亿吨下降到 2050 年的不到 100 亿吨，并在 2070 年实现净零排放"。

将可持续发展情景作为石油巨头履行脱碳责任的理想基准，至少可从四个方面进行阐述。第一，可持续发展情景为实现关键的可持续发展目标提出了足够艰巨而又务实的展望，这一点符合本书的现实参考背景。

第二，国际能源机构是全球石油机构；事实上，人们时常会指责该机构过于保守。因此，该机构设定的情景并不意味着会过度惩罚石油行业。研究、交流和倡导组织——国际石油变革组织（Oil Change International）声称："国际能源机构在气候问题上再次败北……若国际能源机构不采取行动，不将较高的追求目标作为核心，那似乎就是在表明，在面临气候突发事件时，该机构并不能发挥作用……国际能源机构应该带领世界远离气候危机。不幸的是，国际能源机构并未传达出形势的紧迫性。"

第三，国际能源机构的可持续发展情景不依赖净负排放（例如，与 IPCC 的 1.5 摄氏度情景不同，90 个情景中有 88 个情景假设了各种等级的净负排放）。事实上，当前分析并未把重点放在社会脱碳的全面调查上。因此纳入仅基于减排措施的方式，就有可能将这一情景的指示应用于特定排放源，如石油天然气公司。

第四，这种情景缺乏严谨性的指控，并不意味着它不会对石油行业施加致命的减排措施，这种情景在保留石油巨头履行赔偿责任能力的同时，也保障了其目前的经济生存。换言之，在这种分析背景下，人们认为国际能源机构可持续发展情景的使用优于更严格的情景，因为该情景的设定考虑了赔偿责任和脱碳责任间的权衡取舍，充分推动了石油行业向后者的发展，但也不妨碍石油行业实现前者，本书第六章对此进行了论述。

石油巨头与可持续发展情景的目标大致相同，也需要在2050年前减少大约70%的范围1和范围3排放；可持续发展情景预估到2050年，温室气体排放量将由330亿吨降至100亿吨以下。这个观点衍生出一个宽松的假设，即石油巨头当前排放的30%可用于不可替代的用途，从而确保该行业拥有足够的经济实力来履行赔偿责任。这种温和的假设，加上非高脱碳目标的选择，使得长期脱碳责任变得不再那么繁重，从长远来看也更具可行性。

鉴于当前工作的示范性目标，在不考虑脱碳时间表，只考虑在2050年前减排70%的最终目标（通过与国际能源机构的可持续发展情景定义的目标一致的线性削减实现）的情况下，进一步的简化是可行的。实际上，实现这一目标所需的方式和手段将由每家公司自行决定。最后，需指出所提供数据

第三部分　石油巨头必须承担的责任

的差异。石油天然气公司范围 1 和范围 3 排放直到 2015 年才有数据记载，而国际能源机构的可持续发展情景始于 2018 年。然而从本章所列数字的分析目标来看，以上情况并不会影响其说明性。表 10-1 呈现了排名前 20 位的石油天然气公司在 2015 年的范围 1 和范围 3 排放量和 2050 年的范围 1 和范围 3 排放量的目标值。

表 10-1　2015 年全球排名前 20 位的石油天然气公司范围 1 和范围 3
温室气体排放量总额及 2050 年的目标排放量（单位：亿吨）

石油天然气公司	2015 年	2050 年
沙特阿拉伯国家石油公司（沙特阿拉伯）	19510	5850
俄罗斯天然气工业股份公司（俄罗斯）	11380	3410
伊朗国家石油公司（伊朗）	10360	3110
俄罗斯石油公司（俄罗斯）	7770	2330
中国石油天然气集团有限公司（中国）	6250	1880
阿布扎比国家石油公司（阿联酋）	5840	1750
埃克森美孚（美国）	5770	1730
墨西哥国家石油公司（墨西哥）	5300	1590
壳牌集团（英国／荷兰）	5080	1520
阿尔及利亚国家石油公司（阿尔及利亚）	4920	1480
科威特国家石油公司（科威特）	4780	1430
英国石油公司（英国）	4480	1340
委内瑞拉国家石油公司（委内瑞拉）	3980	1190
巴西国家石油公司（巴西）	3820	1150
雪佛龙（美国）	3770	1130
马来西亚国家石油公司（马来西亚）	3400	1020

续表

石油天然气公司	2015 年	2050 年
尼日利亚国家石油公司（尼日利亚）	3290	990
卢克石油公司（俄罗斯）	3280	980
道达尔能源（法国）	3110	930
康菲石油（美国）	2240	670
合计	118330	35480

资料来源：节选自碳巨头数据库 2017 年发布的详细报告（CDP，2017）。

为了平衡国际能源机构可持续发展情景在某种程度上缺乏重要目标的指控，石油天然气公司需要继续遵守有管理的下行方案，即"不再进一步开发开采基础设施，现有油田和矿山会随着时间推移而枯竭，而减少的化石燃料供应则会被清洁能源替代品所取代"。这与国际能源机构的一份里程碑式的报告结论一致，该报告指出，要实现 1.5 摄氏度的目标，需停止开发新的项目，化石燃料产量也会因此迅速下降。

接下来我们可以采取进一步措施禁止开发新的化石燃料项目，管理随着时间推移而衰落的石油行业，规避气候变化的最坏影响，增加石油巨头实现《巴黎协定》目标的机会。这样，石油巨头才有望放弃未来所有的化石燃料项目。表 10-1 列出的是 2015 年全球排名前 20 位的石油天然气公司范围 1 和范围 3 温室气体排放量总额及 2050 年的目标排放量（2050 年与 2015 年相比减排 70%）。

除了停止对未来化石燃料的所有投资外，我们还应设定高要求的减排目标，即在 2050 年前，将与流程和产品相关的范围1和范围3排放减排70%。由黑德的研究可知,范围3排放量约占行业排放总量的90%,而范围1排放仅占剩余的10%(2013,2014)。表10-2呈现了排名前20位的石油天然气公司的范围3排放的目标值。按照分析,应将减少范围3排放定义为脱碳责任的目标,因为其展现了放弃化石燃料的意愿,这也是有管理的下行情景所要求的。从总体布局来看,减少范围1排放很重要,是改变较小的低碳方案,不涉及公司业务模式的结构调整。总而言之,石油行业确实有多种实用且高效的处理方式来减少范围1排放,而且在某种程度上,该行业很愿意采用这些方式(IEA,2020a)。

因此,表10-2中的数字代表排名前20位的石油天然气公司通过放弃碳密集型产品来履行脱碳责任需要实现的"绝对目标价值"。此处的绝对目标值是指与全球经济体系中的化石燃料相关的排放量;从另一角度来看,这些排放量对应着特定数量的化石燃料,表10-2中的值与石油天然气公司为满足国际能源机构可持续发展情景要求而停产的化石燃料数量成正比。

与上一章讨论的赔偿责任所要求的参考性退还利益一样,表10-2中提供的2050年范围3排放目标值应被视为所有石油天然气公司必须实现的目标,虽然并不是所有公司都必须完全实现该目标。事实上,社会、政治和经济等决定因素都会影响这些减排的实施,而这些因素也是影响石油巨头义务的决定因素,如第七章所述,这些因素包括:社会背景、制度实力、经济和政治局势,以及资源可用性和资源性质。为了更好地解读前20家石油天然气公司在脱碳责任要求下的承诺水平,如第七章所言，用于划分各个企业分组的目标参数就显得非常重要。这些决定因素和贡献参数的相关性决定了石油公司在所处社会政治和经济环境中的作用，以及公司本身正在创造或已经拥有的摆脱碳锁定的条件，并借此实现低碳商业模式转型的能力。

表 10-2　排名前 20 位的石油天然气公司范围 3 温室气体在 2050 年的目标排放量（单位：万吨）

石油天然气公司	2050 年
沙特阿拉伯国家石油公司（沙特阿拉伯）	52700
俄罗斯天然气工业股份公司（俄罗斯）	30700
伊朗国家石油公司（伊朗）	28000
俄罗斯石油公司（俄罗斯）	21000
中国石油天然气集团有限公司	16900
阿布扎比国家石油公司（阿联酋）	15800
埃克森美孚石油公司（美国）	15600
墨西哥国家石油公司（墨西哥）	14300
壳牌集团（英国/荷兰）	13700
阿尔及利亚国家石油公司（阿尔及利亚）	13300
科威特国家石油公司（科威特）	12900
英国石油公司（英国）	12100
委内瑞拉国家石油公司（委内瑞拉）	10700
巴西国家石油公司（巴西）	10300
雪佛龙股份有限公司（美国）	10200
马来西亚国家石油公司（马来西亚）	9200
尼日利亚国家石油公司（尼日利亚）	8900

续表

石油天然气公司	2050 年
卢克石油公司（俄罗斯）	8900
道达尔能源（法国）	8400
康菲石油（美国）	6000
合计	319600

资料来源：节选自碳巨头数据库 2017 年发布的详细报告（CDP，2017）。

国际石油公司

如第七章所述，尽管为了履行赔偿责任，对石油天然气公司进行了分类，但脱碳责任仍需考虑国际石油公司和国家石油公司的区别，而这样做的原因很简单：国家石油公司的收入会用于社会公共产品和本国私有产品的供给，而国际石油公司除了在上述决定因素方面具有非常相似的情况外，只在经济方面对其股东负责。换言之，由于国际石油公司没有强制性的社会职能，也不受相关经济限制的约束，因此其应完全达到表 10-2 中列明的范围 3 排放目标值的相关脱碳基准。如上文所强调的，国际石油公司的减排等级要使其能同时兼顾赔偿责任的履行。为了更好地说明，表 10-3 列出了国际石油公司脱碳责任对其 2050 年实际排放水平的要求（不包括国家石油公司）。需要关注的是，虽然康菲石油和道达尔能源都属于低等要求组（表 7-2），但他们的私有制以及因此导致的社会功能的欠缺（如他们都是国际石油公司的事实），决定了这些公司要承担最严苛的脱碳责任。

表 10-3　2015 年至 2050 年，国际石油公司范围 3 温室气体的排放量（2050 年的排放量仅为 2015 年的 30%）以及同一时期内要减少的排放量（单位：万吨）

国际石油公司	2015 年	2050 年	减排量
埃克森美孚石油公司（美国）	51900	15600	36400
壳牌集团（英国/荷兰）	45700	13700	32000
英国石油公司（英国）	40300	12100	28200
雪佛龙股份有限公司（美国）	33900	10200	23800
道达尔能源（法国）	28000	8400	19600
康菲石油（美国）	20200	6000	14100
合计	220000	66000	154100

资料来源：节选自碳巨头数据库 2017 年发布的详细报告（CDP，2017）。

国家石油公司

国家石油公司脱碳责任的履行需要更加详尽的分析，本书已在第七章的高等要求/中等要求/低等要求公司分类中进行了充分的分析。该章强调，鉴于国家石油公司的社会职能，其脱碳责任应比国际石油公司更严谨，且应该更加注重贡献参数目标。

依据这些假设，可对具体的国家石油公司进行分组，阿

第三部分　石油巨头必须承担的责任

布扎比国家石油公司、中国石油天然气集团有限公司、俄罗斯天然气工业股份公司、科威特国家石油公司和沙特阿拉伯国家石油公司都属于高等要求组；中等要求组则包括卢克石油公司、墨西哥国家石油公司、巴西国家石油公司、马来西亚国家石油公司和俄罗斯石油公司；而伊朗国家石油公司、尼日利亚国家石油公司、委内瑞拉国家石油公司和阿尔及利亚国家石油公司则属于低等要求组（表10-4）。需要指出的是，这种情况并不适用第七章的一般分组，因为在决定因素中，除了要为贡献参数目标赋予较大权重之外，经济因素也十分重要。此外，其没有尝试量化国际石油公司在2050年减排70%的力度，因为这一定会涉及过于主观的考虑因素；因此减排承诺更倾向于用定性术语来定义。总而言之，高等要求、中等要求和低等要求国家都要在2050年或更长时间范围内（最迟不能超过2070年——国际能源机构可持续发展净零排放目标年）达到减排70%的理想目标。

表10-4　根据脱碳责任要求等级进行的国家石油公司分组

高等要求组	中等要求组	低等要求组
阿布扎比国家石油公司、中国石油天然气集团有限公司、科威特国家石油公司、俄罗斯天然气工业股份公司、沙特阿拉伯国家石油公司	卢克石油公司、墨西哥国家石油公司、巴西国家石油公司、马来西亚国家石油公司、俄罗斯石油公司	伊朗国家石油公司、尼日利亚国家石油公司、委内瑞拉国家石油公司、阿尔及利亚国家石油公司

资料来源：节选自碳巨头数据库2017年发布的详细报告（CDP，2017）。

就高等要求的国家石油公司而言，从第七章的决定因素来看，俄罗斯和沙特阿拉伯在抵制脱碳方面有着类似的社会背景；中国、科威特，尤其是阿联酋似乎对寻找化石燃料替代品更感兴趣。从经济角度看，海湾国家实力雄厚，其他国家的财富则较为有限；从政治角度看，排名前20位的国家石油公司所在的国家都是拥有稳定制度的主权国家（Economist Intelligence Unit，2021）；中国和海湾国家拥有大规模部署可再生能源的潜力，尽管这些国家对化石燃料仍有较高依赖性。

由这个必要但简略的概览可知，阿布扎比国家石油公司和科威特国家石油公司应尽量去实现表10-2中的脱碳目标。相反，中国石油天然气集团有限公司、俄罗斯天然气工业股份公司和沙特阿拉伯国家石油公司应从时间和规模上减少其产品的脱碳责任。另外，此举会推动阿联酋和科威特形成促进脱碳法律举措发展和实施的政治和社会环境。这也是解释阿布扎比国家石油公司和科威特国家石油公司拥有更高减排标准的另一因素。

对中等要求的国家石油公司而言，需要考虑的这些决定因素在所有国家间存在一定程度的内部一致性。例如，这些国家石油公司所在国家的人均国内生产总值从马来西亚的10192美元，到俄罗斯的9972美元，再到墨西哥的8069美元，以及巴西的6450美元[所有数据均源自国际货币基金组织以当前价格计算的2020年人均国内生产总值（IMF，2021），详见上文对高等要求国家石油公司的说明]。总而言之，这些公司的脱碳责任要求略低于上文提及的高等要求国家石油公司第三类分支所涉公司（即俄罗斯天然气工业股份公司和沙特阿拉伯国家石油公司）的脱碳责任要求。

同样地，低等要求的国家石油公司应被视为非常同质的群体，这个群体与形成脱碳责任的决定因素密切相关。因此，相较于2050年的目标排放值，伊朗国家石油公司、尼日利亚国家石油公司、委内瑞拉国家石油公司和阿尔及利亚国家石油公司应享有最大限度的减排折扣，并可以拥有更长期限来实现预期减排。

▶ 绿色能源巨头的转型之路

化石燃料倡导者极力宣称，低碳转型需要付出巨大的代价，特别是在失业、能源价格上涨/下跌、对经济增长的危害和收入损失方面。另外，追求低碳未来的活动人士也强调了与现有化石燃料制度相关的成本：迫在眉睫的气候危机、污染、剥削、腐败、冲突和暴力。一个全面均衡发展的未来社会既会认可低碳转型的广义收益，也会承认其带来的广义成本，而且需要由多个主体共同实现这一愿景：这里既会有赢家，也会有输家，也会涉及大量的道德问题。

脱碳责任是石油巨头对低碳转型的主要贡献，这项责任同样涉及道德问题。从这个角度来看，最后一节的首要目的便是强调为石油天然气公司的脱碳责任提供支持的一般道德原则。正义通过提供统一的道德原则，在推动此类问题的集体行动方面发挥着重要作用。道德原则对脱碳责任的影响越大，原则上就越有可能有序减少石油行业的化石燃料产量。此外，本书从这些原则出发，提出了石油巨头转型为绿色能源巨头的途径。

工会和环境/气候正义运动最先提出公正转型的理念，该理念主要关注的是化石燃料产品减产引发的失业问题。其目标是为失业工人和一线群体提供合适的就业机会和其他针对具体情况的援助措施，并为他们参与整个转型过程创造条件。

然而，石油巨头的脱碳责任要求涉及对公正转型的广义理解，鉴于这些要求的复杂性、敏感性和影响力，这些理解应切实考虑失业情况。从这个意义上来说，公正转型是一个向低碳社会迈进的公平公正的过程。从气候、能源、转型研究、环境研究、社会科学等不同学科学者对低碳转型的研究可以看出，不同学科会对公正转型的概念有不同的理解，因此各学科对公正转型的定义也会有所不同。例如，赫夫朗（Heffron）和麦考利（McCauley）认为，公正转型应包含实现正义的三个维度：分配正义、程序正义和修复正义（本书将后者称为纠正方式，本书第二部分对此进行了介绍）。虽然纠正正义问题为石油巨头的两项义务提供了一般的道德背景，但在有序减排的大环境下，分配正义和程序正义对公平履行脱碳责任来说非常重要。

具体来说，本节提出的道德原则本质上是分配正义，但这些原则的实现必须考虑程序正义，即所有利益相关方可公平参与合作性社会决策规划，而这些决策源自脱碳责任的要求。因此，认可和参与是程序正义的主要特征。此处只需说明，程序正义提升了要求石油巨头进行流程和产品脱碳的道德案例的可行性。不管怎样，值得回顾的是，充分解决石油巨头脱碳责任引发的道德问题对提升其可行性至关重要。

因此，两个主要的道德问题应运而生：在提供能源服务和相关经济体多样化可能性方面，应尽量减少对关键发展优先事项的干扰，并公平分配成本。另一个道德问题则源自最初公正转型的要求，其关注的是对工人和一线群体的保护（Kartha et al., 2018）。

为了解决这些潜在道德问题，让石油巨头公平地履行脱碳责任离不开两个基本道德原则：比例原则和充分性原则。

比例原则

按照比例原则最广泛、争议最小的定义，我们应在行动及其后果间取得合理平衡。在当前背景下，比例原则认为石油公司应履行脱碳责任，减排要求要非常严格，但不会对整个社会产生不利影响。因此，在化石燃料依赖度最低的社会经济体系中应该执行更加严格的义务，这个体系在解决自身社会影响方面拥有最多的资源，而且在管理低碳转型方面拥有更多的政治能力和技术能力。

充分性原则

总体来说，充分性原则要求所有主体都应该有足够的资金在某个阈值之上生存，低于这个阈值，这些主体无法拥有合适的生存机会，即无法获得有尊严生活所需的基本环境、社会和经济条件。从强调的社会凝聚力的重要性，防止脱碳责任引发失业问题的角度来看，实现这一原则应确保化石燃料行业价值链内工人和一线群体的安定生计和稳定性。

以这两个原则为基础，充分考虑排名前 20 位的石油天然气公司履行脱碳责任的具体规定和实施细节，便能从中看到提升转型过程的可行性，减少其潜在的负面社会经济影响，应根据下文描述的方式规划和治理石油巨头转型为绿色能源巨头的过程。

第一，这一过程旨在防止社会经济体系出现不可挽回的动荡局面。即所有相关活动、倡议和项目都要尽量降低自己对社会经济体系的可能损害。考虑到这些问题，我们在指导石油巨头脱碳的一系列实践和价值整合的系统化方式过程中必须采取预防措施。但是，脱碳过程极度不稳定，因此采取预防措施时应充分考虑背景以及新出现的状况和因素。

第二，石油巨头脱碳过程和治理的主要障碍是这些公司缺乏实现减排目标所需的协调能力。为了避免这种风险，或减少其风险度，脱碳过程和治理应采用长期可信的方式实现所需的协调。简言之，这些过程和治理必须是合法且长期有效的。在此背景下，可将合法性解读为一种规范性属性，该属性会推动各方就脱碳责任所需的支持行动达成一致意见。

第三，从脱碳的争议性和重要性来看，石油综合体、精英、科技管理者、官僚以及逐利投资者可以掌控脱碳过程及其治理风险（如第七章所述），气候变化的政治经济学和当前气候政治证据也证明了这一点。这些综合挑战可能会推动以石

> **第三部分　石油巨头必须承担的责任**

油巨头或其他强势集团意愿为核心建立的治理过程和形式的发展，而这些过程和形式主要以工具理性为基础。与此危害形成鲜明对比的是，脱碳工作应保持独立性，因为这种规范性属性可切实减少既得利益发挥作用的可能性，还可推动其追求公共利益的进程，提升其相关治理能力，即使在可能受到干扰的情况下也是如此。

第四，也是最后一点，鉴于石油天然气公司的高昂脱碳成本，以及石油出口国因脱碳而损失的大量收入，相关过程离不开财政资金的支持。在这方面值得回顾的是第九章的建议，为了减轻脱碳的总体负担，石油赔偿基金应设置两个附属单位：为推动低碳转型的行动、倡议和项目提供资金支持的转型单位，以及应为失业工人和一线群体提供支持的单位。此外，富裕国家为能力较弱／比较脆弱的国家（如某些石油国家）的低碳转型提供支持，似乎也是一种可行方式。

结 论

尽管石油行业在推动全球财富增长和提升生活舒适性方面发挥着至关重要的作用，同时还能掩盖其对气候变化的推动作用，但在过去几年里，石油行业突然受到了太多关注，要求其为气候危机负责的指控如同雨点般袭来。主要国际石油公司迅速回应这种审视，发表了一系列承诺、计划和新闻稿，这些举措不仅展现了这些公司的减排承诺，也展现了他们不同程度的碳减排决心。

英国石油公司的首席执行官陆博纳（Bernard Looney）甚至承认，他理解公众对该公司2050年净零排放计划的不信任："我理解这种质疑。但我们十分重视此目标。该目标符合我们公司的利益。我们并不是为了勉强度日而努力维持自己的现有业务。我们正在努力将英国石油公司从拥有111年历史的国际石油公司转型成一家综合性能源公司。"事实上，除了使用所谓的净零排放概念来混淆自身对气候变化的责任外，2020年9月发布的一份报告对这种说法进行了现实核查，核查发现石油巨头，如英国石油公司、雪佛龙股份有限公司、意大利埃尼集团、挪威国家石油公司、埃克森美孚石油公司、雷普索尔公司、壳牌集团和道达尔能源石油公司的行动和计划还远不足以实现《巴黎协定》设定的1.5摄氏度目标。更广泛地说，2004年至2019年，没有任何国际石油公司对自身业务进行脱碳，也没有一家公司减少自身的化石燃料产量,而国家石油公司除了一些善意提醒外,依然同过去一样正常运营。

简言之,尽管人们期望石油行业能正视气候危机,该行业也宣称自己正在这么做,但事实往往与其所兜售的谎言相矛盾。这个问题在有关气候变化的学术和非学术讨论中越来越受关注,同时也是本书第十章的核心内容,即对以下内容的分析:石油天然气行业的作用、责任和义务,以及由此产生的对气候危机治理的影响。

国际石油公司和国家石油公司为全球经济提供了大量的化石燃料,俨然是目前以碳为中心的社会经济体系背后的驱动力。但是在气候讨论中,他们仍会在一定程度上被人们忽视,一直是全球气候辩论和磋商中被人视而不见的棘手问题。有些人似乎不敢谴责石油行业在气候危机中所扮演的角色:比如,联合国经历了 25 年的谈判,直至 2019 年在马德里举办的第 25 届联合国气候变化大会(COP,25)上才出现了首份采用化石燃料这一棘手热词(Abreu and Henn,2019)的官方文件。无独有偶,IPCC 在其近期的报告(IPCC,2021a)中明确发出了"人类红色警报",并明确指出,自 1750 年以来,人为二氧化碳排放增加量中有 64% 源自化石燃料的燃烧,在过去 10 年里,化石燃料产生的排放已经升至总排放量的 86%,但不论是在这份长达 41 页的《决策者摘要》(*Summary for Policymakers*)报告中,还是在其新闻发布会上都没有出现化石燃料一词。相反,这些文件委婉地承认"人类活动"和"影响"导致了当前的气候危机,却未指明原因,以及谁应该

结论

为此负责。长期研究气候否认的美国社会学家罗伯特·布鲁尔（Robert Brulle）表示，联合国气候科学报告忽视了化石燃料游说团体在气候变化故事里的阻碍作用，"这就像在讲述《星球大战》故事时没有提及达斯·维德（Darth Vader）"。

在了解了相关风险之后，石油天然气公司做出了对自身有利的明智选择，即继续勘探、生产、提炼和分销化石燃料，从本质上讲，这些公司将碳密集型发展模式强加给了全球社会经济体系。这些公司并没有在气候危机的紧迫驱动下，大规模寻找可替代能源，并逐步淘汰化石燃料，在庞大的专业技术和财富的支持下，这些公司是可以实现以上目标的，但这些公司却继续沿用了依赖化石燃料的商业模式和行为。

本书对当前有关气候变化的科学政策讨论的主要贡献在于其强化了人们的认识，即石油天然气公司是气候伦理和政策的新核心主体。本书试图让人们了解这样一个事实，即我们可以重新定位石油天然气公司这一极其重要的参与群体，这些公司可由气候危机故事中的全球恶棍形象转变为积极改变世界的主体，也就是标题中所说的，从石油巨头转变为绿色能源巨头。它们在全球气候治理中的作用，应与其他主体在气候变化中共同发挥的作用一致。将视角从国家扩展到石油天然气公司，有可能会让这些公司为解决气候危机出一份力，而不是仍然充当破坏气候的被动旁观者，并从中牟利。另外，将石油天然气公司认定为气候变化中拥有特定义务的主要道德主体，会极大地增强社会对化石燃料的谴责之声，从而摆脱碳锁定的现状。

本书从道德问题出发展开论述：石油巨头违反了无损害原则，需要为此承担责任，履行赔偿和脱碳责任，从而减少随之而来的危害。席卷全球的新冠疫情让人们意识到，面向未来和自然世界的道德方式似乎更加可行。人类忧心忡忡地思考着，如何才能减轻自己留给子孙后代的负担。因此，本书采用的广义道德观点现在更为有效，也更容易被大众接受，那些深陷争论的主体可能也会赞同这些观点。

▶ 全球新冠疫情、石油和能源

在本书撰写期间，新冠疫情引发的全球健康危机似乎毫无征兆地席卷了全球，这场罕见危机对整个世界产生了深远影响。这次疫情放大了当前社会经济体系的不公正和不平等，同时也对世界经济产生了严重影响，也给了石油行业重重一击。

结论部分一般不会引入新论点，但疫情给石油行业带来的极端混乱局面可能需要我们做出一个非同寻常的结论。因此，本章的目的不是对前几章内容进行全面回顾，而是将其作为参考，更好地理解在这个前所未有的时代，石油行业在能源世界经历了什么，并简要说明其在后疫情世界的潜在作用。本书另一个深入而广泛（虽然是隐含的）的目标是测试本书论点的有效性，以及这些论点在面对石油行业经历的巨大外生冲击时所得结论的有效性。

尽管本书在 2021 年 9 月完成修订时仍有很多不确定性：

引发这场疫情的新型冠状病毒的起源和影响，妥善应对这场疫情的方式，以及后疫情时代的复苏轨迹和速度都还没有定论。事实上，是否会复苏都尚无定论。例如，国际能源机构在《2020年世界能源展望》（*World Energy Outlook 2020*）中论述了两种依赖疫情演变情况的能源需求情景：一种为既定政策情景（stated policies scenario），该情景预期了各国政府如果继续实施当前政策，世界经济在2021年从新冠疫情引发的衰退中复苏时的情景；另一种是延迟复苏情景（delayed recovery scenario），该情景认为世界经济到2023年才会复苏。

然而，令人费解的是，牛津大学和联合国环境规划署的一份报告显示，在2020年50大经济体发布的14.6万亿美元的疫情财政救济和复苏计划中，仅有2.5%的资金（3680亿美元）用于绿色能源活动（Callaghan and Murdock，2021）。与此同时，2020年的《生产差距报告》（*Production Gap Report*）显示，为了能将全球升温控制在1.5摄氏度以内，人类需要在2030年前每年缩减6%的化石燃料产量。但各经济体的规划和预测却显示，各经济体正计划以每年2%的均值提升产量，按照这个增幅，2030年的石油产量将会比符合1.5摄氏度升温限制的目标产量多一倍多。

由国际能源机构的数据可知，对全球能源系统而言，这场疫情是"二战"后世界遭受的最大的一次冲击，能源需求比2008年金融危机降幅的六倍还要多，是"二战"之后所有降幅总和的两倍。2020年，全球石油消费量比前一年减少了8.6%，但其需求可能会在几年内超过疫情前的水平，而能源需求下降了 6%。这意味着与全球能源相关的二氧化碳排放量将会减少 5.8%。

新冠疫情充分证明了在更有效地应对气候危机方面，我们的社会经济体系面临着巨大的挑战。全球碳排放量在 2020 年仅下降了 7%，而到 2020 年 4 月初，全球二氧化碳日排放量与 2019 年的水平相比下降了 17%，其中半数是因为汽车使用量减少。然而，这只是暂时的下降，并不能展现经济、运输或能源体系的结构性改变。事实上，全球二氧化碳排放量已在 2020 年年底恢复到了疫情前的水平，巴西、中国和印度等主要经济体甚至超过了疫情前的水平。

不管怎样，为了行之有效地控制全球变暖幅度，在接下来的 10 年里，碳排放量应借助各种完全不同的方式在两年内下降一次，下降幅度应大致与封控时期的下降幅度相当。危机后的经济复苏表明，与大幅而短暂的排放量下降相比，低碳复苏对气候的影响更大。与注重化石燃料的复苏相比，积极参与全球低碳复苏可以在 21 世纪中叶将大气中的二氧化碳水平减少 19ppm（百万分之一）。

正在大力推广的可再生能源带来了一线希望。此类能源预计将在全球增长近 4%，在 2020 年达到近 200 吉瓦，约占所有新增发电能力的 90%（IEA，2020c）。由国际能源机构《2020 年世界能源展望》可知，新能源之王——太阳能已经成为"人类历史上最便宜的电力来源"，2022 年后，其每年的安装数量都会不断刷新已有纪录。与此同时，风能和太阳能的装机容量将在 2023 年超过天然气，并在 2024 年超过煤炭。令人惊讶的是，人类可从太阳能和风能中获取比当前全球能源需求的100倍还多的能量；为满足全球能源需求，安装太阳能板所需的土地面积仅占全球土地面积的0.3%，比当前化石燃料生产使用的土地面积要少。

总之，在当前主导我们时代的巨大不确定性中，可能会出现两种截然不同的复苏方式。一方面，可再生能源和绿色能源的增长似乎已势不可挡，但价格下跌的石油仍然十分诱人，并可能导致化石燃料使用量的激增。国际能源机构的执行董事法提赫·比罗尔（Faith Birol）在阐述《2020年世界能源展望》时表示，尽管新冠疫情可以重塑能源世界的未来，"全球石油需求增长的时代也会在未来10年终结，但如果政府政策不发生重大转变，那这种需求也不会出现迅速下跌的迹象。根据当前的政策设定，全球经济回升可能很快便会让石油需求恢复到危机前的水平"。

▶ 石油巨头和新冠疫情

在上述大背景下，新冠疫情已对石油行业造成了巨大冲击。可以肯定的是，石油行业经历了很多艰难时期，很可能也会度过此次危机，而这次很可能是有史以来最艰难的时期。石油巨头非常务实，不愿意浪费任何一次良机，比如，其可能会利用这次疫情来推动立法，将反对石油基础设施的活动归为犯罪行为，也可能会立法增加石油基础设施的补贴。许多观察者对该行业承受市场波动的能力很有信心,就像石油巨头应对以往危机一样。在疫情得到控制后,全球经济可能会出现反弹,会迫切需要石油行业来满足其能源需求。现在要明确谁来满足这种需求,以及如何满足这种需求还为时尚早。但有一点却很清楚:如果在疫情后的恢复计划中没有推出低碳发展战略和政策,政府又将一些原本用于应对气候变化的资源用于应对疫情,那疫情引发的危机将加剧气候变化的影响。

在后疫情时代的石油行业中的可能情景是,小型化石燃料公司会出现破产浪潮,这股浪潮会推动有利于石油巨头的行业整合。根据高盛集团的说法,"石油巨头将整合行业中优质资产,剥离劣质资产……当该行业走出低迷时,拥有优质资产的公司会更少"。尽管自疫情出现以来,石油巨头的收益报告显示其已亏损了数百万乃至数十亿美元,但市场给出的好价格,让它们有可能以低廉的价格购买更多油井,积累更多石油储备。

另外,石油巨头最担心的事情似乎即将成为现实:英国石油公司宣布将裁减 1 万名员工,其石油天然气资产减值到 175 亿美元,该公司在 2020 年亏损了 57 亿美元,而且确实可能会被迫停止新化石燃料储备的开采。壳牌集团也透露,由疫情引发的石油天然气价格的下跌趋势和需求量的缩减,其资产减值超过 220 亿美元;这家英荷巨头的报告显示其在 2020 年亏损了 199 亿美元,但将股息提升了将近 40%,并于 2021 年 7 月启动了 20 亿美元的股票回购计划,同年 9 月,该公司宣布其会将二叠纪交易所得的 70 亿美元收益分配给股东。该公司将缩减 9000 个工作岗位，希望借此在能源转型中重新找到自身定位。两家公司都表示，会计调整不仅是为了应对新冠疫情引发的衰退，也是全球应对气候变化努力的一部分。意大利埃尼集团也宣布减值 35 亿欧元（合 40 亿美元）的递延所得税资产，而埃克森美孚石油公司的报告称，相较于 2019 年 143 亿美元的利润，其在 2020 年亏损了 224 亿美元，其资产减值的亏损额为 193 亿美元。总的来说，石油巨头在 2020 年减值的石油天然气资产额已超过 1050 亿美元，同一年美国石油公司获得了 82 亿美元的税收救助，但仍裁减了近 6 万名员工。

由于石油巨头采用垂直整合模式，他们可以通过降低下游业务的燃料投入成本来抵消上游各阶段（如生产）的损失。例如，与 2019 年相比，壳牌集团原油和成品油的利润在 2020 年翻了一番。石油巨头的储量和资产分布在世界的各个角落，包括油气生产成本最低的地区。借助这种方式，石油巨头将提升资产质量，变得更加强大，如果人类回归疫情前以高碳密集型社会经济体系为核心的状态，那其与化石燃料相关的活动将会对地球而产生更加严重的损害。

事实上，该行业似乎并不打算改变自身行为，或者可以引用著名气候变化活动家兼记者比尔·麦吉本 2016 年 5 月在《卫报》上发表的一篇挑衅性社论中的结论，石油行业"不会改变自己的风格"，他以某家美国石油巨头的著名广告活动为例，论证了这一点。石油巨头不仅不会改变，还会暗中利用这场危机，通过积极游说获得大量救助资金和特权，如美国前总统特朗普领导下的联邦政府提供的 152 亿美元直接经济救助金和 2017 年以来 860 亿美元的离岸税收漏洞（详见第六章），以及上文提及的大量债券买入。

因此，大多数石油天然气公司承诺的美好低 / 零碳未来似乎具有误导性，没有准确表达出其希望改变的意愿和决心。没有公司承诺会在未来 10 年削减石油天然气的产量，而产量是展现实际变化的最简单、最可靠的指标。它们宣称的净零排放目标，只是借助未经证实的技术和不确定规模的重新造林来捕捉或抵消这些排放。

没有任何实质性改变

在这趟纷繁复杂的旅程中，我们探究了一个隐形敌人的秘密以及一个强大却无法预测的行业巨头的反应，我们很必要对此进行总结。一些强有力事实可能会帮助我们更好地了解石油行业在这个崭新世界中的现状和未来规划。新冠疫情暴发之后的这些象征性事实，为我们提供了一个角度，来审视石油巨头是否在努力蜕变成绿色能源巨头。

在 2020 年 9 月 17 日壳牌集团向阿拉斯加州提交的勘探计划中，该公司宣布了其打算重启阿拉斯加北极近海水域的石油天然气勘探项目，这也是自 2015 年以来，该公司首次重启勘探行为；壳牌集团还资助了推动规则出台的游说活动，来阻止银行反对为北极钻探和煤炭开采提供贷款的政策。法国国际石油公司道达尔能源也是如此，作为欧洲绿色协议（Europe of the Green Deal）2050 年净零排放承诺集团的一员，其化石燃料产量预计会在 2030 年增加 12%。

2020 年 10 月，彭博社对埃克森美孚的内部文件进行了详细分析，并随后宣布这家得克萨斯州巨头一直在计划提升每年的二氧化碳排放量（未向投资者披露这些估值），该公司的碳排放量相当于整个希腊的排放量。令人惊讶的是，这个数字仅指首席执行官达伦·伍兹在 2018 年推行的 7 年投资计划的直接运营导致的排放量（如范围 1 排放），而正如反复强调的那样，大部分排放源自在全球经济系统中分销的化石燃料的燃烧（如范围 3 排放）。与此同时，该公司为了争取各级政府对石油天然气利益的支持，在社交媒体上投放了数百万美元的广告。

2020 年，化石燃料行业向负责《欧洲绿色协议》的欧盟委员会主要成员进行了大力游说，想借此说服该机构采纳相关解决方案，该方案允许该行业保持自身基于化石燃料开采和生产的商业模式，控制能源转型，以保持其丰厚的收益。

尽管英国政府在新冠疫情期间推出了"绿色复苏"（build back greener）计划，但在 2020 年 4 月到 6 月，英国各部部长与来自英国石油公司、埃克森美孚公司和壳牌集团等石油天然气公司的代表会面了 149 次，在同一时期，其与可再生能源生产商代表的会面次数仅有 17 次。

目前，这些国家石油公司的石油天然气产量约占全球总产量的三分之二，储量约占全球的 90%，其还计划在未来 10 年向石油天然气项目投资大约 4000 亿美元，很明显，只有在人类超过全球碳预算，并允许全球升温超过 2 摄氏度的情况下，这些项目才能实现收支平衡。

这样的例子不胜枚举。石油巨头似乎并没有翻开新的一页。是的，为了忠实解答本章开篇提出的问题，本书提出的规范理论和实证经验论点仍然适用。尽管疫情摧毁了人们赖以生存的生计、造成了大量生命的死亡以及生产和供应链的中断，石油巨头仍然应该履行其赔偿和脱碳责任，而不稳定主体应该更加积极地推动这些目标的实现。

总之，新冠疫情危机对该行业的破坏性仍有待观察，但一些迹象表明，旧秩序会做出反击（在历史中市场出现）。一些保守派的呼吁正在试图将旧模式——依赖石油行业的生活方式——推回到舞台中央。人们曾乐观地认为，新冠疫情会提升公众对人类面临的其他风险和其预防行动价值的认知，但这种观点正在逐渐消失。气候变化的威胁似乎还不够直观或明显，还不足以转变人们一直以来的轻视态度。

▶ 石油巨头在新冠疫情后的复苏潜力

气候危机和新冠疫情危机在原理上是相似的：两者都是大规模的全球性威胁，都有明确的科学理论应对，都阐明了标准旧模式行为引发灾难性后果的方式。此外，人们对健康和气候问题，以及新冠疫情与主要暴露于化石燃料燃烧有害空气污染物之间的密切相关性的认识正在快速增长。例如，2020

年上半年，法国、德国、意大利和西班牙66个行政区域内的78%的疫情相关死亡发生在五个污染最严重的地区，这是一个令人难以置信的数字。

当前持续的新冠疫情危机只是潜在气候灾害的彩排。但遗憾的是，石油巨头不会像制药巨头一样拼命去寻找应对气候变化的疫苗，而且当前的社会和经济动荡在全面爆发的全球气候危机面前将变得微不足道。仅2020年一年，气候变化就引发了100多场灾害，这些灾害影响了5000多万人的生存。

为了消除疫情带来的威胁，人们采取了前所未有的极端措施，代价极为高昂。当前做出的重大金融和政策将会对未来10年的全球经济产生深远影响，而在这个阶段，人类必须将碳排放量减半，以大致相同的步调快速转向更看重人类健康而不是赢利的低碳未来，并借此抑制排放量的增加和病毒的蔓延。在部署了紧急卫生和社会保护措施后，包容性复苏计划应优先采用低碳社会经济体系，以减少当前化石燃料模式对医疗保健系统的影响，而空气质量差导致的病情加剧正是这些影响产生的主要原因。

气候和健康不应该互相竞争资源。应对气候危机和降低诱发疫情疾病出现的风险是两条并行的长期挑战，应对这些挑战需要石油行业长期而系统地参与疫情后复苏，并借此解除化石燃料对我们社会经济体系的束缚。人类必须努力构建以可再生能源为主要燃料的社会经济体系，而当前碳密集型世界的命脉——石油天然气行业对气候危机负有重要责任，因此其有义务做出补偿，这也为彻底改造这些体系提供了一个切入点。

我们将重点重新转回石油巨头一词：批评者通常会使用这个词来表达贬义，用它来强调这些公司拥有的巨大经济政治影响力和游说能力及其产品对工业社会难以撼动的掌控。石油巨头在制订方案时充分考虑了社会对其产品的依赖性和对增长的盲目崇拜，并借此打造了一个庞氏骗局，以牺牲未来经济和环境的稳定性为代价，来换取少数几代人当前的财富。将巨头一词放在任何行业（肉类产业巨头、制药巨头、科技巨头、烟草巨头，任君挑选）中，都往往会给人留下不近人情的且毫无个性的企业实体形象，这个实体似乎将有创意的、勤奋的精神"出卖"给了一个基于纯粹增长概念的经济政治体系。但问题在于：石油巨头变得如此庞大，以至于其可以通过支撑自身的体系来制定有关自己的法律法规吗？还是说他们通过自身的政治融资和游说影响力来维持这个体系？正如本书所讨论的，这是一个先有鸡还是先有蛋的问题，是一个必须从两个方面着手解决的问题。

以此类推，石油行业期望的转型就像点石成金一样，如果石油巨头接受本书的脱碳建议，那他们涉及的一切都将转型为绿色产业。当然，从上文对行业巨头一词的解释来看，绿色能源巨头似乎是个自相矛盾的词组。一些人认为，巨头是贬义词，绿色能源是褒义词，这种矛盾性从多个方面体现了当前时代的行业道德困境的缩影。然而，正如约瑟夫·熊彼特（Joseph Schumpeter）在其商业周期分析中指出的那样，企业家是技术创新的驱动者，在"不断从内部革新经济结构，不断摧毁旧结构，创造新结构的工业突变过程"中造福社会。

结论

"他们必须规避对抗重力",这是最具影响力的能源会议之一剑桥能源周上一位与会者的发言(由于疫情影响,2021年3月的剑桥能源周以远程会议形式召开),这句话是说石油行业必须停止与不可避免的事情进行对抗,向绿色能源转型,墨守成规只有被人吞并的结局。另一位发言人是拜登总统的气候变化特使约翰·克里(John Kerry):"我认为,化石燃料行业显然可以发挥更大作用,推动其转型成一家拥有这些新技术的全面能源公司。……我认为导致投资,特别是长期投机投资大幅增长的'原因'十分明显。据预测,到2050年,清洁能源技术领域每年将有大约6万亿美元的经济转移。这是未来的市场。"在这些数据的激励下,石油巨头在转变成绿色能源巨头的过程中,实现了从蹒跚学步到跨越式迈进的转变。

本书并不提倡完全废除石油行业,这是一个粗暴(没有双关含义)且不太可能实现的结果。相反,本书持有这样一种观点,即不论喜欢与否,我们生活的资本主义社会中的经济权利和其他更普遍的权利之间需要达成一种重要的平衡,我们应重视并积极推动石油产业的发展,而并非一味地对石油巨头们拔刀相向,毕竟石油产业是我们全球系统运行的基石。